你所不知的戰國真史

戰國真史

張遠山 著

《史記》謬誤考證、老莊權威思想解讀、戰國紀年釐正⋯⋯
以重建殘缺破碎的戰國史，爬梳千年來根植於此的中國文化思想！

史書記載也會失真？連司馬遷《史記》都不可盡信？
篡位後抹去前任皇帝紀錄，後世史家將錯就錯、穿鑿附會，
戰國史至今錯成一團亂麻，由此發展出來的諸子思想豈非錯上加錯！

「中山」疑案考證 × 二周國世系及國祚 × 以王僭帝悖道思想⋯⋯
秦火漢黜導致六史殆盡，戰國真史的勘誤研究！

目錄

戰國史為何錯訛無窮（代序）

　　戰國兩百餘年，貫穿著纏繞糾結、難解難分的兩條主線：一是天下諸侯的戰場決勝，結果是野蠻的秦國戰勝了文明的中原，決定了此後兩千年的中國政治走向；一是諸子百家的思想博弈，結果是周秦的否術遮蔽了夏商的泰道，決定了此後兩千年的中國思想走向。

　　後人欲知野蠻如何戰勝文明，否術如何遮蔽泰道，困難之大，甚於登天，因為秦始皇焚燒了六國史書，漢武帝罷黜了諸子百家。

　　商鞅變法以後，六世秦君憑藉野蠻殘忍的斬首計功，厚顏無恥的無信無義，屠殺了戰國兩千萬人口的十分之一以上，費時一百多年，伐滅中原各國。同時代中原各國的官方史書，以及中原民間的百家著作，詳盡記錄秦軍野蠻殘忍，憤怒控訴秦君厚顏無恥。因此秦始皇統一天下之後，盡燒六國史書和百家著作。

　　中原各國的官方史書均為孤本，秦火之後，徹底消失。中原民間的百家著作，多有弟子傳承，秦滅之後，漢初重出。然而躲過秦火的百家著作好景不長，不久漢武帝採納儒生董仲舒獻策，「罷黜百家，獨尊儒術」，百家著作遭遇滅頂之災。

　　秦火漢黜之後，秦國史基本完整，六國史缺失殆盡，儒家書基本完整，百家書非亡即殘。輝煌燦爛的先秦文明，被秦漢否術一統天下，飛流直下三千尺，持續衰退兩千年，百代皆行秦政制，萬民均誦儒家經。後人難以診斷中華政治的病灶，難以探明中華思想的源頭。

　　秦始皇盡燒六國史書之後百年，西漢早期的司馬遷撰著《史記》，其

戰國史部分，除了依據《秦記》的秦國史事基本完整，其他各國史事大量殘缺，所記少量史事不僅錯訛無窮，而且拆散分記於各國編年史。因而《史記》的各國歷史，僅有殘缺斷裂的歷時性縱向羅列，缺乏天下互動的共時性橫向關聯，淪為秦漢僭主破壞犯罪現場之後殘存的斷爛朝報。

秦始皇盡燒六國史書之後兩百年，西漢晚期的劉向編纂《戰國策》，可以略補《史記》戰國史的嚴重殘缺，然而這些戰國史殘片均無繫年。後世學者憑藉《史記》的錯訛紀年，對《戰國策》史料予以繫年，仍然錯訛無窮。因而《戰國策》的史事殘片，僅有天下互動的共時性橫向關聯，缺乏定位精準的歷時性縱向邏輯，淪為秦漢僭主謀殺先秦巨人之後殘存的零餘屍塊。

戰國史之殘缺錯訛，除了秦火漢黜兩大浩劫，尚有諸多其他原因，姑舉九例：

其一，君主多妻制度，導致各國君主時常廢立太子，眾多同父異母的嫡庶兄弟激烈爭位，頻繁篡弒。由於勝者為王，敗者為寇，因此爭位勝利者和篡弒成功者，常常抹去爭位失敗者和被篡弒之君。比如田齊太公田和死後，嫡長子田剡繼位，庶幼子田午（田齊桓公）弒兄篡位，於是抹去田侯剡。又如秦武王嬴蕩死後無子，同母弟嬴壯（秦季君）繼位，異母弟嬴稷（秦昭王）弒兄篡位，於是抹去秦季君。各國官方史書，原本諱言醜史穢史，自隱其惡，文過飾非，不盡真實。

其二，官方史書失真，加上秦火漢黜，導致後世史家常常誤少誤多君主，誤減誤增君主在位年數。比如秦國誤少秦季君，田齊誤少田悼子、田侯剡，姜齊誤少齊幽公，晉國誤少晉悼公，衛國誤少衛孝襄侯；秦國誤多秦敬公，趙國誤多趙武公，魏國誤多魏哀侯。又如魏文侯在位五十年，誤

減至三十八年；魏武侯在位二十六年，誤減至十六年；魏惠王在位五十一年，誤減至三十六年；魏襄王在位二十三年，誤減至十六年。韓哀侯在位三年，誤增至六年；韓昭侯在位三十年，誤減至二十六年。燕獻公在位二十二年，誤增至二十八年；燕閔公在位二十四年，誤增至三十一年；燕簡公在位四十三年，誤減至三十年。田齊太公在位二十二年，誤增至二十六年；田侯剡在位四年，誤增至九年、十年；田齊桓公在位十八年，誤減至六年；齊威王在位三十九年，誤減至三十六年；齊湣王在位十七年，誤增至四十年。晉出公、晉哀公、晉烈公均在位二十三年，晉出公誤減至十七年、十八年，晉哀公誤減至十八年、十九年，晉烈公誤增至二十七年。姜齊宣公在位五十五年，誤減至五十一年。宋景公在位四十八年，誤增至六十四年、六十六年；宋悼公在位十八年，誤減至八年；宋桓侯在位四十一年，宋剔成君在位三年，誤將年數互換；宋康王在位五十二年，誤減至四十七年、四十三年。

易君治喪，既是一國重大史事，又是影響各國戰局變動的重要原因。君主在位年數一誤，喪期隨之而誤，天下戰局變動的原因隨之不明。君主在位年數的基礎性訛誤，不僅導致一國一君一事有誤，前君之事誤為後君之事，後君之事誤為前君之事，進而導致史家增減別君而強合年數，牽連別事而整體搬移，波及別國而強求一致，於是不誤之國之君之事也隨之而誤。戰國史終於真偽雜陳，因果難明。

其三，戰國時代的中原，魏國變法先強，稍後齊國變法繼起，最後趙國變法崛起。中原以外，楚國在戰國中期之前為天下最強，秦國在戰國中期之前弱於六國。戰國中期商鞅變法之後，秦國逐漸由弱變強，因此東進中原長達百餘年，並非直線推進，而是反覆拉鋸，時進時退，攻占之地常被收復，乃至被迫歸還或主動歸還。尤其是孟嘗君發動的第二次合縱伐

秦，一舉收復四世秦君東侵之地，把秦國打回函谷關以西。因此秦軍常對同一城池一拔再拔，甚至三拔四拔。由於史料殘缺不全，史家不明某地曾被收復或歸還，尤其不明孟嘗君曾把秦國打回原形，於是看見秦軍二攻三攻已拔之地，即把真史視為訛史，進而妄改真史。

史家的有意妄改，加上傳抄的無意錯訛，導致殘存史料的錯訛程度雪上加霜，難以釐正復原。

其四，秦滅六國之前一百四十六年（西元前 367），東周王朝分裂為西周、東周二公國。由於秦昭王在秦滅六國之前三十五年（前 256）伐滅了東周朝、西周國，秦莊襄王又在秦滅六國之前二十六年（前 247）伐滅了東周國，因此秦始皇盡燒六國史書之前，西周國史、東周國史早已亡佚殆盡。

戰國諸侯為了代周為王而混戰兩百年，周分為二是極其關鍵的重大事變，然而《史記》失記這一重大史實，導致《戰國策》之「東周（國）與西周（國）戰」，如同「關公戰秦瓊」的笑談，進而導致後世學者混淆東周朝之王、東周國之君，難以明白秦昭王「滅東周（朝）」之後，秦莊襄王為何又「滅東周（國）」。

其五，秦滅六國之前七十五年（前 296），趙武靈王伐滅魏屬中山。因此秦始皇盡燒六國史書之前，魏屬中山史早已亡佚殆盡，所以《史記》沒有〈中山世家〉。《戰國策》雖有〈中山策〉，然而後世學者多把趙武靈王伐滅的魏屬中山，誤視為魏文侯伐滅以後復國的白狄中山，因而難以明白魏、趙敵對百年的真實原因，難以明白魏惠王兩次伐趙大敗而由盛轉衰的重大轉折，難以明白魏文侯變法而啟動兩百年混戰的最初動因。

1974 年，河北平山（即魏屬中山國都靈壽）魏屬中山王墓出土了青銅鉞、青銅圓鼎、青銅方壺、青銅圓壺。四器銘文，足以證明白狄中山（國

都顧邑，即河北定縣）被魏文侯伐滅之後從未復國，中山文公即魏文侯魏斯，中山武公即魏文侯長子魏擊（後為魏武侯），中山桓公即魏文侯幼子魏摯；足以解釋中山成公（魏摯之子）為何任命樂池（樂羊後裔）為中山相，魏惠王為何任命中山成公（魏惠王堂弟）為魏相，魏惠王為何邀請中山先王（魏惠王族姪）參加五國相王，中山公子魏牟（中山先王之子）為何姓魏；足以正確解讀《戰國策・中山策》等一切殘存的中山史料。然而眾多學者囿於成見，仍把魏屬中山王墓誤視為白狄中山王墓，致使重大考古發掘長期不能顯現重大價值。

其六，秦滅六國之前六十五年（前 286），齊湣王伐滅宋國。因此秦始皇盡燒六國史書之前，宋國史早已亡佚殆盡。《史記》雖有〈宋世家〉，但其春秋階段可以參考儒書《春秋》、《左傳》而基本完整，其戰國階段由於史料不足而殘缺錯訛。《戰國策》雖有〈宋衛策〉，然而後世學者大多憑藉《史記》的錯訛紀年，予以錯誤繫年。六國史的殘缺錯訛尚且乏人釐正復原，不屬七雄的宋國史更加無人釐正復原。

其實宋國是七雄之外的最大千乘之國，宋康王拓地三百里，號稱「五千乘勁宋」，又是居於天下之中的前朝遺邦。東之強齊，南之強楚，西之強秦，北之強魏和強趙，為了代周為王而分從四方問鼎中原，無法繞開宋國。只要深入梳理殘存史料，宋國史就能大致釐正復原。

其七，戰國中期的合縱連橫，導致反間之事頻繁。比如楚懷王派遣昭滑使越反間而相越，最終滅越。趙武靈王派遣樓緩使秦反間而相秦，最終破秦。秦昭王派遣呂禮奔齊反間，導致孟嘗君罷免齊相而轉任魏相，放棄合縱伐秦而轉為合縱伐齊。燕昭王派遣蘇秦使齊反間而相齊，最終滅宋破齊。反間之事，原本極端隱祕，當時已經知者極少，秦火漢黜之後更加鮮為人知。蘇秦為燕使齊反間，則是最為隱祕又最為重大的戰國祕史，司馬

遷、劉向全然不知，因此《史記》、《戰國策》誤將蘇秦移前三十年，變成張儀師弟，共同師從子虛烏有的鬼谷子。

1973 年，長沙馬王堆漢墓出土了《戰國縱橫家書》。全書二十七篇，除了九篇附錄，十八篇是蘇秦遺稿，均為蘇秦遊說陳軫、燕昭王、齊湣王、魏昭王、秦昭王、趙惠文王、孟嘗君、李兌、魏冉的對話紀錄和信件底稿。第四篇是齊伐宋第二年（前287），蘇秦在齊致燕昭王的密信，詳盡回顧了為燕反間至此十五年（前301－前287）的過程細節，力辯自己從未叛燕忠齊。蘇秦遺稿足以糾正《史記》、《戰國策》關於蘇代、蘇秦、蘇厲三兄弟的種種謬誤（誤以蘇秦為兄，蘇代為弟），足以揭破蘇秦為燕反間十八年（前301－前284）的驚人祕史。然而整理者囿於《史記》的錯訛紀年，未能對《戰國縱橫家書》做出正確排序、精確繫年和合理解讀。至今近五十年，其他學者也未深入研究，致使重大考古發掘長期不能顯現重大價值。

其八，漢武帝「罷黜百家，獨尊儒術」，導致百家著作亡佚殘缺，道家著作也不例外。因此《關尹子》、《列子》、《子華子》亡佚（或許包括楊朱之書），《文子》真偽雜陳。儒家官學僅對《老子》、《莊子》難以剿滅，只能先竄改到面目全非，再反注到反轉宗旨。傳承泰道、反對權謀的真《老子》，於是變成了鼓吹否術、宣揚權謀的偽《老子》。拒絕臣服、反對混世的真《莊子》，於是變成了鼓吹臣服、宣揚混世的偽《莊子》。

1973 年，湖南長沙馬王堆漢墓出土了《老子》帛書。1993 年，湖北荊門郭店戰國墓出土了《老子》竹簡。足以證明今本《老子》的關鍵字句，多被後儒竄改。然而眾多學者囿於竊據權威兩千年的偽老學成心，未能深入研究馬王堆、郭店《老子》，致使重大考古發掘長期不能顯現重大價值。偽老學、偽莊學至今竊據權威，毒害天下。

其九，伏羲畫卦，並予命名，乃是中華文明黎明時期的初始史實，中華民族「開天闢地」（認知天地本質，確立天地之道）的根本史實。夏代《連山》、商代《歸藏》、周代《周易》，均有六十四卦及其卦名。由於周之滅商、孔子從周、獨尊儒術等等一系列重大歷史事變，無不導致《周易》取代《連山》、《歸藏》，因此秦火漢黜之後《連山》、《歸藏》亡佚。西晉咸寧五年（西元 279），汲郡魏襄王墓出土了《歸藏》（孔子得之於宋，子夏攜之至魏，魏襄王葬之入墓），包括六十四卦及其卦名，因其危及《周易》、《易傳》權威，唐宋以後再次亡佚（同時出土的魏史《竹書紀年》，因其危及《史記》權威，也在唐宋以後亡佚。僅有價值最小的小說《穆天子傳》，因其不會危及官學權威，獨存至今）。此後人民仍然盲信積非成是的權威謊言，以為編纂《周易》的周文王始疊八卦為六十四卦，始定六十四卦卦名；不知中華第一聖山泰山之名，取自伏羲泰卦；不知儒家官學以《周易》、《易傳》為權威根據而鼓吹的廟堂否術「天尊地卑，君尊臣卑」，違背《連山》、《歸藏》、《老子》、《莊子》一脈相承的伏羲泰道「天柔地剛，君柔臣剛」。

1993 年，湖北王家臺秦墓出土了《歸藏》竹簡，包括六十四卦及其卦名。至今近三十年，仍未整理出版，遑論深入研究，致使重大考古發掘長期不能顯現重大價值。後人仍把《周易》視為中華真道的至高寶典，不知《周易》實為中華偽道的終極根據，不知《周易》開啟了兩千年廟堂黑暗的潘朵拉之盒。正如鼓吹《周易》偽道的《易傳》所言，「形而上者謂之道，形而下者謂之器」，形而上的兩千年悖道「道統」，導致了形而下的兩千年悖道「政統」。中華民族失典忘祖兩千年，無法認祖歸宗，只能認賊作父，盲信「孔子登泰山而小天下」，盲信「皇帝封泰山而得天下」，有眼不識泰山。

　　獨一無二的戰國時代，奠定了此後兩千年中國文化的一切獨特性，催生了作為中國思想根源的諸子百家，造就了高居先秦絕頂的莊子，所以我把研究戰國視為研究百家的前提，又把研究百家視為研究莊子的前提。由於戰國史殘缺錯訛，疑難重重，因此我研究戰國史的時間精力，超過研究百家書和《老子》、《莊子》。潛心戰國四十年，反覆研究了無數歷史疑案，只要新見不能驗於所有戰國史殘片、百家書殘片，立刻推倒重來。累積多年而不敢輕率發表的大量筆記，成為撰寫本書的重要準備。

　　秦滅六國之後，盡焚六國史書。司馬遷著《史記》時，戰國史僅有依據〈秦紀〉的秦國紀年基本無誤，六國紀年只能據〈秦紀〉推斷。除了周室紀年、楚國紀年也基本無誤外，其餘五國紀年紀事錯訛無窮。司馬遷排比魏、齊、趙、韓、燕五國紀年紀事時，有時改了〈魏世家〉，卻忘了與〈趙世家〉、〈韓世家〉統一，導致五國〈世家〉互相衝突。有時統一了〈齊世家〉、〈燕世家〉，卻忘了與〈六國年表〉統一，導致五國〈世家〉與〈六國年表〉成為錯進錯出、難以相容的兩個系統。由於牽一髮必動全域性，司馬遷甚至會根據錯誤排定的五國紀年，把周、秦、楚的正確紀年紀事改為錯誤紀年紀事。

　　這一巧婦難為無米之炊的窘況，本該在西晉太康年間汲塚出土魏國編年史《竹書紀年》之後迎刃而解，可惜此書又於兩宋間亡佚。儘管亡佚前唐人司馬貞的《史記索隱》，已依據《竹書紀年》對《史記》的戰國紀年稍加釐正，但一來釐正極不完備，二來《竹書紀年》止於「今王（魏襄王）二十年（西元前 299）」，因此戰國史至今一團亂麻。雖經諸多學者殫精竭慮地考訂勘誤，如陳夢家《六國紀年》、錢穆《先秦諸子繫年》、方詩銘《中國歷史紀年表》等，至今仍多異說。《辭海》所附〈戰國紀年表〉，既代表學界主流觀點，又進一步影響學界主流觀點；參考綜合了差別極大、

均有錯訛的各家系統，遂成錯訛之整合。《辭海》1999 年版的〈戰國紀年表〉，對 1979 年版做了一些改動，然而有時糾正了前者之錯，有時反將原本不錯者改錯，有時兩者相同而皆錯，有時兩者相異而皆錯。

　　我在充分借鑑前人研究成果的基礎上，理順了十九個主要諸侯國的戰國紀年，即周室、秦國、楚國、晉國、魏國、韓國、趙國、姜齊、田齊、燕國、宋國、鄭國、魯國、衛國、越國、白狄中山、魏屬中山、西周國、東周國的戰國紀年。我考定的〈戰國紀年釐正表〉，與學界主流觀點差別極大。本書即以〈戰國紀年釐正表〉為基礎，梳理戰國三大祕史。

白狄中山、魏屬中山祕史

弁言　中山真史，沉入忘川

　　劉向編纂的《戰國策》，分為三十三卷。戰國七雄是萬乘大國，所以按其戰國末年的強弱，依次排列為：〈秦策〉五卷、〈齊策〉六卷、〈楚策〉四卷、〈趙策〉四卷、〈魏策〉四卷、〈韓策〉三卷、〈燕策〉三卷，合計二十九卷。另有四卷，包括五國：戰國時代仍屬周朝，三代周王先後寄居的東周國、西周國，遂成最重要的兩個百乘小國，所以〈東周策〉一卷、〈西周策〉一卷，列於全書最前。宋國、衛國、中山是重要性僅次於七雄、二周的三個千乘之國，所以〈宋衛策〉一卷、〈中山策〉一卷，附於全書最後。鄭、魯、鄒、滕等不重要的其他百乘小國，不設專卷。

　　宋、衛合占一卷，中山卻獨占一卷，可見劉向認為，中山在戰國時代的重要性超過宋、衛。然而《史記》的處理方式與之相反：只有〈宋世家〉、〈衛世家〉，沒有〈中山世家〉。這是何故？因為司馬遷把戰國魏屬中山誤視為春秋白狄中山之「復國」，於是遵循《春秋》、《左傳》的「尊王攘夷」傳統，不為中山專撰〈世家〉。

　　白狄中山在春秋時代的重要性，其實不亞於魏屬中山在戰國時代的重要性，然而基於「尊王攘夷」的政治立場，《春秋》不言「中山」，《左傳》晚言「中山」。姑且不論為了「尊王攘夷」而遮蔽歷史真相是否正當，至少《春秋》、《左傳》貶抑的春秋白狄中山，確是「夷狄」。然而司馬遷誤視為「夷狄」的戰國魏屬中山，實屬「諸夏」。

　　概而言之，春秋白狄中山，由於《春秋》、《左傳》「尊王攘夷」而沉入歷史忘川。戰國魏屬中山，由於《史記》誤以為「（白狄）中山復國」而繼續「尊王攘夷」，也沉入歷史忘川。

　　兩千年來的學者多被《史記》誤導，以為白狄中山被魏文侯伐滅之後復國，後來又被趙武靈王伐滅。

　　1935 年，錢穆《先秦諸子繫年》出版，其〈魏牟考〉明斷白狄中山從未復國，魏文侯之後的中山乃是魏屬中山，「魏與中山本屬一家」。錢穆之外，清代學者程恩澤《國策地名考》、雷學淇《竹書紀年義證》、沈欽韓《漢書疏證》、蘇時學《墨子刊誤》等，當代學者楊伯峻《春秋左傳注》等，均持此論。然而眾多戰國史、民族史、中山史、趙國史專著，仍然沿襲《史記》的「中山復國」謬說。[001]1974 年，河北平山魏屬中山王墓出土了眾多鑄有銘文的青銅器，白狄中山從未復國已有堅實史證，《史記》謬說已可得到糾正。然而大量學者仍然沿襲《史記》的「中山復國」謬說，把魏屬中山王墓誤判為白狄中山王墓。

　　2008 年拙著《莊子奧義》出版，2010 年拙著《莊子復原本注釋》出版，一再言及莊子再傳弟子、中山公子魏牟是魏屬中山的王子，均被沿襲《史記》謬說者質疑。2013 年拙著《莊子傳》出版，詳言魏屬中山史，因其體例不是學術著作，沒有詳注史料原文，或將再被沿襲《史記》謬說者質疑。因此本文列舉前人未盡之文獻舊證，輔以前人未見之考古新證，詳述春秋白狄中山變成戰國魏屬中山之過程，梳理族別不同的兩個中山國之全史。

　　為使史事脈絡清晰，本文所引史料，均已經我校勘訂正：單獨的〔〕表示脫文；連續的（）〔〕訂正訛文，（）為訛字，〔〕為正字。單獨的（）則是我的補釋。校勘證據不入正文，欲深究者請看注釋。

---

[001]　　參看蒙文通：《中國古代民族史講義》，天津古籍出版社，2008 年；楊寬：《戰國史》，上海人民出版社，1998 年；吳榮曾：《先秦兩漢史研究》，《中山國史試探》，中華書局，1995 年；段連勤：《北狄族與中山國》，河北人民出版社，1982 年；李學勤：《新出青銅器研究》，《平山三器與中山國史的若干問題》，文物出版社，1990 年；何艷傑：《中山國社會生活研究》，中國社會科學出版社，2009 年；沈長雲等：《趙國史稿》，中華書局，2000 年。

上篇　白狄中山祕史

一　春秋中期，白狄中山滅邢開國

犬戎伐滅西周（西元前 771）之後，周平王東遷雒邑（前 770）。東周王室衰弱，春秋五霸、戰國七雄繼起，中原諸侯混戰五百五十年（前 770 ─前 221），直到秦始皇一統天下。

先秦史籍所見之最早「鮮虞」，見於《國語‧鄭語》西周史伯答鄭桓公（前 806 ─前 771 在位）語：

> 王室將卑，戎狄必昌，不可逼也。當成周者，南有荊蠻、申、呂、應、鄧、陳、蔡、隨、唐；北有衛、燕、狄、鮮虞、潞、洛、泉、徐、蒲；西有虞、虢、晉、隗、霍、楊、魏、芮；東有齊、魯、曹、宋、滕、薛、鄒、莒。

呂蘇生認為，事在「鄭桓公為周司徒時，當周幽王八年，即西元前 774 年」。

呂蘇生又認為：「鮮虞之得名，蓋即本於古鮮於水，所謂因地而得氏者也。據譚其驤〈山經河水下游及其支流考〉（載《中華文史論叢》第七輯）考證：『鮮於水以地望推之，當即源出五臺山西南流注於滹沱河之清水河。』此地恰與春秋戰國之鮮虞中山毗鄰。」[002]

學界一般認為，「鮮虞」為「獫狁」之異譯，後稱「匈奴」，是中原以北的游牧民族，商周以降不斷南侵中原西部、北部、東北部，中原各國鄙視

---

[002]　[清] 王先謙撰，呂蘇生補釋《鮮虞中山國事表、疆域圖說補釋》，上海古籍出版社，1993 年，第 7 頁。

之，稱其在西者為「西戎」，簡稱「戎」（後為姓氏）；稱其在北（含東北）者為「北狄」，簡稱「狄」、「翟」（後皆為姓氏），合稱「戎狄」。同一部族，時而稱之為「戎」，時而稱之為「狄」、「翟」，混淆不分。居於正北、東北的鮮虞部落，分為白狄、赤狄、長狄等支族，《左傳》稱為「眾狄」、「群狄」。鮮虞各支長期侵擾秦、晉北部邊疆，不斷深入中原，闢地開國。赤狄曾經建立驪氏、廧咎如、潞氏、甲氏、留籲、鐸辰、東山皋落氏等等，長狄曾經建立肥國、代國等等，均被晉國迅速伐滅，染指中原均極短暫。唯有白狄建立的中山國最為成功，齊、晉兩霸長期無法伐滅，立國中原兩百餘年之久。

　　白狄之所以遠比赤狄、長狄成功，源於一位雄才大略、深謀遠慮的白狄酋長。先看其深謀遠慮的背景——

　　《史記・晉世家》：

　　昭侯元年（前745），封文侯弟成師於曲沃。曲沃邑大於翼。翼，晉君都邑也。成師封曲沃，號為桓叔。……桓叔是時年五十八矣，好德，晉國之眾皆附焉。君子曰：「晉之亂其在曲沃矣。末大於本而得民心，不亂何待！」七年（前739），晉大臣潘父弒其君昭侯，而迎曲沃桓叔。桓叔欲入晉，晉人發兵攻桓叔。桓叔敗，還歸曲沃。晉人共立昭侯子平為君，是為孝侯。誅潘父。

　　孝侯八年（前732），曲沃桓叔卒，子鱓代桓叔，是為曲沃莊伯。孝侯十五年（前725），曲沃莊伯弒其君晉孝侯於翼。晉人攻曲沃莊伯，莊伯復入曲沃。晉人復立孝侯子郄為君，是為鄂侯。

　　……

　　鄂侯六年（前718）卒，曲沃莊伯聞晉鄂侯卒，乃興兵伐晉。周平王使虢公將兵伐曲沃莊伯，莊伯走保曲沃。晉人共立鄂侯子光，是為哀侯。

哀侯二年（前716），曲沃莊伯卒，子稱代莊伯立，是為曲沃武公。……哀侯八年（前710），晉侵陘廷。陘廷與曲沃武公謀，九年（前709），伐晉於汾旁，虜哀侯。晉人乃立哀侯子小子為君，是為小子侯。

小子元年（前709），曲沃武公使韓萬殺所虜晉哀侯。曲沃益強，晉無如之何。晉小子之四年（前706），曲沃武公誘召晉小子殺之。周桓王使虢仲伐曲沃武公，武公入於曲沃，乃立晉哀侯弟緡為晉侯。

……

晉（侯緡）二十八年（前679），齊桓公始霸。曲沃武公伐晉侯緡，滅之，盡以其寶器賂獻於周釐王。釐王命曲沃武公為晉君，列為諸侯，於是盡併晉地而有之。曲沃武公已即位三十七年矣，更號曰晉武公。晉武公始都晉國，前即位曲沃，通年三十八年。

……自桓叔初封曲沃以至武公滅晉也，凡六十七歲（前745－前679），而卒代晉為諸侯。

武公代晉二歲（前678－前677），卒。與曲沃通年，即位凡三十九年（前715－前677）而卒。子獻公詭諸立。

—— 東周初年，中原最強的晉國，翼都、曲沃兩系相爭。曲沃一系的桓叔、莊伯、武公三世，六十年間（前739－前679）連弒五世晉君（昭侯、孝侯、哀侯、小子侯、侯緡，僅有鄂侯早夭倖免），最終取代翼都一系。周平王、周桓王、周釐王無力阻止，被迫冊封曲沃武公為晉君。晉君從此不再稱「侯」，僭號稱「公」。

再看這位白狄酋長如何利用中原亂局，實施深謀遠慮。

史料1，《左傳》魯莊公二十八年（前666，追述舊事）：

晉獻公……娶二女於戎，大戎狐姬生重耳，小戎子生夷吾。……

（晉）文公（重耳），狐季姬之子也，有寵於獻（公）。

史料 2，《史記・晉世家》：

（晉）獻公即位（前 676），重耳年二十一（生於前 697）。……重耳母，翟之狐氏女也，夷吾母，重耳母女弟也。

—— 早在曲沃武公篡晉之前二十年，即曲沃武公十八年、晉侯緡九年（前 698），這位白狄酋長為了利用中原亂局而開國中原，已向曲沃武公的太子詭諸進獻了白狄狐氏姊妹。《史記・晉世家》先稱「戎」女，乃謂其族尚居中原北部之西；後稱「翟」女，乃謂其族已經移至中原北部之東。次年（前 697），白狄狐氏姊妹分別生下公子重耳、公子夷吾。又十九年後（前 679），曲沃武公篡晉。又兩年後（前 677），太子詭諸繼位為晉獻公，成為白狄開國中原的重要外援。晉獻公寵愛白狄狐氏姊妹及其所生重耳、夷吾；重耳的外公狐突，也仕晉成為重臣。

再看這位白狄酋長異於眾狄的雄才大略。

眾狄南侵中原，有兩種相反策略（南宋末年蒙古族南侵中原亦然）：一是鄙棄中原文明及其農耕方式，像赤狄、長狄那樣侵占平原，開闢牧區，用於游牧；由於所占平原易攻難守，因而晉國最終將其全部驅逐北歸。二是慕效中原文明及其農耕方式，像白狄那樣侵占山地，放棄游牧，稱君開國；由於所占山地易守難攻，因而齊、晉兩霸難以將之驅逐北歸，白狄中山得以立國中原兩百餘年。

這位深謀遠慮、雄才大略的白狄酋長姮某，正是白狄中山開國之君。

史料 3，《春秋》魯莊公三十二年（前 662）：

狄伐邢。

——這位白狄酋長在與晉成功聯姻之後，按照既定方略，征伐晉國東鄰、位於太行山區的邢國（今河北邢臺周邊）。[003]

史料 4，《春秋》魯閔西元年（前 661）：

齊人救邢。

史料 5，《左傳》魯閔西元年（前 661）：

狄人伐邢。管敬仲言於齊侯曰：「戎狄豺狼，不可厭也；諸夏親暱，不可棄也。宴安鴆毒，不可懷也。《詩》云：『豈不懷歸，畏此簡書。』簡書，同惡相恤之謂也。請救邢以從簡書。」人救邢。

史料 6，《國語・齊語》：

（齊）桓公……西征攘白狄之地（邢）。

——事在齊桓公（前 685 −前 643 在位）二十五年（前 661）。齊桓公採納管仲之策，救邢國，擊白狄，失敗。

周惠王十六年（前 661），周成王（前 1042 −前 1026 在位）在三百多年前冊封周公旦第四子的邢國，亡於鮮虞族白狄支族。白狄盤踞邢地，開國中原。白狄酋長姮某，成為白狄中山的開國之君，不以邢國舊都邢丘（今河北邢臺）為都，遷都顧邑（今河北定縣）。因其盤踞山地，定國號為「中山」。

晉室曲沃一系，為了篡晉，既不「尊王」，也不「攘夷」，引發兩大後果：一是白狄南侵中原，滅邢開國。二是齊桓公、管仲「尊王攘夷」，西征白狄（中山）失敗。

---

[003]　邢國為周成王所封周公第四子的封國，為西周姬姓諸國之一。國都邢丘（今河北邢臺），疆域主要為太行山以東，滹沱河以南，漳河以北，舊黃河以西，包含今邢臺全部，兼及石家莊、衡水、邯鄲、臨清一隅，面積約為兩萬平方公里。

史料 7，《春秋》魯僖西元年（前 659）：

元年春，王正月，齊師、宋師、曹師次於聶北，救邢。夏六月，邢遷於夷儀。

史料 8，《左傳》魯僖西元年（前 659）：

元年春……諸侯救邢。邢人潰，出奔師。師遂逐狄人，具邢器用而遷之。……夏，邢遷於夷儀。

史料 9，《管子·大匡》：

狄人攻邢，邢君出，致於齊。（齊）桓公築夷儀以封之，予車百乘，卒千人。

史料 10，《國語·齊語》：

狄人攻邢，（齊）桓公築夷儀以封之。

史料 11，《呂氏春秋·簡選》：

中山亡邢，狄人滅衛，（齊）桓公更立邢於夷儀。（高誘注：中山，狄國也，一名鮮虞）

—— 齊桓公前年（前 661）單獨救邢擊狄失敗，去年（前 660）聯繫其他中原諸侯籌備再伐；今年（前 659）齊、宋、曹聯軍再次救邢擊狄，征戰半年，又告失敗。於是被迫採納管仲「尊王攘夷」的配套政策「興滅國，繼絕世，舉逸民」（《論語·堯曰》），把邢國遺民安置於齊國邊邑夷儀（今山東聊城西南）。

《左傳》「諸侯之師逐狄人」，乃是掩飾齊桓公擊狄失敗的不實之言。如果白狄果真被逐，那麼《春秋》不會不書，齊桓公也無須遷邢於夷儀。

　　周成王所封的邢丘之舊邢，亡於白狄（前 661）。齊桓公所遷的夷儀之新邢，亡於衛國（前 635）[004]。二事相隔二十六年，由於《春秋》、《左傳》諱言前者，舊多誤將後者視為邢滅之年，其誤一如把南明滅亡之年（西元 1683）視為明朝滅亡之年（1644）。

　　《呂氏春秋》「中山亡邢」的指涉時間（前 661），早於《左傳》首言「中山」的指涉時間（前 506）一百五十五年（詳見史料 77）；證明舊邢滅亡與白狄中山開國不僅同時，而且事在孔子出生（前 551）之前一百十年。由於《呂氏春秋》不是正史，盲從《春秋》、《左傳》的學者兩千多年對其視而不見。

　　孔子晚年撰著《春秋》，白狄中山開國已近兩百年。然而孔子基於「尊王攘夷」的政治立場，運用《春秋》筆法，遮蔽了白狄中山的多重史實：一是「為尊者諱」（尊王攘夷為其核心），從不言其國號「中山」，偶爾稱其總族名「鮮虞」或支族名「白狄」，大多簡稱「戎」、「狄」。二是「為賢者諱」，諱言齊桓公、管仲兩度救邢擊狄均告失敗。三是「為親者諱」（邢、魯同為周公之子的封國），諱言邢丘之舊邢亡於白狄中山。

　　孔子明褒「尊王攘夷」的管仲：「管仲相桓公，霸諸侯，一匡天下，民到於今受其賜。微管仲，吾其被髮左衽矣。」（《論語·憲問》）又明褒「興滅國，繼絕世，舉逸民」的齊桓公：「齊桓公正而不譎。」（《論語·憲問》）又隱斥滅邢開國、由酋稱君的白狄中山：「夷狄之有君，不如諸夏之亡也。」（《論語·八佾》）

　　《春秋》尊王攘夷而不言「中山」，《左傳》傳不破經而晚言「中山」，共同遮蔽了白狄中山的開國時間。

---

[004]　《春秋》、《左傳》魯僖公二十五年（前 635）：「衛侯滅邢。」

二　重耳奔狄，即奔白狄中山

公子重耳不僅是晉獻公與白狄女所生，而且與白狄中山關係甚深。

史料12，《春秋》魯僖公五年（前655）：

晉（獻）侯殺其世子申生。

史料13，《左傳》魯僖公五年（前655）：

晉（獻）侯殺太子申生。……重耳出奔翟。

史料14，《史記·晉世家》晉獻公二十二年（前655）：

獻公使宦者履鞮趣殺重耳。……重耳遂奔狄。狄，其母國也。（按：晉侯僭稱「公」，《春秋》、《左傳》不予承認，《史記》予以承認）

史料15，《國語·晉語二》：

（晉獻公）二十二年（前655），公子重耳出亡，及柏谷，卜適齊、楚。狐偃曰：「無卜焉。夫齊、楚道遠而望大，不可以困往。道遠難通，望大難走，困往多悔。困且多悔，不可以走望。若以偃之慮，其狄乎！夫狄近晉而不通，愚陋而多怨，走之易走之易。不通可以竄惡，多怨可與共憂。今若休憂於狄，以觀晉國，且以監諸侯之為，其無不成。」乃遂之狄。

—— 晉獻公原本愛幸白狄狐氏姊妹，所以白狄中山滅邢開國，並非中原最強的齊桓公二伐，中原最強的晉獻公不伐。然而後來晉獻公伐滅赤狄之驪戎，得到赤狄女驪姬，愛幸甚於白狄女狐氏姐妹，於是欲立驪姬之子奚齊為太子，迫使太子申生（生母為齊桓公之女齊姜）自殺，迫使最有資格繼立為新太子的重耳出奔白狄中山（前655）。

《春秋》僅言太子申生之死，諱言公子重耳出奔白狄中山。《左傳》雖

言重耳奔狄，卻又諱言狄為重耳「母國」。《史記‧晉世家》雖言狄為重耳「母國」，司馬遷卻又知而不言狄即白狄中山（詳見史料 31 之辨析）。

《國語》詳言重耳出奔的路線、方向、過程：重耳從其封地蒲坂（今山西永濟）出奔，由於秦、晉敵對，所以不願西行出奔與蒲坂相鄰的秦國，而是東行出奔與蒲坂相遠的齊、楚。到達柏谷（今河南靈寶）之時，又猶豫於繼續東行往齊，還是改道南行往楚。

首席謀士狐偃，反對出奔齊、楚，力主出奔狄國（白狄中山），理由有四：一是「狄近晉」而道路「不通」，處於太行山區。二是「走之易達」，不易被晉獻公追到。三是「不通可以竄惡」，晉獻公不易征伐。四是「多怨可與共憂」，白狄中山遭到諸夏普遍敵視，白狄中山之君必將受寵若驚而善待「外孫」重耳。

《國語》儘管確證了重耳所奔之「狄」，只能是晉國東鄰、開國已有七年的白狄中山，但是仍持「夷夏大防」，所以諱言至關重要的兩點：其一，追隨重耳出奔的狐偃、狐毛兄弟，都是仕晉的白狄中山人，更是重耳外公狐突之子、重耳生母狐季姬之弟、重耳之舅 [005]。其二，白狄中山乃是重耳生母之國，即「外婆家」。

史料 16，《左傳》魯僖公六年（前 654）：

夷吾不能守，盟而行。將奔狄，郤芮曰：「後出同走，罪也，不如之梁。梁近秦而幸焉。」乃之梁。

史料 17，《史記‧晉世家》晉獻公二十三年（前 654）：

---

[005] 《左傳》魯僖公二十三年（前 637）：「狐突之子毛及偃，從重耳在秦。」（《史記‧晉世家》全同）《史記‧晉世家》：「晉文公重耳……有賢士五人：曰趙衰；狐偃咎犯，文公舅也；賈佗；先軫；魏武子。」（按：狐偃，字咎犯。《國語》書為「舅犯」）五賢士之排序，原以狐偃居首；三家分晉以後，趙、魏自雄其祖，抬舉趙衰、魏武子居前，貶抑狐偃居後。

夷吾將奔翟。冀芮曰：「不可，重耳已在矣，今往，晉必移兵伐翟，翟畏晉，禍且及。不如走梁，梁近於秦，秦強，吾君百歲後可以求入焉。」遂奔梁。

——公子重耳奔狄次年（前654），同樣危及奚齊之新太子地位的公子夷吾，也被迫準備出奔「外婆家」。謀士冀芮認為，夷吾如果追隨異母兄重耳，同奔「外婆家」白狄中山，晉獻公必將東征白狄中山。於是夷吾放棄東奔白狄中山，轉而西奔梁邑。

史料18，《左傳》魯僖公二十三年（前637，追述舊事）：

晉公子重耳之及於難也……遂奔狄。從者狐偃、趙衰、顛頡、魏武子、司空季子。狄人（白狄中山）伐廧咎如（赤狄），獲其二女叔隗、季隗。納諸公子取季隗，生伯儵、叔劉，以叔隗妻趙衰，生盾。（按：此為魯僖公二十三年，即重耳返晉繼位之年追述；白狄中山伐赤狄之廧咎如，當在重耳居狄十二年間）

史料19，《潛夫論·志氏姓》：

隗姓，赤狄。

——白狄中山開國中原，從游牧變成定居，仿效中原君臣制度，從「夷狄之無君」變成「夷狄之有君」，已成「眾狄」之異類。於是白狄中山太公姮某親善晉國，征伐赤狄之廧咎如，獲勝以後把兩個赤狄女賜給「外孫」重耳，一如當年把兩個白狄女獻給重耳之父晉獻公。

重耳自納赤狄女季隗，生伯儵、叔劉。又把赤狄女叔隗，轉賜次席謀士趙衰（不宜轉賜與白狄同族的首席謀士狐偃），生趙盾。

史料20，《左傳》魯僖公八年（前652）：

八年春,晉里克⋯⋯以敗狄於採桑。夏,狄伐晉,報採桑之役也。

史料 21,《史記‧晉世家》晉獻公二十五年(前 652):

晉伐翟,翟以重耳故,亦擊晉於齧桑,晉兵解而去。(按:「齧桑」當從《左傳》作「採桑」。齧桑在今江蘇沛縣,非白狄中山之地)

── 重耳奔狄後三年(前 652),晉獻公仍因重耳賢名聞於天下,擔心自己死後重耳返晉與太子奚齊爭位,於是東征白狄中山。白狄中山太公怒於晉獻公不立重耳為太子,在採桑(今地不詳)擊退晉軍。

次年(前 651),晉獻公(前 676 ─前 651 在位)死去。晉卿里克誅殺赤狄女驪姬所生太子奚齊,先迎東奔白狄中山的白狄女狐氏所生公子重耳返晉繼位,遭到拒絕;再迎西奔梁邑的白狄女狐氏所生公子夷吾返晉繼位,即晉惠公(前 650 ─前 637 在位)。

史料 22,《史記‧晉世家》晉惠公七年(前 644):

惠公七年,畏重耳,乃使宦者履鞮與壯士欲殺重耳。重耳聞之,乃謀趙衰等曰:「始吾奔狄,非以為可用與,以近易通,故且休足。休足久矣,固願徙之大國。⋯⋯」⋯⋯重耳居狄凡十二年而去。

史料 23,《左傳》魯僖公十六年(前 644):

狄侵晉,取狐、廚、受鐸,涉汾及昆都,因晉敗也。

史料 24,《左傳》魯僖公二十三年(前 637,追述七年前舊事):

(重耳)將適齊,謂季隗曰:「待我二十五年,不來而後嫁。」

(季隗)對曰:「我二十五年矣,又如是而嫁,則就木焉。請待子。」

處狄十二年而行。(按:此為魯僖公二十三年,即重耳返晉繼位之年追述;事在魯僖公十六年、晉惠公七年)

史料 25，清華大學藏戰國楚簡《繫年》：

文公十又二年居狄，狄甚善之，而弗能納（於晉），乃適齊。[006]

—— 晉惠公在位第七年（前 644），仍然擔心賢名著於天下的異母兄重耳返國與己爭位，於是派遣履鞮東往白狄中山刺殺重耳，未果。白狄中山怒於「小外孫」晉惠公容不下「大外孫」重耳，於是西伐晉國。

重耳「休足」生母之國白狄中山十二年（前 655 － 前 644），由於異母弟晉惠公之追殺，被迫離開白狄中山，繼續東行往齊，途經衛國。

史料 26，《左傳》魯僖公二十三年（前 637，追述舊事）：

（前 644 年重耳離狄往齊）過衛，衛文公不禮焉。（按：此為魯僖公二十三年，即重耳返晉繼位之年追述。《史記·晉世家》全同，此略）

史料 27，《國語·晉語四》：

（前 644 年重耳離狄往齊）過衛，衛文公有邢狄之虞，不能禮焉。

—— 事在魯僖公十六年（前 644），即晉惠公七年、衛文公十六年、齊桓公四十二年。

《春秋》不言重耳奔狄，自然也不言重耳離狄。《左傳》、《史記·晉世家》及清華大學藏戰國楚簡《繫年》均言重耳居狄十二年，因而均言重耳離狄過衛往齊，衛文公不予禮遇，但都諱言衛文公不禮遇重耳的原因。

《國語·晉語》言其原因：重耳不顧「夷夏大防」而久居白狄中山，所以「衛文公有邢狄之虞」而不予禮遇。「邢狄」二字，必須連讀，意為「居邢之狄」；「邢」指舊邢故地，「狄」指滅邢開國的白狄中山。《國語·晉語》出於「夷夏大防」，仍像《春秋》一樣不言「中山」國號，僅言「邢狄」地望。

---

[006]　清華大學藏戰國竹簡 2》，中西書局，2011 年，第 150 頁。

由於《春秋》、《國語》不言「中山」，而《左傳》首言「中山」（前 506）晚於重耳居狄（前 655－前 644）百餘年，加上司馬遷知而不言重耳「母國」即白狄中山，因此後人一直不知重耳「休足」十二年之「狄」，實為白狄中山。

以上十六條史料（12－27）可證：重耳「母國」之「狄」，方位在晉國之東、衛國之西，地望是舊邢故地、太行山區，特點是道路難通、不易征伐，邦交是親善晉國、征伐赤狄、諸夏敵視，均非白狄中山莫屬。

晉惠公七年（前 644），重耳離開白狄中山東行，經衛至齊，受到齊桓公禮遇，又娶齊女。次年（前 643）齊桓公在位四十三年（前 685－前 643）而死，重耳繼續留齊。居齊五年（前 644－前 640）[007]，被敦促重耳返晉繼位的狐偃、趙衰等人脅迫離齊，在晉國南面自東向西繞行半周，途經曹、宋、鄭、楚；一年後（前 639）至秦，受到秦穆公（前 659－前 621 在位）禮遇，又娶秦女懷嬴。兩年後（前 637）晉惠公在位十四年（前 650－前 637）而死，太子姬圉繼位為晉懷公，仍然擔心伯父重耳返晉爭位，於是誅殺重耳外公狐突（重耳生母狐季姬、重耳大舅狐偃、重耳小舅狐毛之父），三月被廢（未入紀年表）。重耳出奔十九年（前 655－前 637），在晉國外圍順時針繞行一周，最終被秦穆公護送返晉繼位，即齊桓公之後的春秋第二霸晉文公（前 636－前 628 在位）[008]。重耳出奔之時四十三歲，返晉之時六十二歲。

---

[007] 《史記·晉世家》：「重耳留齊凡五歲。」

[008] 《史記·晉世家》：「子圉之立，畏秦之伐也。乃令國中諸從重耳亡者與期，期盡不到者盡滅其家。狐突之子毛及偃從重耳在秦，弗肯召。懷公怒，囚狐突……卒殺狐突。秦繆公乃發兵送內重耳，使人告欒、郤之黨為內應，殺懷公於高梁，入重耳。重耳立，是為文公。……重耳出亡凡十九歲而得入。」

三　重耳繼位，結盟白狄中山

重耳繼位為晉文公，晉國與「外婆家」白狄中山進入蜜月期。

史料 28，《說苑‧政理》：

晉文公時，翟人有獻封狐、文豹之皮者，文公喟然嘆曰：「封狐、文豹何罪哉？以其皮為罪也。」

附史料 29，《莊子‧山木》：

夫豐狐文豹，棲於山林，伏於巖穴，靜也；夜行晝居，戒也；雖飢渴隱約，猶且胥疏於江湖之上而求食焉，定也；然且不免於網羅機辟之患。是何罪之有哉？其皮為之災也！

—— 白狄中山之君善待重耳十二年，為了重耳不惜與兩位晉君（晉獻公、晉惠公）反目動兵，如今重耳終於返晉繼位，喜於種因得果，立刻遣使進獻封狐、文豹之皮以賀。

晉文公深知，白狄中山之君所獻封狐之皮，隱喻其生母、白狄中山人狐季姬。因而以狐自喻，感嘆自己當年無罪，僅因賢名大著而被迫出奔，一如封狐、文豹無罪，僅因皮毛美麗而被人捕殺。於是睹物思人（封狐、文豹之皮可能是白狄中山之君當年與重耳共獵所獲，詳見史料 32），不忘自己落難時「母國」之厚恩，遂與白狄中山結盟。

史料 30，《左傳》魯僖公二十四年（前 636）：

呂、郤畏逼，將焚公宮而弒晉侯（晉文公）。寺人披請見。

公使讓之，且辭焉，曰：「蒲城之役，君命一宿，女即至。其後餘從狄君以田渭濱，女為惠公來求殺餘，命女三宿，女中宿至。雖有君命，何其速也？夫袪猶在。女其行乎！」

史料 31，《史記‧晉世家》晉文公元年（前 636）：

懷公故大臣呂省、郤芮本不附文公，文公立，恐誅，乃欲與其徒謀燒公宮，殺文公。文公不知。始嘗欲殺文公宦者履鞮知其謀，欲以告文公，解前罪，求見文公。文公不見，使人讓曰：「蒲城之事，女斬予袪。其後我從狄君獵，女為惠公來求殺我。惠公與女期三日至，而女一日至，何速也？女其念之。」

——《左傳》此條，追述重耳當年「從狄君以田渭濱」。由於「渭濱」位於晉國西部的秦、晉之交，因此蒙文通認為，狄人從中原北部之西，移向中原北部之東，正與重耳居狄十二年同時，重耳追隨狄人由西至東奔波了十二年。[009]

狄人從中原北部之西（晉西），移向中原北部之東（晉東），確為史實，然而時間遠遠早於重耳奔狄。蒙說不合重耳奔狄之前白狄中山已經滅邢開國，也不合重耳奔狄的路線、方向、地望，又不合重耳居狄十二年「休足久矣」，更不合重耳出奔期間的心態。重耳出奔十九年，先居白狄中山十二年，後居齊國五年，無不娶妻生子，只求安居樂業，甚至在其父晉獻公死後拒絕返晉繼位，被迫離開白狄中山是因為異母弟晉惠公追殺，被迫離開齊國是因為眾多隨從脅迫他返國繼位，所以重耳不可能追隨白狄在中原以北的廣闊草原，從西（赤狄之地）至東（白狄中山）奔波十二年。

司馬遷可能比較了《左傳》、《國語》關於重耳所居之狄的兩種記述，認為《左傳》「渭濱」二字與諸多史料牴牾，於是採信《國語》而不從《左傳》，《史記‧晉世家》轉述《左傳》此段，不錄「渭濱」二字；兼證司馬遷

---

[009] 《蒙文通中國古代民族史講義》（天津古籍出版社，2008 年，第 91 頁）：「重耳奔狄，從狄君以田渭濱，此奔狄時之從狄於晉西也。處狄十二年，過衛及齊，而曹、宋，而鄭、楚，而秦，此去狄時之從狄於晉東也。」

知而不言重耳「母國」即白狄中山。

史料 32，《國語・晉語四》：

文公立四年（前 633），楚成王伐宋，公率齊、秦伐曹、衛，以救宋。……先軫曰：「使宋舍我而賂齊、秦，藉之告楚；我分曹、衛之地，以賜宋人。楚愛曹、衛，必不許齊、秦。齊、秦不得其請，必屬怨焉，然後用之，蔑不欲矣。」公說，是故以曹田、衛田賜宋人。……至於城濮，果戰，楚眾大敗（前 632）。

史料 33，《春秋》魯僖公二十八年（前 632）：

夏四月己巳，晉侯、齊師、宋師、秦師及楚人戰於城濮，楚師敗績。……冬，公會晉侯、齊侯、宋公、蔡侯、鄭伯、陳子、莒子、邾子、秦人於溫。天王狩於河陽。

史料 34，《左傳》魯僖公二十八年（前 632）：

晉侯、宋公、齊國歸父、崔夭、秦小子憖次於城濮。……楚右師潰，狐毛設二旆而退之。……狐毛、狐偃以上軍夾攻於西，楚左師潰。楚師敗績。……冬，會於溫，討不服也。……是會也，晉侯召王。……仲尼曰：「以臣召君，不可以訓。」故書曰：「天王狩於河陽。」

史料 35，《史記・晉世家》晉文公五年（前 632）：

四月戊辰，宋公、齊將、秦將與晉侯次城濮。己巳，與楚兵合戰，楚兵敗。

史料 36，清華大學藏戰國楚簡《繫年》：

（晉）文公率秦、齊、宋及群戎之師，以敗楚師於城濮。遂朝周襄王

於衡雍，獻楚俘馘，盟諸侯於踐土。[010]

史料 37，《戰國策‧秦策五》九（姚賈對秦王嬴政語）：

（晉）文公用中山盜，而勝於城濮。

附史料 38，《荀子‧富國》：

處女嬰寶珠，佩寶玉，負戴黃金，而遇中山之盜也。

—— 晉文公返晉繼位之後，開始快意恩仇，征伐當年冷遇自己的曹、衛，把曹、衛之地賜給禮遇自己的宋國，引起楚國不滿，於是爆發了晉、楚城濮之戰（前 632），眾多諸侯分助晉、楚。

《春秋》、《左傳》、《國語》、《史記》口徑一致，均言晉、楚城濮之戰，齊、宋、秦助晉伐楚。留下頗為反常的兩大疑問：

其一，當年短暫禮遇重耳的齊、宋、秦，無不助晉伐楚。當年善待重耳最久的白狄中山，曾經為助重耳返晉繼位而不惜與晉獻公、晉惠公反目動兵，又曾在重耳返晉繼位之後遣使獻禮與晉結盟，為何竟不助晉伐楚？

其二，晉文公為何僅僅報答短暫禮遇自己的宋國，卻不報答善待自己最久的白狄中山？

考古新證和文獻舊證，可以解答兩大疑問。

首先是清華大學 2008 年入藏的戰國楚簡《繫年》，言及城濮之戰助晉伐楚者，除了齊、宋、秦之師，另有「群戎之師」，見於楚史《繫年》，一來楚為此戰的戰敗國，二來楚為南蠻，與西戎、北狄、東夷一樣被諸夏歧視，所以不避「夷夏大防」記之。然而「群戎之師」究屬何戎，依然不明。

幸而〈秦策五〉九所記姚賈之言，明言「文公用中山盜，而勝於城

---

[010] 《清華大學藏戰國竹簡2》，中西書局，2011 年，第 153 頁。

濮」，證明楚史《繫年》所言「群戎之師」，實為姚賈所言「中山盜」，亦即白狄中山。所以反常的並非歷史事實，而是迫於「政治正確」而扭曲的歷史書寫。《春秋》、《左傳》、《國語》、《史記》出於「夷夏大防」，共同遮蔽了白狄中山助晉伐楚的歷史真相。

與李斯聯手害死韓非的秦國大夫姚賈，貶稱白狄中山為「中山盜」，一如李斯、韓非之師荀況貶稱白狄中山為「中山之盜」。二人同為戰國士人，熟讀《春秋》、《左傳》，嚴守「夷夏大防」，拒絕承認白狄中山是合法國家，僅僅視為占山為王的盜寇。明代士人馬中錫，儘管晚於姚賈、荀況一千七百年，但是熟讀《春秋》、《左傳》，同樣嚴守「夷夏大防」，仍然貶斥白狄中山為「中山狼」。

《左傳》諱言白狄中山助晉伐楚，但其宗旨是補充《春秋》省略的歷史細節，因而也為其所遮蔽的史實提供了重要旁證：在城濮之戰中率領晉國上軍的兩位主將狐毛、狐偃，不僅是仕晉的白狄中山人，而且是晉文公外公狐突之子，晉文公生母狐季姬之弟，均曾追隨外甥重耳出奔十九年。所以晉文公伐楚，任命白狄舅父狐毛、狐偃為上軍主將，並與盟國白狄中山組成了聯軍。可見除非一字不書，否則不可能徹底遮蔽歷史真相。

晉文公既是白狄中山女之子 [011]，又娶白狄中山所賜赤狄女為妻，久居白狄中山十二年，與白狄中山之君結盟，以白狄中山之人為重臣，與白狄中山組成聯軍伐楚，是為不「攘夷」；又在城濮之戰以後舉行「踐土之盟」稱霸，「討不服」，甚至「以臣召君」，是為不「尊王」。因而孔子對晉文公深惡痛絕，《春秋》不言重耳奔狄居狄，也不言城濮之戰晉文公聯

---

[011]　《左傳》魯宣公二年（前 607）：「趙盾曰：臣狄人也。」按：趙盾為趙衰與赤狄女叔隗所生，自視「狄人」，以此為恥。重耳為晉獻公與白狄女狐季姬所生，亦必自視「狄人」，但不以此為恥。

狄伐楚，更譌言周襄王被晉文公召去開會，而是運用《春秋》筆法，書為「天王狩於河陽」。

明白了齊桓公「尊王攘夷」，晉文公「不尊王不攘夷」，也就不難明白孔子評價二人為何會有天壤之別：「晉文公譎而不正，齊桓公正而不譎。」（《論語・憲問》）也不難明白孟子為何信口雌黃：「仲尼之徒，無道桓、文之事者。」（《孟子・梁惠王上》）對於晉文公與白狄中山的特殊關係，孔、孟心知肚明，私議之時或有貶斥，著述之時決不表露。

中國獨有的陰陽合曆，用閏月調整太陰（月亮）執行一月、太陽執行一年的兩大天文週期，十九年七閏而相合，天道循環。因此古代盛產「十九年得道」的虛構傳奇，最為著名的是莊子寓言「庖丁解牛」，「十九年而刀刃若新發於硎」，技進於道。晉文公出奔十九年而返晉繼位，卻非虛構傳奇，而是真實經歷。這就使他本人、追隨者，乃至周王、諸侯、天下人，無不堅信他是「天命所歸」。晉文公能夠取代齊桓公而成春秋第二霸，與此深入集體無意識的共同信念大有關係。

晉文公死後，「天命所歸」又擴展到追隨其出奔十九年的趙衰、魏武子及其後裔身上。趙氏、魏氏後來躋身晉國六卿，最後與韓氏「三家分晉」，均與這一信念大有關係。

四　晉文公後，白狄中山爭立晉君

晉文公死後，晉國仍與白狄中山結盟，但是蜜月期已過，進入摩擦期。三次主要摩擦，是三位晉君死後，白狄中山不斷送歸晉文公與白狄女所生子孫，爭立晉君。

史料 39，《春秋》魯僖公三十三年（前 627）：

晉人敗狄於箕。

史料 40，《左傳》魯僖公三十三年（前 627）：

狄伐晉，及箕。八月戊子，晉侯敗狄於箕。郤缺獲白狄子。先軫曰：「匹夫逞志於君，而無討，敢不自討乎？」免冑入狄師，死焉。狄人歸其元，面如生。

—— 城濮之戰（前 632）以後四年，晉文公在位九年（前 636 — 前 628）而死，太子晉襄公（生母齊女）繼位。

晉文公之子公子樂（生母為白狄女，見下史料 42 — 44），此時隨母居於白狄中山。晉襄公元年（前 627），白狄中山之君準備送歸公子樂爭位，到達箕地被阻。晉將先軫戰死。

《春秋》、《左傳》雖言這一戰事，卻諱言這一戰事意在爭位。《左傳》此年（前 627），首言「白狄」，仍然諱言已經開國三十五年的「中山」。

順便一說，《史記·匈奴列傳》、《漢書·匈奴傳》均言：「晉文公攘戎翟，居於河西圂、洛之間，號曰赤翟、白翟。」《史記索隱》和《漢書》顏師古注，均引《左傳》「晉師滅赤狄潞氏」、「晉侯敗狄於箕。郤缺獲白狄子」為證。其實「晉侯敗狄於箕。郤缺獲白狄子」，事在晉文公死後一年的晉襄公元年（前 627），即《春秋》、《左傳》魯僖公三十三年所記。而「晉師滅赤狄潞氏」，事在晉文公死後三十四年的晉景公六年（前 594，見下史料 53 — 54）。可見《史記》、《漢書》所謂「晉文公攘翟」的真實史證為零，僅有移花接木的偽證，然而兩千年來盲信者眾。蒙文通甚至認為：「晉（文公）之攘狄，功過於齊（桓公）。」[012] 此言倘若屬實，那麼孔子之言「晉文

---

[012]　《蒙文通中國古代民族史講義》，天津古籍出版社，2008 年，第 93 頁。

公譎而不正，齊桓公正而不譎」，必將淪為無據妄言。顧此失彼，不實之言必難妥帖。

史料 41，《春秋》魯文公六年（前 621）：

葬晉襄公。晉殺其大夫陽處父，晉狐射姑出奔狄。

史料 42，《左傳》魯文公六年（前 621）：

晉襄公卒。靈公少，晉人以難故，欲立長君。趙孟（趙盾）曰：「立公子雍。……」賈季（狐射姑）曰：「不如立公子樂。」……（趙孟）使先蔑、士會如秦，逆公子雍。賈季（狐射姑）亦使召公子樂於陳，趙孟使殺諸郫。……賈季（狐射姑）奔狄。

史料 43，《史記·晉世家》晉襄公七年（前 621）：

八月，襄公卒。太子夷皋少。晉人以難故，欲立長君。趙盾曰：「立襄公弟雍。……」賈季曰：「不如其弟樂。」……（趙盾）使士會如秦迎公子雍。賈季（狐射姑）亦使人召公子樂於陳。趙盾廢賈季，以其殺陽處父。……賈季（狐射姑）奔翟。……太子母繆嬴日夜抱太子以號泣於朝……趙盾與諸大夫皆患繆嬴，且畏誅，乃背所迎（公子雍），而立太子夷皋，是為靈公。

史料 44，《說苑建本》：

晉襄公薨，嗣君少。趙宣子（趙盾）相，謂大夫曰：「立少君，懼多難，請立雍。雍長，出在秦。秦大，足以為援。」賈季（狐射姑）曰：「不若公子樂，樂有寵於國，先君（晉文公）愛而仕之翟，翟是以為援。」穆嬴抱太子以呼於庭曰：「先君（晉襄公）奚罪？其嗣亦奚罪？舍嫡嗣不立，而外求君子！」出朝抱以見宣子曰：「惡難也，故欲立長君，長君立而少君壯，難乃至矣。」宣子患之，遂立太子也。

　　—— 晉襄公（晉文公與齊女之子）在位七年（前 627 －前 621），短命早夭。太子夷皋（生母秦女繆嬴）尚在襁褓，晉臣欲立長君，打算在晉文公諸子之中選擇其一。趙盾力主迎立在秦的晉文公之子公子雍（生母秦女懷嬴），狐射姑（狐偃之子、狐季姬之甥）力主迎立在白狄中山的晉文公之子公子樂（生母白狄女）。公子樂從白狄中山往晉，被趙盾派人在陳國殺死。迎接公子樂的狐射姑懼誅，逃回母邦白狄中山。白狄中山怒而伐晉。最後趙盾又被繆嬴哭訴感動，仍立晉襄公太子夷皋為晉靈公，拒絕秦國送歸的公子雍，秦君也怒而伐晉。

　　由於這一史事涉「狄」，因此《春秋》諱言狄人來爭晉君之位，書為「晉殺其大夫陽處父，晉狐射姑出奔狄」。

　　《左傳》補充細節，卻諱言狐射姑召公子樂於狄，書為「賈季召公子樂於陳」。狄為公子樂所居之母邦，陳為公子樂往晉途中被殺之異邦，怎能混淆？《春秋》「狐射姑奔狄」，則被《左傳》改書為「賈季奔狄」。晉國封給狐射姑的采邑為賈，故其又稱「賈季」，改書不可謂無據，但是如此避諱改書，一如《史記‧晉世家》常稱「狐偃」之字「咎犯」（又稱「舅犯」），使人難以明白「咎犯」實為白狄中山人。《史記‧晉世家》照抄《左傳》，於是公子樂的真實身分是晉文公、白狄女所生之子，所居母邦是白狄中山；狐射姑的真實身分是仕晉的白狄中山人，是晉文公之舅狐偃之子，是晉文公之母狐季姬之甥，與公子樂是姑表甥舅，均被遮蔽。

　　幸而《說苑建本》又透露了晉國與白狄中山的隱祕糾葛：晉文公深愛的、與白狄女所生之子公子樂，久居白狄中山而出仕，如今因其仕晉的表舅狐射姑迎立，從白狄中山前往晉國，途經陳國，被晉卿趙盾派人殺害。公子樂的子孫，此後以名為姓，成為白狄中山的樂氏之祖，亦即中山人樂羊、樂毅的遠祖（見下相關史料）。

晉靈公時期，晉國與白狄中山相安無事。白狄中山開國已有半個世紀，憑藉與晉之盟，國基日益穩固。

史料 45，《春秋》魯宣公八年（前 601）：

晉師、白狄伐秦。

史料 46，《左傳》魯宣公八年（前 601）：

八年春，白狄及晉平。夏，（白狄）會晉伐秦。晉人獲秦諜，殺諸絳市。

史料 47，《史記·晉世家》晉成公六年（前 601）：

伐秦，虜秦將赤。

—— 晉靈公（晉文公之孫）昏庸無道，在位十四年（前 620 － 前 607），被趙盾的堂弟趙穿弒殺。趙盾另立晉文公少子黑臀（生母周女），即晉成公。晉成公頗有父風，不僅與白狄中山結盟，甚至聯合白狄中山伐秦（前 601）。

《春秋》、《左傳》仍稱「白狄」助晉伐秦，繼續諱言「中山」。司馬遷「攘夷」之志更堅，《史記·晉世家》不言晉成公伐秦得到「白狄（中山）」之助，一如不言晉文公伐楚得到「白狄（中山）」之助。

史料 48，《春秋》魯宣公十一年（前 598）：

秋，晉侯會狄於攢函。

史料 49，《左傳》魯宣公十一年（前 598）：

晉郤成子求成於眾狄。眾狄疾赤狄之役，遂服於晉。秋，會於攢函，眾狄服也。是行也，諸大夫欲召狄。郤成子曰：「吾聞之，非德，莫如勤；非勤，何以求人？能勤，有繼。其從之也。《詩》曰：『文王既勤止。』文

王猶勤，況寡德乎？」

—— 晉成公在位七年（前 606 －前 600）而死，太子晉景公繼位。

晉景公二年（前 598），延續父（晉成公）、祖（晉文公）傳統，親往中山之地攢函（今地不詳），與白狄中山之君會盟。

晉國既是諸夏，又是大國。中山既是戎狄，又是小國。晉侯與狄君結盟，已經違背「夷夏大防」。狄君不來而晉君前往，更是突破底線的「以夏事夷」。《左傳》出於政治立場，強調晉景公屈尊與白狄結盟的原因是「眾狄疾赤狄之役，遂服於晉」（白狄擔心像赤狄那樣被晉國伐滅，於是臣服於晉），完全不合史實。

晉獻公娶白狄女以降，晉國與白狄中山長期結盟，赤狄是其共同敵人，所以晉獻公伐赤狄之驪戎，白狄中山伐赤狄之廧咎如。晉文公與其子（晉襄公、晉成公）、孫（晉靈公、晉景公），不斷延續並強化與白狄中山的盟約，所以白狄中山先助晉文公伐楚，後助晉成公伐秦。

如今晉景公親往白狄中山，仍是延續、強化與白狄中山的數世盟約。

司馬遷或許意識到《左傳》所言「眾狄（白狄）疾赤狄之役，遂服於晉」難以成立，於是《史記・晉世家》晉景公二年「顧左右而言他」，僅言與晉無關的「楚莊王伐陳」。

史料 50，《春秋》魯宣公十三年（前 596）：

晉殺其大夫先縠。

史料 51，《左傳》魯宣公十三年（前 596）：

秋，赤狄伐晉，及清，先縠召之也。冬，晉人討邲之敗與清之師，歸罪於先縠而殺之，盡滅其族。

史料52，《史記・晉世家》晉景公四年（前596）：

先縠以首計而敗晉軍河上，恐誅，乃奔翟，與翟謀伐晉。晉覺，乃族縠。縠，先軫子也。

—— 晉景公之父晉成公，不僅與白狄中山續盟，而且又與赤狄聯姻，嫁長女（晉景公姊，見下史料54）於赤狄潞氏。

晉景公四年（前596），先縠未經晉景公同意而擅伐赤狄，攻至郤邑而敗；赤狄乘勝伐晉，攻至清邑。晉景公欲治先縠之罪，先縠懼誅，出奔白狄中山。晉景公不能誅其身，於是滅其族。

孔子大概認為，先軫被白狄中山殺死（見上史料40），其子先縠出奔白狄中山，乃是輕忘父仇、以夏事夷的奇恥大辱，因而《春秋》不言史事過程，也不書「晉大夫先縠奔狄」，僅書「晉殺其大夫先縠」。這是修改不盡理想的史實，使之合於理想的不實之言。不能誅其身，至少誅其心，此即《春秋》「誅心之論」。

《左傳》先補言部分史實：「秋，赤狄伐晉，及清，先縠（伐郤而敗）召之也。冬，晉人討（先縠伐）郤之敗與（赤狄及）清之師，歸罪於先縠」，同時不願糾正《春秋》誅心之論，於是照抄「殺之」。最後再補言部分史實：「盡滅其族。」於是「滅族」之真，「被誅」之偽，混淆難辨。

《史記・晉世家》先補言《春秋》、《左傳》共同諱言的重要史實：

先縠「恐誅，乃奔翟（白狄中山），與翟謀伐晉」。但也不願糾正《春秋》誅心、《左傳》坐實的「晉殺先縠」，於是僅言「晉族縠」；對晉滅先縠宗族予以明確化，對晉是否誅殺先縠本人予以模糊化。最後點明先縠是「先軫子」；對《春秋》、《左傳》違背史實之言，予以同情之理解，做出隱晦之辯護。

先縠擅伐晉成公嫁女聯姻的赤狄，晉景公才會欲誅先縠，因其逃往白狄中山而不能誅其身，只好滅其族。此舉實為向赤狄謝罪，意在「三年無改於父之道」（《論語學而》），與赤狄修復邦交。中原史家對於此意，只能誅心於內心，不願表露於著述。

史料53，《春秋》魯宣公十五年（前594）：

晉師滅赤狄潞氏，以潞子嬰兒歸。

史料54，《左傳》魯宣公十五年（前594）：

潞子嬰兒之夫人，晉景公之姊也。酆舒為政而殺之，又傷潞子之目。……六月癸卯，晉荀林父（中行桓子）敗赤狄於曲梁；辛亥，滅潞。酆舒奔衛，衛人歸諸晉，晉人殺之。

——《春秋》諱言晉成公嫁女於赤狄潞氏，因為嫁女於狄，甚於娶女於狄，乃是中原一向視為奇恥大辱的「和親」；僅言晉景公六年（前594）「晉滅赤狄潞氏」（今山西潞縣），可以使人誤以為晉君「尊王攘夷」。

《左傳》補充細節，始明史實：晉景公伐滅赤狄潞氏，並非「尊王攘夷」，而是嫁於赤狄潞氏之姊，死於赤狄潞氏內亂，於是為姊報仇而伐滅之。

司馬遷不願追隨《左傳》而言晉與赤狄聯姻，也不願追隨《春秋》而言「晉滅赤狄潞氏」，於是對此大快人心之事，竟然忍痛割愛，《史記·晉世家》晉景公六年，僅言與晉無關的「楚伐宋」。

史料55，《春秋》魯宣公十六年（前593）：

晉人滅赤狄甲氏及留籲。

史料56，《左傳》魯宣公十六年（前593）：

晉士會帥師滅赤狄甲氏及留籲、鐸辰。

史料 57，《史記・晉世家》晉景公七年（前 593）：

晉使隨會滅赤狄。

——晉景公去年（前 594）為姊報仇，伐滅了赤狄之潞氏，與赤狄從聯姻轉為惡化。今年（前 593）一不作，二不休，又伐滅了赤狄之甲氏（今河北雞澤）、留籲（今山西屯留）、鐸辰（今山西長治）。

至此，南侵中原的赤狄諸部落，均被晉國伐滅，或是逐歸漠北。中原史家對此大為痛快，《春秋》、《左傳》、《史記》均錄此事。

史料 58，《春秋》魯成公九年（前 582）：

秦人、白狄伐晉。

史料 59，《左傳》魯成公九年（前 582）：

秦人、白狄伐晉，諸侯貳故也。

史料 60，《史記・晉世家》晉厲公元年（前 580）：

厲公元年，初立，欲和諸侯，與秦桓公夾河而盟。歸而秦倍盟，與翟謀伐晉。

——晉景公在位十九年（前 599－前 581）而死，太子壽曼繼位，即晉厲公。晉厲公元年（前 580），白狄中山助秦伐晉。《春秋》、《左傳》、《史記》均書，一是中原諸侯長期視秦為夷，中原史家竭力捆綁秦、狄同為「夷狄」，二是中原史家竭力虛構晉國與白狄中山長期敵對。

上文已述，晉文公返國繼位至今，晉國與白狄中山長期結盟，僅有的兩次短暫摩擦，無不源於白狄中山欲立晉文公、白狄女所生之子公子樂為晉君（見上史料 39－44）。因而此次白狄中山聯秦伐晉，發生於晉景公死

年、晉厲公立年，決非偶然，當為白狄中山欲立公子樂之子為晉君。

中原史家不言晉文公為白狄中山女所生，繼位之前久居白狄中山長達十二年，繼位之後與白狄中山結盟，藉助白狄中山伐楚，其與白狄中山女所生之子孫居於白狄中山；不言其子晉成公與白狄中山續盟而聯合伐秦，不言其孫晉景公與白狄中山續盟，不言白狄中山人狐突、狐偃、狐毛、狐射姑數代仕晉均為重臣；僅言晉文公、晉襄公、晉景公死後狄伐晉，選擇史實且修改史實，憑空虛構了「晉文公攘狄」及其子孫數代晉君與白狄中山敵對之偽史。

五　六卿專權，始伐白狄中山

晉文公及其子孫與白狄中山結盟百年之後，晉室衰弱，六卿專權。六卿終結了晉國與白狄中山結盟百年的長期邦交，與白狄中山進入了恩怨糾葛期。

史料 61，《潛夫論·志氏姓》：

姮姓，白狄。

史料 62，《史記·趙世家·索隱》：

中山，古鮮虞國，姬姓也。（《呂氏春秋·先識》高誘注：「中山，狄國也，一名鮮虞。」《穀梁傳·昭公十二年》楊士勳疏引《世本》：「鮮虞，姬姓，白狄也。」杜預注：「鮮虞，白狄別種。」杜預《春秋釋例》：「鮮虞中山，白狄。」）

—— 白狄中山立國已有百餘年，既成事實已久，國基日益穩固。又與中原最強的晉國長期聯姻、結盟，助晉伐楚、伐秦、伐赤狄，使晉成為

中原霸主（僅在晉國易君之時有過三次爭位摩擦），因此中原諸侯儘管不願承認其為合法國家，卻不得不接受其為事實國家。

白狄中山又在百餘年間逐漸中原化，於是迎合中原主流意識形態「尊王攘夷」，把姓姮改為姓姬（一如北魏孝文帝把姓拓拔改為姓元），自稱與周同宗，以此消除中原諸侯的普遍敵意。

史料 63，《左傳》魯襄公十八年（前 555）：

白狄朝於魯（襄公）。

史料 64，《左傳》魯襄公廿八年（前 545）：

白狄朝於晉（平公）。

── 白狄中山改姓而自稱與周同宗，效果良好。最重周禮的魯襄公，也不得不接受既成事實，接受皈化中原的白狄中山之君「來朝」（當為「結盟」的美飾之辭）。晉平公延續百年傳統，又與白狄中山續盟。

儘管政治家重利害而輕名分，但是理論家重名分而輕利害，因此《春秋》、《左傳》仍然稱其族名「白狄」，拒絕稱其國號「中山」。

史料 65，《春秋》魯昭公十二年（前 530）：

晉伐鮮虞。

史料 66，《左傳》魯昭公十二年（前 530）：

晉荀吳偽會齊師者，假道於鮮虞，遂入昔陽。秋八月壬午，滅肥，以肥子綿皋歸。

── 晉景公之後，經過晉厲公（前 580 ─前 573）、晉悼公（前 573 ─前 558）、晉平公（前 558 ─ 532）、晉昭公（前 532 ─前 526）四世五十五

年，晉國公室漸弱，六卿（范氏、中行氏、知氏、魏氏、韓氏、趙氏）漸強 [013]，六卿輪流執政。執政的晉卿，為了憑藉「尊王攘夷」的政治正確，贏得晉國以外的諸侯擁戴，幫助自己固位專權，逐漸改變了晉國親狄的百年傳統，先是征伐長狄，後又征伐長期結盟的白狄（中山）。

晉昭公二年（前530），晉卿荀吳（中行穆子）執政，借道於鮮虞（白狄中山），征伐昔陽（今河北晉縣），攻滅長狄之肥國（今河北肥鄉）。

《春秋》反書為「晉伐鮮虞」。《左傳》補充細節，史實方明：晉軍假裝與齊會師，於是借道於晉、齊之間的鮮虞，伐滅了以昔陽為都的長狄之肥國，並非征伐白狄之鮮虞（中山）。[014]

《左傳》的補充細節，揭破了《春秋》修改史實。司馬遷左右為難，於是對此大快人心的「攘夷」之事，再次忍痛割愛，《史記‧晉世家》晉昭公二年對此一字不書。

史料67，《左傳》魯昭公十三年（前529）：

鮮虞人聞晉師之悉起也，而不警邊，且不修備。晉荀吳自著雍以上軍侵鮮虞，及中人，驅衝競，大獲而歸。

—— 荀吳去年（前530）借道白狄中山而伐長狄之肥國，今年（前529）偷襲白狄中山。白狄中山與晉結盟百年，毫不設防，「不警邊，不修備」。即使如此，荀吳仍然未能攻克其邊邑中人（今河北唐縣西北）。

未能攻克的證據是，後來趙襄子征伐白狄中山，趙敬侯征伐魏屬中山，無不戰於中人（見下篇），因此《左傳》「驅衝競，大獲而歸」仍是不實

---

[013]　《史記‧晉世家》：「（晉）昭公六年卒。六卿強，公室卑。」《史記‧魏世家》：「（晉）昭公卒而六卿強，公室卑。」

[014]　《史記‧趙世家‧正義》引《春秋釋地名》：「昔陽，肥國所都也。」舊多因《春秋》反書而誤以昔陽、肥國為鮮虞（白狄中山）之地。

之言，否則《春秋》魯昭公十三年、《史記‧晉世家》晉昭公三年，不可能
全都一字不書。

史料 68，《春秋》魯昭公十五年（前 527）：

晉荀吳伐鮮虞，圍鼓，克之，虜鼓子鳶鞮。（又見《國語‧晉語》、《淮
南子‧人間訓》）

史料 69，《左傳》魯昭公十五年（前 527）：

晉荀吳帥師伐鮮虞……克鼓而反。（參看《國語‧晉語》：「狄之鼓。」）

史料 70，《左傳》魯昭公廿一年（前 521）：

鼓叛晉，晉將伐鮮虞。

史料 71，《左傳》魯昭公廿二年（前 520）：

晉之取鼓也，既獻而反鼓子焉。（鼓子）又叛於鮮虞。[015]

—— 荀吳偷襲不防晉師的白狄中山之邊邑中人失敗（前 530），於是
三年後（前 527）改伐白狄中山的另一邊邑鼓邑（今河北晉縣西），終於攻
下。次年晉昭公在位六年（前 531－前 526）而死，太子晉頃公繼位，六卿
陷入激烈爭權。因此八年（前 527－前 520）之間，鼓邑在白狄中山、晉國
之間叛來叛去。加上白狄中山盤踞山地，易守難攻，晉師難有進展。

史料 72，清華大學藏戰國楚簡《繫年》：

（楚）景平王即逝，（楚）昭王即位（前 515）。……晉與吳會為一，以
伐楚，方城。（晉）遂盟諸侯於召陵，伐中山；晉師大疫且飢，食人。[016]

---

[015]　《國語‧晉語九》詳言中行穆子（荀吳）伐狄圍鼓。
[016]　《清華大學藏戰國竹簡 2》，中西書局，2011 年，第 180 頁。

──事在晉頃公十一年（前 515），即楚昭王（前 515 − 前 489 在位）元年、吳王僚（前 526 − 前 515 在位）末年。

晉卿荀吳，先聯合吳王僚，趁著楚國為楚平王治喪而伐楚；由於公子光（吳王闔閭）派遣刺客專諸弒殺了吳王僚，晉、吳伐楚草草收場。[017]

晉卿荀吳隨即聯合中原諸侯，征伐白狄中山，然而久戰無功，疫病傳染，糧草斷絕，以人為食。

以晉為首的中原諸侯聯合征伐白狄，遭遇前所未有之慘敗，唯有清華大學藏戰國楚簡《繫年》記之。《春秋》、《左傳》魯昭公二十七年，《史記‧晉世家》晉頃公十一年，全都一字不書，因為中原史家不願長夷狄志氣，滅諸夏威風。

史料 73：《戰國策‧中山策》八：

中山君饗都士大夫，司馬子期在焉。羊羹不遍，司馬子期怒而走於楚，說楚王伐中山。

中山君亡，有二人挈戈而隨其後者。

中山君顧謂二人：「子奚為者也？」

二人對曰：「臣有父，嘗餓且死，君下壺飧餌之。臣父且死，曰：『中山有事，汝必死之。』故來死君也。」

中山君喟然而仰嘆曰：「與不期眾少，其於當厄；怨不期深淺，其於傷心。吾以一杯羊羹亡國，以一壺飧得士二人。」

──《戰國策》南宋鮑彪注：「司馬子期，中山人，後為楚昭卿。」清人王先謙認為：「楚昭初立（前 515），更六年為魯定元年（前 509）。據

[017]　《史記‧吳太伯世家》：「王僚十二年冬，楚平王卒。十三年春，吳欲因楚喪而伐之，使公子蓋餘、燭庸以兵圍楚之六、灊。使季札於晉，以觀諸侯之變。楚發兵絕吳兵後，吳兵不得還。於是吳公子光……遂弒王僚。公子光竟代立為王，是為吳王闔廬。」

注，以子期為楚昭卿，伐中山亦楚昭，宜在此數年中。過此至定三年（前507），中山敗晉；四年，吳入郢（前506），則中山勢強，楚方奔命，不應有遠略之師也。但子期乃昭王兄公子結，非中山人，是走楚者別一子期，而鮑注誤證。」[018]

晉定公六年，楚昭王（前515－前489在位）伐白狄中山，遠因是晉文公時的晉楚城濮之戰，白狄中山助晉伐楚（見上史料32－38）。事在戰國早期魏文侯伐滅白狄中山（前408－前406，見下史料94）之前百年，是春秋中晚期晉楚爭霸之餘波。當時的白狄中山之君，或因楚昭王之伐而一度去國流亡。稍後楚臣伍子胥為報楚平王殺其父兄之仇，叛楚仕吳，率領吳兵伐楚，攻入郢都，對楚平王掘墓鞭屍（前506），楚昭王出奔隨國、鄭國，白狄中山之君趁機復國。楚臣申包胥哭於秦廷，借得秦兵救楚擊吳，楚昭王返回郢都復國（參看《莊子·讓王》之楚昭王失國，屠羊說拒賞）。春秋晚期白狄中山這次復國，可能也是司馬遷《史記》誤書戰國早期白狄中山被魏文侯伐滅之後復國的遠因之一。

史料74，《左傳》魯定公三年（前507）：

鮮虞人敗晉師於平中，獲晉觀虎，恃其勇也。

史料75，《春秋》魯定公四年（前506）：

晉士鞅、衛孔圉帥師伐鮮虞。

史料76，《左傳》魯定公四年（前506）：

四年春三月，劉文公合諸侯於召陵，謀伐楚也。晉荀寅求貨於蔡侯，弗得，言於范獻子曰：「國家方危，諸侯方貳，將以襲敵，不亦難乎？水

---

[018]　[清] 王先謙撰，呂蘇生補釋《鮮虞中山國事表、疆域圖說補釋》，上海古籍出版社，1993年，第13頁。

潦方降，疾瘧方起，中山不服，棄盟取怨，無損於楚，而失中山，不如辭蔡侯。吾自方城以來，楚未可以得志，只取勤焉。」乃辭蔡侯。（杜預《春秋左傳集解》：「中山，鮮虞。」）

史料 77，《左傳》魯定公五年（前 505）：

晉士鞅圍鮮虞，報觀虎之敗也。

—— 晉頃公在位十四年（前 525 －前 512）而死，太子午繼位，即晉定公。晉卿士鞅（范獻子），取代晉卿荀吳（中行穆子），成為晉國執政。

晉定公三年（前 509），白狄中山因被晉國連伐，施以報復，主動伐晉，在平中（今河北唐縣附近）擊敗晉師，俘獲晉將觀虎。次年（前 508），晉卿士鞅與衛卿孔圉夾攻白狄中山，晉師從西向東攻，衛師從東向西攻。三年（前 507 －前 505）之間，互有勝負。其時孔子四十五歲至四十七歲，在魯尚未出仕。

荀吳之子荀寅（中行文子）所言「中山不服，棄盟取怨」，乃是晉與白狄中山長期結盟之鐵證。正因白狄中山「不服」荀吳「棄盟」連伐，才會伐晉報復。

《左傳》三見「中山」（此二，另見史料 79），此處首次二見「中山」，乃是出於不得已，因為引用荀寅之言，不便改其原話，否則不合口吻。若非殘存微弱的史家良知，《左傳》或許會像《春秋》一樣徹底不言「中山」。

《左傳》首見「中山」的指涉時間（前 506），比清華大學藏戰國楚簡《繫年》「晉伐中山」的指涉時間（前 515）晚九年（見上史料 72），比《呂氏春秋》「中山亡邢」的指涉時間（前 661）晚一百五十五年（見上史料 11）。五分之三的白狄中山史，因此沉入歷史忘川。

史料 78，《左傳》魯哀公元年（前 494）：

齊侯（景公）、衛侯（靈公）會於乾侯，救范氏也。（魯）師及齊師、衛孔圉、鮮虞人伐晉，取棘蒲。

史料79，《左傳》魯哀公三年（前492）：

春，齊、衛圍戚，求援於中山。

——晉卿范氏、中行氏征伐白狄中山多年，進展有限，卻與晉卿趙氏發生衝突。晉卿知氏、魏氏、韓氏，支持趙氏。晉國六卿之間，爆發全面內戰。

齊景公為了與晉爭霸，介入晉國內戰，邀約魯、衛、白狄中山，共同支持范氏、中行氏。其時孔子五十八歲至六十歲，已經在魯出仕受挫，離魯周遊列國。

《左傳》客觀敘述直言「中山」，僅此一次。原因有二：一是前引荀寅之言不得已兩次言及，如果客觀敘述一次不言，荀寅所言「中山」必將難以落地，變成《山海經》之「貫胸國」，甚至變成神話傳說的海外仙山「蓬萊國」，或《莊子》寓言之「蠻觸國」。二是齊、衛求援於夷狄色彩模糊的「中山」，比求援於夷狄色彩分明的「鮮虞」較為「政治正確」，不太違背「尊王攘夷」的諸夏共識。

史料80，《左傳》魯哀公四年（前491）：

荀寅奔鮮虞。

史料81，《史記‧晉世家》晉定公二十二年（前490）：

晉敗范、中行氏，二子奔齊。

——趙鞅擊敗范氏、中行氏，荀寅（中行文子）出奔鮮虞（白狄中山）。

當年荀吳（中行穆子）征伐白狄中山，如今其子荀寅竟然出奔白狄中

山，類似於先縠輕忘父仇而出奔白狄中山，也是違背「夷夏大防」的奇恥大辱，於是《春秋》不書。幸而《左傳》記之。

司馬遷不從《左傳》，而從《春秋》，於是《史記・晉世家》不言晉定公二十一年（前491）「荀寅奔鮮虞」，僅言次年（前490）「范、中行氏二子奔齊」。選擇史實，似是而非。

史料82，《春秋》魯哀公六年（前489）：

晉趙鞅帥師伐鮮虞。

史料83，《左傳》魯哀公六年（前489）：

晉伐鮮虞，治范氏之亂也。

—— 晉卿趙鞅（趙簡子）取代范氏、中行氏，成為晉國執政，於是征伐曾經支持並收留范氏、中行氏的白狄中山（前489），仍無進展。

此年孔子六十三歲。《春秋》不書前年「荀寅奔鮮虞」，僅書今年「趙鞅伐鮮虞」，選擇史實，失其因果。

《左傳》既書前年「荀寅奔鮮虞」，又書今年「晉伐鮮虞，治范氏之亂也」，因果甚明。然而為與《春秋》保持一致，再也不言「中山」國號，退回「鮮虞」族名。

以上五節的83條史料（1 — 83），可知春秋時期的白狄中山史大略。

六　戰國初期，魏滅白狄中山

歷史轉入戰國，白狄中山仍在延續。

晉卿趙簡子無法伐滅白狄中山，於是嫁女於代國之君，希望與代國夾

擊白狄中山。代國乃是長狄，代君雖娶趙簡子之女，仍然不願與趙氏夾攻白狄中山。趙簡子欲獵「中山狼」而無果，正是明人馬中錫《中山狼傳》所本。

晉定公在位三十七年（前 511 －前 475）而死，太子晉出公（前 474 －前 452 在位）繼位；同年趙簡子在位四十三年（前 517 －前 475 在位）而死，世子趙襄子（前 474 －前 425 在位）繼位。二事同年，均在孔子（前 551 －前 479）死後四年。

史料 84，《史記・趙世家》：

趙襄子元年（前 474），越圍吳。……

襄子姊前為代王夫人。

簡子既葬，（襄子）未除服，北登夏屋，請代王。使廚人操銅枓以食代王及從者，行斟，陰令宰人各以枓擊殺代王及從官，遂興兵平代地。

——趙襄子伐滅代國，導致其姊自殺。此後趙國南部本土（河北邯鄲周邊）與北部代地（河北蔚縣周邊），對白狄中山（河北定縣周邊）形成南北夾攻之勢。白狄中山也從原本處於趙地之東，變為處於趙地南北之間，嵌於趙地腹心。

趙襄子決意伐滅白狄中山，根除心腹之患。

史料 85，《史記・趙世家》：

（趙）簡子曰：「帝賜我二笥，皆有副，何也？」

當道者曰：「主君之子，將克二國於翟。」

史料 86，《呂氏春秋・慎大》：

趙襄子攻翟，勝左人、中人，使使者來謁之。

襄子方食摶飯，有憂色。

左右曰：「一朝而兩城下，此人之所以喜也，今君有憂色何？」

襄子曰：「江河之大也，不過三日。飄風暴雨，日中不須臾。今趙氏之德行，無所於積，一朝而兩城下，亡其及我乎？」（又見《國語・晉語九》、《淮南子・道應訓》、《列子・說符》）附史料87：《列子・黃帝》：

趙襄子率徒十萬，狩於中山。

—— 事在趙襄子二年（前474）之後，趙襄子十七年（前458）之前，確年難定。

趙襄子僅僅攻取了兩座邊邑左人（今河北唐縣西）、中人（今河北唐縣西北）[019]，立刻驚疑不定，足證白狄中山之難攻，遑論伐滅。

趙襄子之所以擔憂「亡其及我」，乃是因為趙簡子死後，繼任晉國執政的知伯瑤日益專權，咄咄逼人。

晉出公十七年、趙襄子十七年（前458），知伯瑤與趙襄子、韓康子、魏桓子瓜分了范氏、中行氏的采邑[020]。次年（前457），知伯瑤轉而征伐曾經支持范氏、中行氏的白狄中山。

史料88，《竹書紀年》晉出公十八年（前457）：

荀瑤伐中山，取窮魚之丘。[021]

---

[019] 徐元誥《國語集解》（中華書局，2002年，第453頁）：「元誥按：狄為白狄鮮虞也。《後漢・郡國志》：中山國唐有中人亭、左人鄉。中人在今直隸唐縣西四十里，左人在其西北四十里。」

[020] 晉定公二十二年（前490），范氏、中行氏被趙鞅伐滅之後（見上史料81），采邑歸於晉君，此即《史記・趙世家》所言「范、中行餘邑入於晉」。晉出公十七年（前458），知伯與趙、韓、魏四卿瓜分范氏、中行氏采邑，此即《史記・晉世家》所言「出公十七年，知伯與趙、韓、魏共分范、中行地以為邑」。兩事相隔三十二年，舊多混淆。

[021] 分見《水經・巨馬水注》、《初學記》八、《太平御覽》卷六四、《太平寰宇記》卷六七所引，未言何年。今從雷學淇《考訂竹書紀年》（見方詩銘、王修齡：《古本竹書紀年輯證》，上海古籍出版社，1981年，第82頁），繫於晉出公十八年（前457）。

史料89，《呂氏春秋・權勳》：

中山之國有厹繇者，智伯欲攻之而無道也，為鑄大鐘，方車二軌以遺之。

厹繇之君將斬岸、堙溪以迎鐘。

赤章蔓枝諫曰：「《詩》云：『唯則定國。』我胡以得是於智伯？夫智伯之為人也，貪而無信，必欲攻我而無道也，故為大鐘，方車二軌以遺君。君因斬岸、堙溪以迎鐘，師必隨之。」

弗聽，有頃，諫之。

君曰：「大國為歡，而子逆之，不祥。子釋之。」

赤章蔓枝曰：「為人臣，不忠貞，罪也。忠貞不用，遠身可也。」

斷轂而行，至衛七日，而厹繇亡。

史料90，《韓非子・說林下》：

知伯將伐仇由，而道難不通，乃鑄大鐘遺仇由之君。

仇由之君大說，除道將內之。

赤章曼枝曰：「不可。此小之所以事大也，而今也大以來，卒必隨之，不可內也。」

仇由之君不聽，遂內之。

赤章曼枝因斷轂而驅，至於齊七月，而仇由亡矣。

史料91，《戰國策・西周策》三：

智伯欲伐仇由，遺之大鐘，載以廣車，因隨入以兵，仇由卒亡。

史料92，《史記・秦本紀》：

知伯之伐仇猶，遺之廣車，因隨之以兵，仇猶遂亡。（又見《史記・樗里子甘茂傳》、《淮南子・精神訓》）

——以上五條史料，所言實為一事。窮魚、厹（qiú）繇（yóu）、仇由、仇猶，乃是白狄語同一地名之異譯[022]，地在今山西盂縣東北。[023]

舊多根據《韓非子・說林下》、《戰國策・西周策》、《史記・秦本紀》，以為仇由是國名。《竹書紀年》「荀瑤伐中山，取窮魚之丘」，《呂氏春秋・權勳》「中山之國有厹繇者」，證明仇由乃是白狄中山之邑名。

白狄中山慕效中原文明，立國中原百餘年，仍無能力鑄造青銅禮器[024]。知伯欲伐盤踞山地的白狄中山，苦於沒有進軍通道，於是投其所好，贈送一座青銅大鐘。仇由城主上當受騙，主動開道迎鐘，導致白狄中山失去一座邊邑。

此後白狄中山吸取了教訓，知伯無法繼續進軍，於是轉向魏、韓、趙索地。魏桓子、韓康子被迫獻地，趙襄子拒絕獻地，知伯於是脅迫魏氏、韓氏隨其伐趙，圍晉陽（今山西太原）。

晉出公二十二年（前453）[025]，追隨知伯伐趙的魏桓子、韓康子陣前

---

[022]　段連勤：《北狄族與中山國》（河北人民出版社，1982年，第91－92頁）：「早期鮮虞中山國的疆域，由於史書記載疏括而無法確指，但它顯然包括鮮虞氏、仇由氏居地的全部和鼓氏居地的一部分。」

[023]　[清] 王先謙撰，呂蘇生補釋《鮮虞中山國事表、疆域圖說補釋》，上海古籍出版社，1993年，第21頁。

[024]　參看史料8所引《左傳》「具邢器用而遷之」。滅人之國，必取其青銅重器。後來齊宣王破燕，燕昭王破齊，皆然。

[025]　《史記・周紀》：「（周貞）定王十六年（前453），三晉滅智伯，分有其地。」《史記・秦本紀》：「（秦厲共公）二十四年（前453），晉亂，殺智伯，分其國與趙、韓、魏。」
《史記・鄭世家》：「（鄭）共公三年（前453），三晉滅知伯。」《史記・刺客列傳・集解》引徐廣曰：「闔閭元年（前514），至三晉滅智伯（前453），六十二年。」《史記・晉世家・索隱》引《竹書紀年》：「晉出公二十二年（前453），趙襄子、韓康子、魏桓子共殺知伯，盡併其地。」《史記・晉世家》晉出公年有誤，《史記・趙世家》趙簡子年亦誤，誤書三晉滅知伯於「晉哀公四年」、「趙襄子四年」。

倒戈，與趙襄子共滅知氏，三分其地，史稱「三家分晉」[026]。次年（前452），在位二十三年（前474－前452）的晉出公被迫出奔楚國，魏、韓、趙三卿共立晉哀公（晉昭公重孫），即《竹書紀年》之「晉敬公」。

趙氏倖免滅亡，然而實力大損。趙襄子（前474－前425）、趙桓子（前424）、趙獻子（前423－前409）三世六十餘年，無力伐滅心腹大患白狄中山。

春秋中期至戰國早期，白狄中山立國中原兩百餘年，與晉爭霸的楚、秦二強吃其大虧。雄霸天下的齊桓公，中原最強的晉國執政五卿（中行穆子荀吳、范獻子士鞅、趙簡子趙鞅、趙襄子趙毋恤、知伯荀瑤），全都無力伐滅白狄中山。因為白狄中山擁有四大法寶：

一是白狄中山的地理位置特殊，處於太行山區。中原諸侯的車兵步卒，缺乏進軍通道。

二是白狄中山的軍隊形制特殊，乃是胡服騎射，對中原諸侯的車兵步卒具有速度、高度等多重優勢。

三是中原列強忙於爭霸，春秋五霸輪流坐莊，無暇顧及只求龜縮山地的白狄中山。

四是中原最強的晉國，前期與白狄中山聯姻結盟百年，後期公室衰弱而深陷六卿內戰，無暇全力征伐白狄中山。

晉國六卿內亂，以三家分晉（前453）告終。此後魏氏取代知氏，長期成為晉國執政。

伐滅知氏、三家分晉的魏桓子，擔任魏氏宗長十年（前455－前446）

---

[026]　晉靜公二年（前347），晉室絕祀。三家分晉（前453），即三晉滅智伯而分其地，在於其前106年。三晉封侯（前403），在於其前56年。三事不可混淆，舊多混淆。

而死，其孫魏斯繼任魏氏宗長、晉國執政。魏斯繼任魏氏宗長和晉國執政二十二年之後，僭號稱「侯」，並在僭號稱「侯」的第二十一年（前403），被周威烈王正式冊封為「侯」。所以魏斯在位五十年（前445－前396），分為舊元二十二年（前445－前424）和新元二十八年（前423－前396）。舊元時期是魏氏宗長兼晉國執政，新元前期二十年是僭號稱「侯」的晉卿，新元後期八年是周王冊封的合法諸侯。[027]

三家分晉（前453）之後四十七年（前406），僭號稱「侯」的晉卿魏斯伐滅了白狄中山，建立了「尊王攘夷」的重大功勳，贏得了中原諸侯的廣泛擁戴，成為中原盟主。因為魏斯也有四大法寶：

一是以孔子弟子子夏為師，以子夏弟子李悝（又稱李克）為相，在戰國初期率先變法（前412），實現富國強兵。

二是晉室繼續衰落，晉出公、晉哀公之後的五世晉君（幽、烈、孝、悼、靜）[028]，都是魏、韓、趙三卿的傀儡。

三是白狄中山在兩百餘年的中原化、文明化之後，也像中原諸侯一樣逐漸腐化。

四是任命白狄中山人樂羊（晉文公與白狄女所生之子公子樂後裔）為大將，以狄制狄。

魏斯萬事俱備，只欠東風：魏氏采邑與白狄中山不接壤，必須借道於趙氏采邑，才能進攻白狄中山。

史料93，《戰國策・趙策一》五：

---

[027]　史記》以魏斯僭號稱「侯」之年為其元年，當為二十八年（前423－前396）；卻誤割魏武侯十年（在位二十六年變成在位十六年）歸於魏斯，變成三十八年（前423－前386）；又誤將其元年、末年均提前一年（源於魏惠王前元三十五年變成三十六年而多出一年，參看第72頁註釋②），於是誤為周威烈王二年至周安王十五年（前424－前387）。

[028]　《史記・晉世家》脫漏晉悼公。

魏文侯借道於趙，攻中山。

趙（烈）侯將不許。

趙利曰：「過矣。魏攻中山而不能取，則魏必罷，罷則趙重。魏拔中山，必不能越趙而有中山矣。是用兵者，魏也；而得地者，趙也。君不如許之！許之大勸，彼將知趙利之也，必輟。君不如借之道，而示之不得已。」（《韓非子·說林上》略同）

——策文所稱「魏文侯」「趙（烈）侯」，是以死後之諡追述。魏斯（魏文侯）和趙籍（趙烈侯），當時僅是晉卿，尚未得到周王封侯，儘管三晉采邑已經大於晉君之地。

趙烈侯原本不願借道給魏，經過趙利勸諫，同意借道給魏。

史料94，《戰國策·魏策一》三：

樂羊為魏將而攻中山，其子在中山。中山之君烹其子而遺之羹，樂羊坐於幕下而啜之，盡一杯。

文侯謂睹師贊曰：「樂羊以我之故，食其子之肉。」

贊對曰：「其子之肉尚食之，其誰不食！」

樂羊既罷中山，文侯賞其功而疑其心。

史料95，《史記·樗里子甘茂列傳》：

魏文侯令樂羊將而攻中山，三年而拔之。

史料96，《戰國策·秦策二》六：

魏文侯令樂羊將，攻中山，三年而拔之。

史料97，《說苑·尊賢》：

魏文侯從中山奔命安邑，田子方從。太子擊（魏擊此時尚非太子）遇之，下車而趨。子方坐乘如故，告太子曰：「為我請君，待我朝歌。」……太子及文侯，道田子方之語，文侯嘆曰：「……我欲伐中山，吾以武下樂羊，三年而中山為獻於我。……」（又見《韓非子·說林上》、《戰國策·中山策》九、《說苑·貴德》、《說苑·復恩》）

——晉卿魏斯借道於趙，征伐白狄中山，任命仕魏的白狄中山人樂羊為主將。樂羊家人，仍在白狄中山。白狄中山之君烹死樂羊長子，送其肉羹給樂羊。樂羊食子肉羹，用了三年（前408－前406），伐滅母邦白狄中山。[029]

晉卿魏斯親往巡視，然後返回安邑（今山西夏縣）。朝歌（今河南淇縣）原為衛都，久為白狄中山所侵（衛都遷至帝丘，即今河南濮陽）[030]，此時亦歸魏屬中山。

史料98，《史記·趙世家》趙獻侯十年（前414）：

（白狄）中山武公初立。

——由於白狄中山是夷狄，從未得到周王冊封，所以中原史家和中原士人全都不視其為合法國家，僅僅視為占山為王的盜寇，連其國號「中山」也拒絕提及，遑論記其君主名號。甚至記載晉景公、白狄中山之君會盟（前598），記載白狄中山之君朝魯（前555）、朝晉（前545），仍然不記其君名號。唯有視其為心腹大患的趙國，記其亡國之君名號。白狄中山武公姬某（本姓為姮），在位九年（前414－前406）；第七年（前408）魏始伐，第九年（前406）魏滅之。

---

[029]　《史記·魏世家》：「（魏文侯）十七年（當作十六年，前408），伐中山，使子擊守之，趙倉唐傅之。」《史記·魏世家》之魏文侯、魏武侯、魏惠王元年均誤早一年。魏文侯新元十六年（前408）始伐中山，魏文侯新元十八年（前406）伐滅中山。

[030]　《春秋》魯僖公三十一年（前629）：「衛遷於帝丘。」

史料 99，《呂氏春秋·先識》：

晉太史屠黍見晉之亂也，見晉（幽）公之驕而無德義也，以其圖法歸周（前 414）。

（西）周威公見而問焉，曰：「天下之國孰先亡？」

對曰：「晉先亡。」

（西周）威公問其故。

對曰：「臣比在晉也，不敢直言，示晉（幽）公以天妖，日月星辰之行多以不當。（晉幽公）曰：『是何能為？』又示以人事多不義，百姓皆鬱怨。（晉幽公）曰：『是何能傷？』又示以鄰國不服，賢良不舉。（晉幽公）曰：『是何能害？』如是，是不知所以亡也，故臣曰晉先亡也。」

居三年（前 411），晉果亡。

（西周）威公又見屠黍而問焉，曰：「孰次之？」

對曰：「（白狄）中山次之。」

（西周）威公問其故。

對曰：「天生民而令有別。有別，人之義也，所異於禽獸麋鹿也，君臣上下之所以立也。中山之俗，以晝為夜，以夜繼日。男女切倚，固無休息。康樂，歌謠好悲，其主弗知惡，此亡國之風也。臣故曰中山次之。」

居二年（前 409），中山果亡。（《說苑·權謀》略同）

——魏文侯新元十年、白狄中山武公元年、晉幽公十五年（前 414），晉太史屠黍離晉，出奔西周國，對西周威公預言晉國將亡。三年後（前 411），晉幽公半夜出宮，淫於婦人，被其秦國夫人嬴氏弒殺，在位十八年（前 428－前 411）。僭號稱「侯」十三年的晉卿魏斯平定晉亂，另立傀儡之君晉烈公，當年改元。屠黍是把晉幽公被弒之年，視為晉國亡年。

　　魏文侯新元十三年、白狄中山武公四年（前411），屠黍又對西周威公預言白狄中山將亡。三年後，即魏文侯新元十六年、白狄中山武公七年（前408），魏文侯始伐白狄中山，於魏文侯新元十八年、白狄中山武公九年（前406）伐滅。屠黍是把魏文侯始伐白狄中山之年，視為白狄中山亡年（參看《西周國、東周國祕史》）。

　　白狄中山於春秋中期滅邢開國，於戰國早期被魏伐滅，國祚256年（前661－前406）。181年（前661－前481）屬於春秋，75年（前480－前406）屬於戰國。

　　本文擇要連綴史料109條（為便敘述，99條列於上篇，10條列於下篇），梳理白狄中山史大要。《春秋》、《左傳》、《國語》、《史記》和其他先秦古籍，還有很多涉及「狄」、「翟」的史料，不易判斷究屬赤狄、長狄、白狄（中山），未予盡錄。

下篇　魏屬中山祕史

七　三晉封侯之前，白狄中山變成魏屬中山

晉卿魏斯儘管伐滅了白狄中山，但是「不能越趙而有中山」

（《戰國策・趙策一》五，見上史料93），只能派遣長子魏擊駐守遠離本土的新地，樂羊仍然鎮守魏屬中山，晚年李悝則成為魏屬中山的首任相國。

　　史料100，《韓非子・外儲說左下》：

　　田子方從齊之魏，望翟黃乘軒騎駕出，方以為文侯也，移車異路而避
之，則徒翟黃也。

　　方問曰：「子奚乘是車也？」

　　曰：「君謀欲伐中山，臣薦翟角而謀得；果且伐之，臣薦樂羊而中山
拔；得中山，憂欲治之，臣薦李克（按：即李悝）而中山治。是以君賜此
車。」

　　方曰：「寵之稱功，尚薄。」（又見《韓詩外傳》卷三、《說苑・臣述／
尊賢》）

　　—— 這一史料，涉及魏滅白狄中山的四位重要人物。翟黃、翟角、
樂羊，原本都是白狄中山人。翟即狄，當時中原「攘夷」，皈化中原之狄
人，其姓少寫為「狄」，多寫為「翟」；後世不再「攘夷」，遂有恢復姓狄
者，如唐代名相狄仁傑。

　　晉卿魏斯欲滅白狄中山，於是謀於時任魏相的白狄中山人翟黃。翟黃
先薦仕魏的白狄中山人翟角。謀定而伐，翟又薦仕魏的白狄中山人樂羊
為將。伐滅之後，白狄中山殘部仍在抵抗，翟黃又薦晚年李悝為中山相。

　　舊或以為李悝先任魏屬中山相，後任魏相，於時不合，因為魏文侯
死於伐滅白狄中山之後十年，任用李悝變法必在伐滅中山之前。李悝必
是先相魏而變法強魏，然後年老辭相。李悝辭去魏相之時，魏斯請李悝
選擇魏成子、翟黃之一繼任魏相，並且採納李悝之言，任命魏成子繼任
魏相[031]。翟黃於魏成子死後繼任魏相，正是魏文侯晚年欲滅白狄中山之

---

[031]　《韓詩外傳》卷三：「魏文侯欲置相，召李克問曰：『寡人欲置相，非翟黃則魏成子。
　　　　願卜之於先生。』李克避席而辭曰：『臣聞之：「卑不謀尊，疏不間親。」臣外居者也，
　　　　不敢當命。』文侯曰：『先生臨事勿讓。』李克曰：『夫觀士也，居則視其所親，富則視
　　　　其所與，達則視其所舉，窮則視其所不為，貧則視其所不取。此五者足以觀矣。』文侯
　　　　曰：『請先生就舍，寡人之相定矣。』李克出，遇翟黃，翟黃曰：『今日聞君召先生而卜
　　　　相，果誰為之？』李克曰：『魏成子為之。』」李克即李悝，魏文侯稱其「先生」，可證事
　　　　在其相魏之後的晚年，而非其相魏之前的

時，於是先向魏文侯舉薦翟角謀中山，又向魏文侯舉薦樂羊滅中山，再向魏文侯舉薦晚年李悝相中山。

李悝運用文治肅清了白狄中山遺風，導致了「中山治」。樂羊運用武力，剿滅了白狄中山殘部，導致了「中山平」。

史料 101，《韓非子‧難二》：

李（兌）〔克〕治中山，苦陘令上計而入多。

李（兌）〔克〕曰：「語言辨，聽之說，不度於義，謂之窕言。無山林澤谷之利而入多者，謂之窕貨。君子不聽窕言，不受窕貨，子姑免矣！」

史料 102，《太平御覽》一六一引《史記》佚文（不見今本）：

李克（李悝）為中山相，苦陘之吏上計，入多於前。

克曰：「苦陘上無山林之饒，下無藪澤牛馬之息，而入多於前，是擾亂吾民也。」於是免之。

——《韓非子‧難三》之「李兌」，「兌」為「克」之形訛，李克即李悝。李兌是趙惠文王（前 298 －前 266 在位）時之趙相，封為奉陽君（見下史證 58），與李悝相距一百多年。韓非原文或許不誤，而是後人傳抄致誤。

李悝相中山，罷免了搜刮民脂民膏顯示政績的苦陘縣令，是「中山治」的重要事件。

李悝先為魏國首位君主魏文侯之魏相，後為魏屬中山首位君主中山武公（後為魏武侯）之中山相，是證明魏文侯以後的中山實為魏屬中山之重要旁證。

史料 103，《呂氏春秋‧適威》：

早年。

　　魏武侯之居中山也，問於李克（李悝）。

　　——晉卿魏斯長子魏擊所居中山，即魏屬中山。此時魏擊尚非魏武侯，而是魏屬中山之君，魏屬中山稱為「中山武公」（見下史料 105）。《呂氏春秋》稱為「魏武侯」，乃是以其死後之諡追述。

　　晉卿魏斯伐滅白狄中山，親往巡視之後，命其長子魏擊為魏屬中山的首位君主。三位魏臣跟隨魏擊前往魏屬中山，即趙蒼唐、李悝、樂羊。

　　趙蒼唐原為魏擊的太傅，隨其前往魏屬中山，並非貶黜。

　　李悝原為魏斯的相國，主持魏國變法大成，然後告老辭相。如今又任中山相，亦非貶黜，而是發揮餘熱，為君（魏文侯）分憂。

　　樂羊原為魏斯的大將，伐滅白狄中山而有大功，本應重賞，卻被罷免魏國大將，改任中山大將，實屬貶黜，原因是自食其子而伐滅母邦，導致魏斯「賞其功而疑其心」（見上史料 94）。正因中山人樂羊被免魏國大將，衛人吳起才有機會繼任魏國大將，伐秦攻取河西七百里地，直到魏文侯死後被魏武侯疑忌，離魏往楚，被楚悼王拜為楚相，主持楚國變法。

　　魏斯把魏臣趙蒼唐、李悝、樂羊任命為魏屬中山之傅、相、將，均屬「合法」，唯有把長子魏擊冊封為魏屬中山之君，卻不「合法」，因為魏斯自己的魏國國君身分，尚不「合法」。

　　上文已言，白狄中山之所以不被中原諸侯視為合法國家，而被視為盜寇，一是屬於夷狄，二是未受周王冊封。但是最初三年的魏屬中山也不是合法國家，因為宗主國魏國尚非合法國家。魏斯自己的合法身分，僅是僭號稱「侯」專擅晉政的晉卿，而非合法的魏國國君，所以沒有資格冊封長子魏擊為魏屬中山之君。好在短短三年之後，「合法性危機」即已消除。

　　三家分晉（前 453）之後五十年[032]，亦即周威烈王二十三年、晉烈公
九年（前 403），周威烈王冊封三晉為諸侯。晉卿魏斯、晉卿韓虔、晉卿趙
籍，成了合法的周封諸侯：魏文侯、韓景侯、趙烈侯。

　　僭號稱「侯」的晉卿魏斯，在伐滅白狄中山（前 406）之後三年（前
403），成為周王正式冊封的合法魏國國君，有了冊立太子、冊封封君的資
格，於是冊立幼子魏摯為魏國太子，冊封長子魏擊為魏屬中山的封君，然
而隨即發生變故。

　　史料 104，《韓詩外傳》卷八：

　　魏文侯有子曰擊，次曰（訴）〔摯〕，（訴）〔摯〕少而立之以為嗣。封
擊於中山，三年莫往來。

　　其傅趙蒼唐諫曰：「父忘子，子不可忘父。何不遣使乎？」

　　擊曰：「願之，而未有所使也。」

　　蒼唐曰：「臣請使。」

　　擊曰：「諾。」

　　於是（蒼唐）乃問君之所好與所嗜。

　　（擊）曰：「君好北犬，嗜晨雁。」

---

[032]　《史記·周本紀》：「（周）威烈王二十三年（前 403）……命韓、魏、趙為諸侯。」《史記·趙
　　　世家》：「（趙烈侯）六年（前 403），魏、韓、趙皆相立為諸侯。」《史記·韓世家》：「（韓景侯）
　　　六年（前 403），與趙、魏俱得列為諸侯。」《史記·鄭世家》：「（鄭繻公）二十年（前 403），
　　　韓、趙、魏列為諸侯。」《竹書紀年》：「燕簡公十三年（前 403）而三晉命邑為諸侯。」《資治
　　　通鑑》：「周威烈王二十三年（前 403），初命晉大夫魏斯、趙籍、韓虔為諸侯。」《史記·晉世
　　　家》：「（晉）烈公十九年（當作九年，前 403），周威烈王賜趙、韓、魏皆命為諸侯。」《史記·
　　　魏世家》：「（魏文侯）二十二年（當作二十一年，前 403），魏、趙、韓列為諸侯。」《史記·
　　　晉世家》之晉出公、晉哀公年皆誤，合計少十年，導致晉烈公元年誤前十年。《史記·魏世
　　　家》不記魏文侯之前元二十一年（前 445－前 424），僅記其稱侯（非封侯）以後之後元二十八
　　　年（前 423－前 396），又皆誤前一年。又三晉封侯之後，晉室又歷烈公、桓公、悼公、靜公
　　　四世，至晉靜公二年（前 347）死而絕祀。

（蒼唐）遂求北犬、晨雁齎行。

蒼唐至（魏都安邑），曰：「北蕃中山之君，有北犬、晨雁，使蒼唐再拜獻之。」

文侯曰：「嘻！擊知吾好北犬，嗜晨雁也。」則見使者。

文侯曰：「擊無恙乎？」

蒼唐唯唯而不對。三問而三不對。

文侯曰：「不對何也？」

蒼唐曰：「臣聞諸侯不名君。既已賜弊邑，使得小國侯，君問以名，不敢對也。」

文侯曰：「中山之君，無恙乎？」

蒼唐曰：「今者臣之來，拜送於郊。」

文侯曰：「中山之君，長短若何矣？」

蒼唐曰：「問諸侯，比諸侯。諸侯之朝，則側者皆人臣，無所比之。然則所賜衣裘幾能勝之矣。」

文侯曰：「中山之君，亦何好乎？」

對曰：「好《詩》。」

文侯曰：「於《詩》何好？」

曰：「好〈黍離〉與〈晨風〉。」

文侯曰：「〈黍離〉何哉？」

對曰：「『彼黍離離，彼稷之苗。行邁靡靡，中心搖搖。知我者謂我心憂，不知我者謂我何求。悠悠蒼天，此何人哉！』」

文侯曰：「怨乎？」（怨父不立為儲。）

曰：「非敢怨也，時思也。」

文侯曰：「〈晨風〉謂何？」

對曰：「『彼晨風，鬱彼北林。未見君子，憂心欽欽。如何如何，忘我實多。』此自以忘我者也。」

於是文侯大悅，曰：「欲知其子視其母，欲知其人視其友，欲知其君視其所使。中山君不賢，惡能得賢？」遂廢太子（訴）〔摯〕，召中山君以為嗣。（《說苑·奉使》略同。）[033]

——《韓詩外傳》僅言魏文侯召回魏擊立為魏太子，未言改封少子魏摯為中山君。《說苑》僅言魏文侯召回魏擊立為魏太子及封少子魏摯為中山君，未言魏摯先封為魏太子。《史記·魏世家》更為簡陋，僅言趙蒼唐為魏擊之太傅而隨其前往魏屬中山。均因趙武靈王伐滅魏屬中山之後，魏屬中山史籍亡佚已久。必須綜合辨析，方能探明真相。

得到周王冊封，對於魏斯、魏擊、魏摯父子，都是重大喜事。

魏擊身為長子，不甘心僅因三年前被父派駐魏屬中山而降為魏之封君，失去繼任魏君之資格，於是派遣太傅趙蒼唐返魏（李悝、樂羊均為其父重臣，非其心腹）。魏文侯被趙蒼唐說服，於是召回並冊立長子魏擊為魏太子（後為魏武侯），改封此前立為魏太子的幼子魏摯為魏屬中山之君。

史料 105，〈中山侯摯鈇銘〉：

天子建邦，中山侯謹作茲軍鈇，以警厥眾。[034]

—— 魏摯一到魏屬中山（前 403），即鑄銅鈇紀念（白狄中山不能鑄造

---

[033]　《說苑·奉使》：「魏文侯封太子擊於中山，三年，使不往來……乃出少子摯，封中山，而復太子擊。」《韓詩外傳》之少子名「訴」，為「摯」之訛。長子名「擊（擊）」，少子名「摯」，均從手。

[034]　張守中：《中山王器文字編》，中華書局，1981 年，第 130 頁。銘文第八字「憲」，即「謹」。第十四字「敬」，通「警」。第十五字「庶」，即「厥」。

青銅禮器，見上史料 88 － 92）。九十七年後（前 310），銅鉞葬入魏擊之孫、中山先王魏䜣之墓。兩千三百多年後（西元 1973），銅鉞出土於河北平山（即魏屬中山國都靈壽）魏屬中山王墓。

魏擊所鑄銅鉞之銘文，言及魏國和魏屬中山的同年二事。

一是「天子建邦」，這是紀念其父魏斯被周威烈王冊封為侯，而非紀念周威烈王冊封魏擊為侯。周王從未冊封魏屬中山之君為侯，更未冊封白狄中山之君為侯。如果周王曾經冊封白狄中山之君為侯（不少當代學者均據銅鉞「天子建邦」四字誤持此論），那麼從春秋齊桓公到戰國魏文侯就不可能屢伐白狄中山，《春秋》、《左傳》、《國語》、《史記》也無須諱言白狄中山，更不可能把周王冊封的諸侯斥為「中山盜」。

二是「中山侯」，這是紀念魏擊自己被剛得周威烈王冊封的父君魏斯冊封為魏屬中山之君。魏擊自稱為「侯」，乃是自我誇飾的僭號。

在魏擊之孫於八十二年後（前 323，見下史證 23）稱「王」之前，包括魏國在內的天下各國，均稱魏屬中山之君為「中山君」，從未稱為「中山侯」。

史料 106，《史記·趙世家·索隱》：

《系本》云：「中山武公居顧，（中山）桓公徙靈壽，為趙武靈王所滅。」不言誰之子孫。（按：《系本》即《世本》，唐避李世民諱改）

史料 107，《史記·樂毅列傳·索隱》：

《地理志》常山有靈壽縣，中山桓公所都也。

──《世本》為戰國末年趙人所著，故稱趙王遷（前 235 －前 228 在位）為「今王」；正如《竹書紀年》為戰國中期魏人所著，故稱魏襄王（前

319 －前 296 在位）為「今王」。

趙人對兩個中山最為清楚，趙人著作《世本》所言「中山武公」即魏文侯長子魏擊，因其後為魏武侯而沿用其諡「武」；「中山桓公」即魏文侯幼子魏摯，其後四世魏屬中山之君均為魏摯子孫。

中山武公魏擊居於白狄中山之都顧邑（河北定縣），乃因剛剛伐滅白狄中山，正在肅清殘部，防其復國。

三年後魏文侯改封幼子魏摯於魏屬中山，魏屬中山將樂羊已經剿滅白狄中山殘部，魏屬中山相李悝已經做到了「中山治」。因此中山桓公魏摯把魏屬中山之都遷至靈壽（今河北靈壽縣西北）。

樂羊先隨中山武公魏擊駐守於白狄中山之都顧邑，後隨中山桓公魏摯駐守於魏屬中山之都靈壽，死後葬於魏屬中山之都靈壽，後裔也定居魏屬中山之都靈壽。

魏屬中山就此開國，直到被趙武靈王伐滅。

八　戰國中期，趙滅魏屬中山

行文至此，進入了中山史的最大疑案：白狄中山被魏文侯伐滅之後，是否曾經復國？

史料 108，《戰國策・中山策》一：

魏文侯欲殘中山。

常莊談謂趙（襄子）〔烈侯〕曰：「魏并中山，必無趙矣。公何不請公子傾以為正妻，因封之中山，是中山復立也。」（按：魏文侯與趙襄子不同時，而與趙烈侯同時，此誤）

—— 當年趙簡子嫁女於代君，趙襄子伐滅代國，都是為了伐滅白狄中山，而且征伐夷狄無須理由。如今白狄中山變成了魏屬中山，已非夷狄，且與宗主國魏國，對趙國形成夾擊之勢，因此魏屬中山是比白狄中山更為嚴重的趙國心腹大患。首先是趙、魏結盟，趙國沒有理由征伐魏屬中山。其次是趙弱於魏，趙國沒有能力伐滅魏屬中山。所以趙國從原本希望伐滅白狄中山，變成希望白狄中山復國。

「公子傾」當為白狄中山武公之子姬傾，被魏伐滅之後，曾率殘部謀求復國。常莊談獻策趙烈侯，建議助其復國，並把女兒嫁給他做正妻，以便白狄中山一旦復國就能親趙敵魏。但是綜合其他史料可知，趙烈侯儘管認為魏屬中山比白狄中山對趙威脅更大，卻未採納常莊談的不明智策略，因為在趙武靈王胡服騎射之前，弱趙缺乏挑戰強魏的實力，輕率支持白狄中山之殘部復國，將從與魏結盟變成與魏為敵，而且弱趙與白狄中山殘部之合力，仍難擊敗變法崛起的強魏，不僅白狄中山難以復國，弱趙還將以卵擊石而引火燒身。所以雖有趙臣建議支持白狄中山復國，趙烈侯並未實施。

司馬遷可能先被這一史料誤導，產生了「白狄中山得到趙烈侯支持而復國」的念頭，再被「趙敬侯二伐中山」誤導（見下史證 5、6），形成「白狄中山成功復國」的謬見，寫入《史記》而誤導後世兩千年。其實趙敬侯二伐中山，已經說明其父趙烈侯不可能支持白狄中山復國。

至此，可以面對《史記》「中山復國」的出處 ——

史料 109，《史記‧樂毅列傳》：

樂毅者，其先祖曰樂羊。樂羊為魏文侯將，伐取中山，魏文侯封樂羊以靈壽。樂羊死，葬於靈壽，其後子孫因家焉。中山復國，至趙武靈王時

覆滅中山，而樂氏後有樂毅。[035]

　　——「中山復國」四字，史證為零，反證無數，實為司馬遷誤讀史料的妄言。其文自相矛盾，已含自我證偽的三條反證：

　　其一，假如白狄中山在靈壽復國，樂羊就不可能被魏文侯封於靈壽。

　　其二，假如白狄中山於樂羊死前在靈壽復國，樂羊就不可能葬於靈壽。

　　其三，假如白狄中山於樂羊死後在靈壽復國，樂羊子孫即使不被滅族，也不可能安居靈壽。如果樂羊子孫打算安居靈壽，至少必須改姓而隱瞞身世，那麼與趙武靈王同時的樂毅，在趙武靈王伐滅中山之前就不可能公開姓樂，更不可能公開承認是樂羊後裔，數百年後的司馬遷就不可能知道樂毅先祖是樂羊。

　　《史記‧趙世家》趙武靈王之言「胡地中山，吾必有之」，「胡地」二字也是司馬遷誤認「中山復國」之後的妄言（《戰國策‧趙策二》抄之）。中山之地，處於河北省太行山區，西周初年即被周成王封給周公之子的邢國，久為中原之地，怎能因為春秋時期被白狄中山一度侵占而視為「胡地」？

　　趙敬侯、趙成侯、趙肅侯、趙武靈王四世趙君連伐直至伐滅中山，不能證明「（白狄）中山復國」，只能證明魏文侯伐滅白狄中山之後，魏屬中山橫亙趙國腹心，趙、魏從盟國轉為敵國。

　　趙武靈王伐滅的並非魏文侯之後復國的白狄中山，而是魏文侯之後始終屬魏的魏屬中山。這一觀點非我首創，程恩澤《國策地名考》、雷學淇《竹書紀年義證》、沈欽韓《漢書疏證》、蘇時學《墨子刊誤》、錢穆《先

---

[035]　《史記‧樂毅列傳‧索隱》：「中山，魏雖滅之，尚不絕祀，故後更復國，至趙武靈王又滅之也。」〈索隱〉「後更復國」，承於《史記‧樂毅列傳》「中山復國」謬說，不足為憑。

秦諸子繫年》、楊伯峻《春秋左傳注》等均已言之，僅因舉證不全，論證不密，未能撼動《史記・樂毅列傳》「（白狄）中山復國」謬說。

以下擇要列舉史證五十九條，逐一駁正舊謬。

史證1，《史記・趙世家》趙敬侯四年（前383，魏武侯十三年）：

魏敗我兔臺。（趙）築剛平以侵衛。

史證2，《史記・趙世家》趙敬侯五年（前382，魏武侯十四年）：

齊、魏為衛攻趙，取我剛平。

史證3，《史記・趙世家》趙敬侯六年（前381，魏武侯十五年）：

（趙）借兵於楚伐魏，取棘蒲。

史證4，《史記・趙世家》趙敬侯八年（前379，魏武侯十七年）：

（趙）拔魏黃城。

——魏屬中山橫亙於趙國腹心，導致趙國南部本土與北部代郡之間，僅有羊腸小道相連。因此魏文侯死後，魏、趙之盟破裂。魏武侯（前395－前370在位）多次伐趙，趙敬侯（前386－前374在位）也多次伐魏報復。

史證5，《史記・趙世家》趙敬侯十年（前377，魏武侯十九年）：

（趙）與中山戰於房子。

史證6，《史記・趙世家》趙敬侯十一年（前376，魏武侯二十年）：

（趙）伐中山，又戰於中人。

——魏、趙之盟破裂之後，趙敬侯開始征伐魏屬中山，連伐房子（今河北高邑）、中人（今河北唐縣西南）。

史證7，《史記‧魏世家》：

武侯卒也（前370），子罃與公中緩爭為太子。

公孫頎自宋入趙，自趙入韓，謂韓懿侯曰：「魏罃與公中緩爭為太子，君亦聞之乎？今魏罃得王錯，挾上黨，固半國也。因而除之，破魏必矣，不可失也。」

（韓）懿侯說，乃與趙成侯合軍並兵以伐魏，戰於濁澤，魏氏大敗，魏君圍。

趙（成侯）謂韓（懿侯）曰：「除魏君，立公中緩，割地而退，我且利。」

韓（懿侯）曰：「不可。殺魏君，人必曰暴；割地而退，人必曰貪。不如兩分之。魏分為兩，不強於宋、衛，則我終無魏之患矣。」

趙不聽。韓不說，以其少卒夜去。惠王之所以身不死，國不分者，二家謀不和也。若從一家之謀，則魏必分矣。

史證8，《史記‧趙世家》：

（趙成侯）（六）〔五〕年（前370），中山築長城。伐魏，敗（滶）〔濁〕澤，圍魏惠王。

——魏武侯在位二十六年（前395－前370）而死，公中緩與魏惠王爭位。趙成侯與韓懿侯出兵支持公中緩，在濁澤包圍了魏惠王之軍。趙成侯因為魏屬中山之故，打算殺死魏惠王。韓懿侯與魏沒有深仇，半夜撤兵。趙成侯此舉激化了魏、趙矛盾，因此魏惠王平定公中緩之亂以後，兩度圍攻趙都邯鄲。

魏屬中山明白魏、趙矛盾激化以後，趙伐中山再無顧忌，立刻在中山鄰趙的邊境修築防趙長城。

史證9，《史記·趙世家》：

（趙成侯）二十二年（前353），魏惠王拔我邯鄲，齊亦敗魏於桂陵。

史證10，《竹書紀年》（《史記·孫子吳起列傳·索隱》引）：

梁惠王十七年（前353），齊田忌敗我桂陵。

史證11，《史記·魏世家》：

（魏惠王）十（八）〔七〕年（前353），拔邯鄲。趙請救於齊，齊使田忌、孫臏救趙，敗魏桂陵。

史證12，《史記·田敬仲完世家》：

齊威王（二十六）〔五〕年（前353），魏惠王圍邯鄲，趙求救於齊。……十月，邯鄲拔。齊因起兵擊魏，大敗之桂陵。

——趙、魏從盟國轉為敵國的代表性事件，是魏惠王前元十七年（前353）第一次圍攻趙都邯鄲。趙國向齊國求救，齊威王派遣田忌、孫臏，用圍魏救趙之計，桂陵之戰擊敗魏軍，生擒魏將龐涓。

趙、魏從盟國轉為敵國的根本原因，正是魏屬中山盤踞趙國腹心。魏屬中山一日不滅，趙、魏之盟就難以修復。由於圍繞魏屬中山的趙、魏之爭，是形成戰國格局的核心問題，所以郭嵩燾認為：「戰國所以盛衰，中山若隱為之樞轄。」[036]

史證13，《史記·魏世家》：

（魏惠王）二十（八）〔七〕年（前343）[037]……中山君相魏。

[036]　郭嵩燾：《序》，〔清〕王先謙撰，呂蘇生補釋《鮮虞中山國事表、疆域圖說補釋》，上海古籍出版社，1993年。

[037]　《竹書紀年》：「（魏）惠成王三十六年，改元稱一年。」魏惠王前元三十六年（前369－前334），後元十六年（前334－前319，稱王改元）。由於前元三十六年稱王而當年改元，因此

──假如白狄中山被魏文侯伐滅之後復國，魏惠王不再伐之尚有可能，禮聘白狄中山之君擔任魏相卻無可能。假如白狄中山被魏文侯伐滅之後復國，白狄中山之君不報魏仇尚有可能，忍辱負重地屈尊出任魏相卻無可能。這是違背常情的雙重不可能。

整部戰國史，乃至整部中國史，一國之君屈尊擔任異國之相，僅有這一孤例。為何會有這一孤例？因為相魏的「中山君」乃是魏摯之子、魏惠王堂弟，即中山成公魏某。[038]

中山成公魏某屈尊出任魏相，原因有二。

一是魏屬中山乃是魏所分封的屬國，亦即趙蒼唐所言「北蕃」（見上史料 104）。正如西周分封的諸侯國君，時常出任西周王室之卿相。

二是魏屬中山唯有藉助強魏，才能抵禦趙國威脅。所以中山成公相魏第二年（前 342），鼓動魏惠王第二次圍攻趙都邯鄲。齊威王再次派遣田忌、孫臏救趙擊魏，馬陵之戰（前 341）擊敗魏軍，殺死魏將龐涓和魏太子申。於是魏惠王罷免中山成公，逐其返歸魏屬中山，改命宋人惠施為相。

魏惠王兩次圍攻趙都邯鄲，齊威王均派田忌、孫臏救趙擊魏，桂陵之戰（前 353）、馬陵之戰（前 341）兩度大敗強魏。強齊從此取代強魏，成為中原霸主。

史證 14，《韓非子・內儲說上》：

前元三十六年計為三十五年。《史記》不明當年改元而於前元三十六年之翌年為後元元年，多其一年。所多一年延後，則與後君之年不符，遂將前元元年（前 369）上移一年（前 370），導致魏文侯、魏武侯年均上移一年。參看上 52 頁注①

[038]　《蒙文通文集》第 2 卷〈古族甄微〉之〈周秦少數民族研究〉，第 142 頁，〈中山稱王與趙滅中山〉認為：「此魏之宗親自有中山君，故入為相。斯時中山桓公已復國，而魏之中山君摯，遂還相魏。」楊寬《戰國史》駁之：「摯為魏惠王之叔父，未必此時尚健在，即使健在，必已高齡，未必能出任相職。此時之中山君當為摯之子，其名失傳。」[清] 王先謙撰，呂蘇生補釋《鮮虞中山國事表、疆域圖說補釋》，上海古籍出版社，1993 年，第 42 頁。呂蘇生認為，擔任魏相的中山君正是魏摯之後。

中山之相樂池，以車百乘使趙。

—— 中山成公因為馬陵慘敗而得罪魏惠王，被免魏相而回到魏屬中山，擔心趙國一旦征伐中山，魏惠王未必援救中山，於是任命樂羊後裔樂池（當為樂羊之孫、樂毅之兄）為魏屬中山之相，並且命其使趙，緩和與趙的敵對關係。

樂羊生前鎮守魏屬中山，死後葬於魏屬中山之都靈壽，子孫後代繼續定居魏屬中山之都靈壽，樂池、樂毅正是樂羊後裔，一如《史記·樂毅列傳》所言。當年樂羊身為白狄中山人，卻擔任魏將而征伐母邦。白狄中山之君烹其長子，仍被樂羊伐滅（見上史料 94）。白狄中山若於樂羊死後在靈壽復國，即使極其反常地不對樂羊掘墓鞭屍，不對樂羊後裔屠戮滅族，甚至寬宏大量地允許樂羊後裔安居靈壽，也不可能反常到禮聘滅國大仇樂羊的後裔為白狄中山之相。

史證 15，《史記·太史公自序》：

自司馬氏去周適晉，分散，或在衛，或在趙，或在秦。其在衛者，相中山。[039]

史證 16，《史記·魯仲連鄒陽列傳》：

司馬（喜）〔熹〕髕腳於宋，卒相中山。（又見《說苑》、《新序》）

史證 17，《戰國策·中山策》六：

陰姬與江姬爭為后。司馬熹謂陰姬公曰：「事成則有土子民，不成則恐無身。欲其成之，何不見臣乎？」

陰姬公稽首曰：「誠如君言，事何可豫道者？」

---

[039]　《太史公自序·集解》徐廣曰：「（相中山者）名喜也。」《戰國策》作「熹」。相中山者，與司馬遷八世祖司馬錯（在秦）同時。司馬遷祖父名「喜」，故相中山者必名「熹」，「喜」為訛文。

　　司馬憙即奏書中山（先）王曰：「臣聞弱趙強中山（之說）。」

　　中山（先）王悅而見之曰：「願聞弱趙強中山之說。」

　　司馬憙曰：「臣願之趙，觀其地形險阻，人民貧富，君臣賢不肖，商敵為資，未可豫陳也。」

　　中山（先）王遣之。

　　（司馬憙）見趙王曰：「臣聞趙，天下善為音，佳麗人之所出也。今者臣來，至境，入都邑，觀人民謠俗，容貌顏色，殊無佳麗好美者。以臣所行多矣，周流無所不通，未嘗見人如中山陰姬者也。不知者，特以為神力，言不能及也。其容貌顏色，固已絕人矣。若乃其眉目、准頰、權衡、犀角、偃月，彼乃帝王之后，非諸侯之姬也。」

　　趙王意移，大悅曰：「吾願請之，何如？」

　　司馬憙曰：「臣竊見其佳麗，口不能無道爾。即欲請之，是非臣所敢議，願王無洩也。」

　　司馬憙辭去，歸報中山（先）王曰：「趙王非賢王也，不好道德而好聲色，不好仁義而好勇力。臣聞其乃欲請所謂陰姬者。」

　　中山（先）王作色不悅。

　　司馬憙曰：「趙強國也，其請之必矣。王如不與，即社稷危矣，與之即為諸侯笑。」

　　中山（先）王曰：「為將奈何？」

　　司馬憙曰：「王立為后，以絕趙王之意。世無請后者。雖欲得請之，鄰國不與也。」

　　中山（先）王遂立以為后，趙王亦無請言也。（按：此時趙國、中山均未稱王。「趙王」當作趙肅侯，趙之稱王者亦非趙肅侯，而是趙武靈王）

——衛人司馬熹，先仕宋國，助宋康王戴偃逐兄篡位，後被刖足棄用（詳見拙著《莊子傳》），遂於中山成公末年，轉仕魏屬中山，其時樂池為相，司馬熹未獲重用。不久中山成公死去，中山先王繼位（五年後稱王，見下史證9）；司馬熹為了謀取相位，利用陰姬、江姬爭立為后，取代樂池而相魏屬中山。

樂池被奪相位，怒而與弟樂毅離開魏屬中山，轉仕中山宿敵趙國，助趙伐滅魏屬中山。

史證18，《戰國策·齊策五》一：

中山悉起而迎燕、趙，南戰於（長子）〔房子〕，敗趙氏；北戰於中山，克燕軍，殺其將。

史證19，《太平寰宇記》：

趙肅侯救燕，與中山公戰於房子。

——事在趙肅侯二十三年、燕易王六年（前327），即魏屬中山先王元年（其時尚未稱王）。燕軍征伐魏屬中山，不利，趙肅侯發兵救燕。魏屬中山兩面作戰，在中山南部的房子（今河北高邑）擊敗趙軍，在中山北部擊敗燕軍。

《戰國策·齊策五》誤書「房子」為「長子」。「房子」在今河北高邑，屬中山之地。「長子」在今山西長治長子縣，既非白狄中山之地，亦非魏屬中山之地。

史證20，《史記·趙世家》趙武靈王十九年（胡服騎射之前對公子成追述）：

先時中山負齊之強兵，侵暴吾地，系累吾民，引水圍鄗，微社稷之神

靈，則部幾於不守也。先王醜之，而怨未能報也。今騎射之備，近可以便上黨之形，而遠可以報中山之怨。（又見《戰國策·趙策二》四）

　　——事在趙肅侯二十四年（前326），即魏屬中山先王二年（其時尚未稱王）。魏屬中山在齊、魏支持之下伐趙，引水灌部（今河北柏鄉），部邑差點失守。趙肅侯去年征伐魏屬中山失利，今年反被魏屬中山伐征，抱恨而死，在位二十四年（前349－前326）。

　　史證21，《竹書紀年》（《水經·河水注》引）：

〔魏惠王後元〕十年（前325），齊田朌及邯鄲韓舉戰於平邑，邯鄲之師敗逋，獲韓舉，取平邑、新城。

　　史證22，《史記·趙世家》：

（趙肅侯二十三年）〔趙武靈王元年〕（前325），韓舉與齊、魏戰，死於桑丘。

　　——事在趙武靈王元年（前325），即魏屬中山先王三年（其時尚未稱王）。

　　魏史《竹書紀年》記齊田朌伐趙，趙將韓舉被俘於平邑，事在魏惠王後元十年（前325），即趙武靈王元年。這是信史。

　　《史記·趙世家》記齊、魏聯合伐趙，趙將韓舉戰死於桑丘，誤記於趙肅侯二十三年（前327），誤前二年。

　　史證23，《戰國策·中山策》二：

犀首立五王，而中山後持。（按：「犀首」為魏將公孫衍之字）

　　——事在魏惠王後元十二年（前323），即韓宣王十年、趙武靈王三年、燕易王八年、魏屬中山先王五年。

魏惠王不甘心被齊威王奪去中原霸主地位，於是採納龐涓死後擔任魏將的公孫衍之策，舉行魏、韓、趙、燕、中山「五國相王」（前323）。魏、韓、趙、燕均為萬乘之國，確有叛周稱王的資格實力。魏屬中山則是千乘之國，又非周王正封諸侯，缺乏叛周稱王的資格實力。另外兩個千乘之國宋、衛，既是周王正封諸侯，又都長期親魏，遠比中山更有資格實力。僅因中山是魏之屬國，所以魏惠王舉行「五國相王」，不邀宋、衛之君，破格邀請魏屬中山之君。

魏惠王舉行「五國相王」，意在組建中原諸侯聯盟而自任盟主。當年其祖魏文侯憑藉伐滅白狄中山、逼秦退入函谷關以西等「攘夷」功勛，成為中原盟主。如今魏惠王邀請「相王」的中山，如果不是魏屬中山，而是被魏文侯伐滅之後復國的白狄中山，就會違背當時最大的政治正確「夷夏大防」，無法實現其復任中原盟主的意圖。因為中原諸侯願意擁戴的中原盟主，除了擁有形而下的強大實力，尚需具有形而上的政治正確。

史證24，《史記·趙世家》趙武靈王三年（前323）：

（趙）城鄗。

——趙肅侯二十四年（前326），魏屬中山伐趙鄗邑，引水灌鄗，導致趙肅侯怨仇未報而憤死（見上史證20）。趙武靈王（前325－前299在位）繼位三年，欲報父仇而無實力，於是韜光養晦地參加五國相王（前323），忍辱負重地與魏國和魏屬中山結盟。參加五國相王歸來，忍氣吞聲地修復被魏屬中山引水浸壞的鄗邑城牆。

史證25，《戰國策·中山策》三：

中山與燕、趙為王。

齊（威王）閉關不通中山之使，其言曰：「我萬乘之國也，中山千乘之

國也，何侔名於我？」

欲割平邑以賂燕、趙，出兵以攻中山。

藍諸君患之。（按：中山相司馬熹，九年後伐燕大勝始封「藍諸君」，見下史證27）

── 策文僅言「中山、燕、趙為王」，乃因魏惠王、韓宣王在此之前已經稱王。今年（前323）中山先王、燕易王、趙武靈王在魏都大梁稱王，並與魏惠王、韓宣王互相承認，同時五國結盟。

五年前（前328）宋康王稱王，齊威王也未如此憤怒，因為宋國既是商代遺邦，又是周封諸侯，較有資格。現在魏屬中山稱王，齊威王如此憤怒，乃因中山並非周封諸侯，僅是魏之屬國，毫無資格。魏惠王如此亂來，壞了規矩法度。

齊威王深知，魏惠王舉行「五國相王」，意在聯合中原諸侯，重新與齊爭霸，奪回中原霸主地位。齊威王不願魏國重新崛起，尤其不滿魏氏一宗二王，所以不怒燕、趙稱王，獨怒魏屬中山稱王，打算聯合與魏屬中山同時稱王的燕、趙，征伐魏屬中山。

中山先王畏懼強齊，被迫採納司馬熹之策，朝齊稱臣。此後既親附不相鄰的宗主國強魏，又親附相鄰的強齊。

史證26，《呂氏春秋·應言》：

司馬熹難墨者師於中山王前，以非攻，曰……今王興兵而攻燕。

史證27，《中山王》：

唯十四年（前314）中山王作鼎，於銘曰：……昔者燕君子噲……迷惑於子之而亡其邦，為天下戮……今吾老賙（司馬熹）親率（參）〔三〕軍

之眾，以征不（宜）〔義〕之邦，奮桴振鐸，闢啟封疆，方數百里，列城數十，克敵大邦。（按：1974 年出土於河北平山魏屬中山王墓）

　　—— 齊威王在位三十九年（前 357 － 前 319）而死，太子齊宣王（前 319 － 前 301 在位）繼位，派遣蘇代使燕（前 317），唆使燕王噲禪位燕相子之，導致燕國內亂，於是趁亂伐滅燕國（前 315 － 前 314）。中山先王採納司馬熹之策，助齊滅燕，伐取「列城數十」。

　　中山先王魏𧍯為了紀念伐燕大勝（前 314），鑄造青銅圓鼎、青銅方壺紀功（白狄中山不能鑄造青銅禮器），並封中山相司馬熹為「藍諸君」（舊多混淆於趙封樂毅的「望諸君」）。[040]

　　史證 28，《戰國策·趙策三》三：

　　齊破燕（前 314），趙欲存之。樂毅謂趙（武靈）王曰：……請伐齊而存燕。

　　史證 29，《史記·趙世家》：

　　（趙武靈王）十（一）〔二〕年（前 314），王召公子職於韓，立以為燕（昭）王，使樂池送之。（按：《史記·六國年表》在「趙武靈王十二年」）

　　—— 趙武靈王不願魏屬中山助齊滅燕而廣地強國，於是積極幫助傳統盟邦燕國復國。樂池多年前被司馬熹奪去中山相，與弟樂毅離開魏屬中山，轉仕中山宿敵趙國。如今兄弟二人均得趙武靈王重用，於是樂毅獻策「伐齊存燕」，樂池護送燕公子職（前 314）。

　　三年後（前 311），燕昭王（燕王噲幼子公子職）在趙武靈王幫助下成功復國，誓報齊仇。趙武靈王在伐滅魏屬中山（前 296）的次年（前 295），

---

[040]　　《戰國策·燕策二》二：「望諸相中山也使趙，趙劫之求地，望諸攻關而出逃。」即為把樂毅之「望諸君」誤為司馬熹之「藍諸君」一例。

因趙國內亂而餓死，於是樂毅離趙、經魏、往燕，後來幫助燕昭王破齊報仇（前 284）。

史證 30，1974 年河北平山的考古發現：

參與「五國相王」（前 323）的魏屬中山先王魏𧬒，在位十八年（前 327 －前 310）而死，葬於魏屬中山之都靈壽郊外，即今河北平山三汲鄉。墓中葬入其祖父中山桓公魏摯所鑄銅鈇（見上史料 105），又葬入其四年前（前 314）伐燕大勝後自鑄圓鼎、方壺，又葬入其太子（中山嗣王）所鑄紀念父王之圓壺。

──魏屬中山先王之墓青銅禮器的銘文證明：趙武靈王所滅乃是魏文侯之後的魏屬中山，而非魏文侯之後復國的白狄中山。白狄中山被魏文侯伐滅之後，從未復國。魏屬中山的君系，也因這些銅器銘文而大明（見下第十節）。

史證 31，《韓非子‧內儲說下》：

司馬憙，中山（嗣）君之臣也，而善於趙，嘗以中山之謀，微告趙（武靈）王。

史證 32，《戰國策‧中山策》四：

司馬憙使趙，為己求相中山。公孫弘陰知之。

中山（嗣）君出，司馬憙御，公孫弘參乘。

（公孫）弘曰：「為人臣，招大國之威，以為己求相，於君何如？」

（嗣）君曰：「吾食其肉，不以分人。」

司馬憙頓首於軾曰：「臣自知死至矣！」

（嗣）君曰：「何也？」

〔曰〕：「臣抵罪。」

（嗣）君曰：「行！吾知之矣。」

居頃之，趙使來，為司馬熹求相。

中山（嗣）君大疑公孫弘，公孫弘走出。

——根據《戰國策・中山策》五「司馬熹三相中山」，司馬熹連相魏屬中山之三王（先王、嗣王、後王），此為司馬熹二相中山。此策所言「為己求相中山」，乃是謀求連相中山，而非初相中山，事在中山嗣王元年（前309，趙武靈王十七年）。策文稱中山嗣王為「中山君」，乃因列強多不承認魏屬中山稱王。

中山嗣王繼位，仍然謀求與趙化敵為友，遂派司馬熹使趙，希望與趙延續「五國相王」以來之盟約。

趙武靈王即位已經十七年，尚未胡服騎射，仍無實力挑戰強魏，也無實力伐滅魏屬中山，於是繼續與魏屬中山休兵，支持司馬熹連相中山。

公孫弘是策動「五國相王」的魏將公孫衍之三弟（二弟公孫喜也任魏將），奉魏惠王、公孫衍之命，長駐魏屬中山，防止其因血緣漸遠、疆土不連而日漸疏遠宗主國（周封諸侯均在數代之後漸與周室離心，漢封諸侯亦然）。如今中山嗣王不願與趙為敵，司馬熹為了固位專權而與趙親善，所以公孫弘擔心魏屬中山繼親齊以後，進而親趙，將與魏國更加疏遠，於是進諫中山嗣王，失敗以後返魏。

假如白狄中山被魏文侯伐滅之後復國，中山嗣王不可能任用魏國重臣公孫弘。

史證33，《韓非子・內儲說下》：

白圭相魏。

史證 34，《說苑‧權謀》：

白圭之中山，中山（嗣）王欲留之，固辭而去。

又之齊，齊（宣）王亦欲留之，又辭而去。

人問其辭。

白圭曰：「二國將亡矣。所學者，國有五盡：故莫之必忠，則言盡矣；莫之必譽，則名盡矣；莫之必愛，則親盡矣；行者無糧，居者無食，則財盡矣；不能用人又不能自用，則功盡矣。國有此五者，毋幸，必亡。中山與齊皆當此。若使中山之與齊也，聞五盡而更之，則必不亡也。其患在不聞也，雖聞又不信也。然則人主之務，在乎善聽而已矣。」（《呂氏春秋‧先識》略同）—— 魏人白圭，歷仕魏武侯、魏惠王、魏襄王[041]。魏惠王在位五十一年（前 369 －前 319），先後禮聘五位相國：公叔痤、白圭、中山成公、惠施、張儀。中山成公罷免魏相返回魏屬中山以後，白圭未能復任魏相，宋人惠施繼任魏相。因此惠施相魏以後，白圭一直與之作對。

假如白狄中山被魏文侯伐滅之後復國，不可能欲聘魏國三朝元老白圭為相。白圭政治經驗豐富，預知魏屬中山在五國相王之後，先親齊，後友趙，已失魏國強援，必被趙國伐滅。

史證 35，《史記‧趙世家》：

（趙武靈王）十九年（前 307）春正月……王北略中山之地，至於房子。……召樓緩謀曰：「……吾欲胡服。」……二十年（前 306），王略中山地，至寧葭……二十一年（前 305），攻中山。趙袑為右軍，許鈞為左軍，公子章為中軍，王並將之。牛翦將車騎，趙希並將胡、代。趙與之陘，合

---

[041]　《史記‧魯仲連鄒陽列傳》：「白圭戰亡六城，為魏取中山。……白圭顯於中山，中山人惡之魏文侯，文侯投之以夜光之璧。」此或為誤傳，或如某些學者所言，魏國確有先後兩個白圭，則前白圭為魏文侯征伐白狄中山，後白圭為魏屬中山所重。

軍曲陽，攻取丹丘、華陽、鴟之塞。王軍取鄗、石邑、封龍、東垣。中山
獻四邑和，王許之，罷兵。

——趙武靈王十九年（前307），終於撕破親善魏屬中山的假面，
首次親征魏屬中山的邊邑房子（今河北高邑西南），不利以後退兵，立刻
實行胡服騎射。次年（前306）第二次親征中山，攻取了寧葭（今河北獲
鹿）。又次年（前305）第三次親征中山，派出五路大軍，牛翦、趙希所領
二路為騎兵新軍，攻取了鄗邑（今河北柏鄉）、石邑（今河北鹿泉南）、封
龍（今河北石家莊西南）、東垣（今河北真定）。

魏屬中山願割四邑求和，同時魏襄王出兵救援魏屬中山（見下史證
36），趙武靈王被迫罷兵。

史證36，《竹書紀年》：

魏救中山，塞宿胥口。[042]

——趙武靈王親征魏屬中山三年，前兩年（前307、前306）小伐，
魏屬中山尚未告急，所以魏襄王未救魏屬中山。第三年（前305）趙國胡服
騎射已成而大伐，魏屬中山告急，所以魏襄王救援魏屬中山。魏軍到達宿
胥口（今河南滑縣西南），趙武靈王被迫同意魏屬中山割地求和。

戰國中期魏人所著《竹書紀年》記載「魏救中山」，真實反映了魏屬中
山確為魏國的「北蕃」，遠比別國史籍以及《史記》的記載更為可信。假如
趙武靈王征伐的並非魏屬中山，而是被魏文侯伐滅之後復國的白狄中山，
魏襄王怎麼可能不顧「夷夏大防」而救白狄中山？

史證37，《史記·趙世家》：

---

[042]　見於《戰國策》鮑彪注引徐廣曰。參看《戰國策·燕策二》一：「決宿胥之口，魏無虛、頓
丘。」

（趙武靈王）二十三年（前303），攻中山。

史證38，《史記·楚世家》：

（楚懷王）二十六年（前303），齊、韓、魏為楚負其從親而合於秦，三國共伐楚。

——趙武靈王親征魏屬中山三年（前307－前305），剛有起色，受挫於「魏救中山」（見上史證36），去年（前304）被迫暫停一年，增練騎兵。今年（前303）第四次親征魏屬中山，乃因今年是齊相孟嘗君發動齊、魏、韓三國合縱伐楚的第一年，魏屬中山的宗主國魏國和盟國齊國，全都無暇援救魏屬中山。

史證39，《史記·六國年表》：

（趙武靈王）二十五年（前301），趙攻中山，惠后卒。

史證40，《史記·趙世家》：

（趙武靈王）二十五年（前301），惠后卒。

史證41，《史記·秦本紀》：

（秦昭王）（八）〔六〕年（前301）……趙破中山，其君亡，竟死齊。（按：趙武靈王二十五年為秦昭王六年）

史證42，《資治通鑑》：

（周赧王）十四年（前301）……趙（武靈王）王伐中山，中山（嗣）君奔齊。

史證43，《戰國策·中山策》五：

司馬憙三相中山。

史證 44，《史記・楚世家》：

（楚懷王）二十八年（前 301），秦乃與齊、韓、魏共攻楚，殺楚將唐眛。

史證 45，《戰國策・趙策一》九：

楚人久伐而中山亡。

史證 46，《戰國縱橫家書・二一蘇秦獻書趙王章》：

楚久伐，中山亡。

史證 47，《戰國策・魏策四》二：

中山恃齊、魏以輕趙，齊、魏伐楚而趙亡中山。（按：史證 45、46、47 之「亡」，即史證 41 所言「趙破中山，其君亡，竟死齊」，乃謂其君逃亡至齊，非謂其國滅亡）

──趙武靈王第五次親征魏屬中山（前 301），大破中山。中山嗣王出奔齊國而死。由於趙武靈王深愛的王后孟姚（即「惠后」）突然死去，被迫暫時休兵，中山獲得喘息，國破而未滅。中山後王魏尚繼位，司馬熹三相中山。

此年是齊相孟嘗君發動齊、韓、魏三國合縱伐楚的第三年（秦加入而變成四國伐楚），魏屬中山的宗主國魏國和盟國齊國，仍然無暇援救魏屬中山。

史證 48，《史記・趙世家》：

（趙武靈王）二十六年（前 300），復攻中山，攘地北至燕、代，西至雲中、九原。

　　——趙武靈王第六次親征魏屬中山（前300），再次大勝。此年為孟嘗君發動齊、魏、韓三國合縱伐楚的第四年。

　　史證49，《史記‧趙世家》：

　　（趙武靈王）二十七年（前299）五月戊申，大朝於東宮，傳國，立王子何以為王。……主父欲令子主治國，而身胡服，將士大夫西北略胡地。

　　——趙武靈王難以兼顧治理趙國和親征中山，於是自號「主父」，禪位太子趙何（孟姚長子），即趙惠文王。今年（前299）忙於調整輔佐趙何的群臣格局，再次暫停征伐中山。

　　史證50，《戰國策‧趙策四》二：

　　三國攻秦（前298，趙惠文王元年），趙（主父）攻中山，取扶柳；（五）〔三〕年（前296）以擅呼沲。（按：三國攻秦第三年趙滅中山，遷其王於膚施）

　　史證51，《史記‧趙世家》：

　　惠文王二年（前297），主父行新地，遂出代，西遇樓煩王於西河而致其兵。三年（前296），（主父）滅中山，遷其王於膚施。起靈壽，北地方從，代道大通。

　　史證52，《太平寰宇記》卷六一引《史記》佚文（不見今本）：

　　趙武靈王以惠文三年（前296）滅中山，遷其君尚膚施是也。

　　史證53，《戰國策‧秦策三》九：

　　中山之地，方五百里，趙獨擅之。功成、名立、利附，則天下莫能害。

史證 54，《墨子·所染》：

中山尚染於魏義、偃長……故國家殘亡，身為刑戮，宗廟破滅，絕無後類，君臣離散，民人流亡。

史證 55，《呂氏春秋·當染》：

中山尚染於魏義、椻長……故國皆殘亡，身或死辱，宗廟不血食，絕其後類，君臣離散，民人流亡。

—— 齊相孟嘗君在發動齊、魏、韓三國合縱伐楚五年（前 303 ─前 299）之後，隨即又發動了齊、魏、韓三國合縱伐秦三年（前 298 ─前296），趙武靈王趁機連伐中山。三國伐秦第一年（前 298），趙武靈王第七次親征中山，攻取了扶柳（今河北冀縣西北）。三國伐秦第二年（前 297），趙武靈王巡視歷次親征中山所得新地，並與樓煩王會盟，準備明年發動對中山最後一役。三國伐秦第三年（前 296），趙武靈王第八次親征中山，攻破其都靈壽（今河北靈壽縣西北），終於伐滅魏屬中山，把中山後王魏尚貶為庶民，遷至膚施（今陝西榆林東南）。魏與齊、韓全力伐楚、伐秦八年（前 303 ─前 296），一直無暇救援魏屬中山。

《墨子》、《呂氏春秋》「中山尚」，《史記》佚文「其君尚」，即魏屬中山亡國之君魏尚。「中山尚」重用佞臣魏義，是其亡國原因之一。假如趙武靈王伐滅的不是魏屬中山，而是被魏文侯伐滅之後復國的白狄中山，那麼「中山尚」不可能重用魏人魏義。假如趙武靈王伐滅的不是魏屬中山，而是被魏文侯伐滅之後復國的白狄中山，那麼趙武靈王即使不殺「中山尚」，也必逐歸漠北，不可能僅僅貶為庶民，遷至靠近魏國的膚施。

清人蘇時學《墨子刊誤》已言：「中山為魏之別封，非春秋時之鮮虞也。魏文侯滅中山而封其少子摯，至赧王二十年，為趙武靈王所滅，其君

有武公、桓公，見《世本》。此名尚者，當為最後之君。」[043]

今人楊伯峻《春秋左傳注》亦言：「（鮮虞）中山於戰國初已亡於魏，而趙武靈王所滅之中山，則魏之中山也。」[044] 均為卓見。可惜過於簡略，未能動搖《史記·樂毅列傳》「（白狄）中山復國」謬說。

趙武靈王伐滅魏屬中山，僅求去除心腹大患，不願得罪魏國太深，因為此時秦國才是中原諸侯的共同大敵。所以趙武靈王伐滅魏屬中山之後，立刻帶領趙、宋聯軍加入伐秦。齊相孟嘗君策動的齊、魏、韓三國伐秦，於是變成了齊、魏、韓、趙、宋五國伐秦。齊、魏、韓聯軍已與秦軍在函谷關外僵持三年，至此得到趙、宋聯軍強援，一舉攻破函谷關（河南靈寶東北），攻至鹽氏（山西運城），大破暴秦。[045]

史證 56，《史記·田敬仲完世家》：

（齊湣王）（二十九）〔六〕年（前 295）[046]，趙殺其主父。齊佐趙滅中山。

史證 57，《史記·六國年表》：

趙惠文王四年（前 295），圍殺主父。與齊、燕共滅中山。

史證 58，《戰國策·齊策五》一：

齊、燕戰而趙氏兼中山。

——趙滅中山次年，即趙惠文王四年（前 295），趙國前太子趙章（生

---

[043]　轉引自孫詒讓《墨子閒詁》卷一。

[044]　楊伯峻：《春秋左傳注》，中華書局，1981 年，第 1330 頁。

[045]　《史記·秦本紀》：「（昭襄王）十一年（前 296），齊、韓、魏、趙、宋、中山五國共攻秦，至鹽氏而還。」「中山」剛被趙滅，降軍隨趙助伐，故曰「五國共攻秦」。

[046]　齊湣王在位僅十七年（前 300 −前 284），《史記》誤為在位四十年（前 323 −前 284），誤多二十三年。「二十九」當減二十三，作「六」。

母為趙武靈王首位王后韓氏）發動叛亂，李兌鎮壓叛亂，然後餓死趙武靈王，得封奉陽君，從此專擅趙政。中山後王魏尚趁機糾集殘部叛趙，圖謀復國。

此年也是齊湣王六年（前295），齊相孟嘗君田文伐燕。由於趙、燕結盟，趙相奉陽君李兌打算救燕擊齊，於是田文、李兌做了交易：齊國出兵助趙剿滅中山叛亂，趙國不再出兵救燕擊齊。

趙滅魏屬中山，是在趙武靈王生前的趙惠文王三年（前296），而非趙武靈王死後的趙惠文王四年（前295），所以《史記·趙世家》趙惠文王四年，不記中山殘部叛趙。《史記·田敬仲完世家》「齊佐趙滅中山」，《史記·六國年表》「（趙）與齊、燕共滅中山」和《戰國策·齊策五》「齊、燕戰而趙氏兼中山」均不準確。舊或據之認為，趙滅魏屬中山之年頗有異說，順便於此澄清。

史證59，《莊子·讓王》：

中山公子牟謂詹子曰：「身在江海之上，心居乎魏闕之下，為之奈何？」

詹子曰：「重生！重生則輕利。」

中山公子牟曰：「雖知之，未能自勝也。」詹子曰：「不能自勝，則從之。從之，神無惡乎？不能自勝而強不從者，此之謂重傷。重傷之人，無壽類矣。」

魏牟，萬乘之公子也。其隱巖穴也，難為於布衣之士。雖未至乎道，可謂有其意矣。（《呂氏春秋·審為》略同）[047]

---

[047] 拙著《莊子復原本》（江蘇文藝出版社，2010年；天地出版社，2021年）之〈魏牟論〉，有魏牟史料十七條，本文僅引一條與魏屬中山相關者。下文《莊子》引文皆出自拙著《莊子復原本》，不再作注。

——魏屬中山被趙伐滅之後，中山先王庶子魏牟（生母當為因司馬熹向中山先王進讒而未能封后的江姬）流落江湖，先師事楚人詹何，後師事莊子弟子藺且，成為莊子再傳弟子；編纂魏牟版《莊子》始初本，漢後亡佚（詳見拙著《莊子復原本》）。《漢書‧藝文志》著錄其書〈公子牟〉，漢後亡佚。

假如被趙武靈王伐滅的不是魏屬中山，而是被魏文侯伐滅之後復國的白狄中山，那麼中山王子只可能姓「姮」（白狄中山之本姓）或姓「姬」（白狄中山為免諸夏敵視之改姓），或在亡國之後改姓「中山」甚至「公孫」，絕無可能姓「魏」。

「中山（國）君」竟然「相魏」，「中山公子」竟叫「魏牟」，乃是《史記‧樂毅列傳》「（白狄）中山復國」謬說絕無可能成立的兩大反證。因而不少學者曲為之辯，妄言魏文侯伐滅中山之後所封的中山君魏摯，在白狄中山復國之後被迫回到魏國，雖已失去封地，卻未取消封號，所以相魏的「中山君」並非復國的白狄中山國君，而是回到魏國的中山君魏摯之後裔，所以魏摯後裔魏牟仍稱中山公子。此說之謬有四：

其一，全無史證。僅憑想當然而為《史記‧樂毅列傳》「（白狄）中山（被魏滅後）復國」謬說彌縫，卻與諸多史證牴牾。

其二，極不合理。受地而封君，失地則應撤銷封號，或是另封別地並改封號（史例甚多）。即使魏文侯酷愛幼子，魏武侯顧念幼弟，然而讓已失封地的魏摯終身保留「中山君」封號，乃是延長失地之恥，仍不合理。魏摯子孫世襲封號，永固失地之恥，更不合理。

其三，與魏文侯以後的魏國聘相傳統牴牾。魏文侯變法以後，禮賢下士，廣納賢才，極少禮聘宗室為相，所以李悝、翟黃等人長期為相，其弟

魏成子短暫為相。魏武侯、魏惠王延續、強化這一傳統，從未禮聘宗室為相。

其四，未明「萬乘」指「王」。魏摯僅是受封「中山君」，自鑄銅鉞也僅僭稱「中山侯」，從未僭稱「中山王」（「桓王」為中山先王稱「王」之後對「桓公」之追稱，一如魏文帝曹丕稱「帝」之後追封漢相曹操為「魏武帝」），因為其父魏文侯、其兄魏武侯也僅為「侯」。所以「萬乘之公子」不能用於「失國」且未稱「王」的中山君魏摯之子孫，只能用於「有國」且已稱「王」的魏屬中山王之子孫。

綜上所論，唯有確定趙武靈王所滅中山是魏屬中山，而非魏文侯之後復國的白狄中山，才能合理解釋所有中山史料的一切細節。《史記·樂毅列傳》「（白狄）中山復國」謬說，以及盲信者妄言白狄中山約於西元前380年（趙敬侯首伐魏屬中山之前三年）復國，全都史證為零，反證無數。盲信《史記·樂毅列傳》「（白狄）中山復國」者，既找不到一條確鑿史證，卻對大量反證視而不見或任意曲解。

九　兩個中山，各有「武公」

民族史專家蒙文通，自以為找到了白狄中山復國的一條孤證，卻被戰國史專家楊寬、中山史專家段連勤否定 [048]。然而楊氏、段氏否定蒙氏孤

---

[048] 楊寬：《戰國史》（上海人民出版社，1998 年，第 299 頁）：「《史記·樂毅列傳》只說『中山復國』，不言在何時。呂祖謙《大事記解題》卷一周威烈王十八年下說：『及文侯子武侯之世，〈趙世家〉書與中山戰於房子，是時蓋已復國。』王應麟《通鑑地理通釋》也有相同的看法。蒙文通《周秦少數民族研究》以為〈魏世家〉、〈六國年表〉所說魏武侯九年『翟敗我於澮』，翟即中山，此即中山復國。此說不確。澮距中山在七百里以外，中山與魏之間隔有趙，中山不可能越趙而攻至澮。中山復國當在周安王二十一年至二十四年間（西元前三八一至前三七九年），當時齊、魏助衛攻趙，楚救趙伐魏，攻至河內戰於州西，趙又攻至魏的河北，於是魏不能越趙而控制中山，中山的白狄貴族得附近狄族助力，從而復國。」

證之後，仍然盲信《史記‧樂毅列傳》「（白狄）中山復國」謬說[049]。因為楊、段二人與其他學者一樣，把 1974 年河北平山（魏屬中山之都靈壽）魏屬中山王墓出土的銅器銘文，誤讀為「（白狄）中山復國」的考古新證。因此足以推翻「（白狄）中山復國」謬說的考古新證，反而加固了「（白狄）中山復國」謬說。三十年來的中山王墓研究，無不建立在《史記‧樂毅列傳》「（白狄）中山復國」謬說之上，均把魏屬中山王墓誤視為白狄中山王墓，甚至有人根據魏屬中山王墓的出土文物，妄言白狄風俗。殊不知大前提既錯，一切推論必錯。

三十年來，學者們誤將魏屬中山王墓視為白狄中山王墓的關鍵謬誤是：把魏屬中山王墓銅器銘文所言「（魏屬）中山武公」，誤視為《史記‧趙世家》所言「（白狄）中山武公」（見上史料 98）；正如兩千年來都把《世本》所言「（魏屬）中山武公」（見上史料 106），誤視為《史記‧趙世家》所言「（白狄）中山武公」。[050] 白狄中山、魏屬中山各有「武公」，正如齊、晉、秦、魯、衛、鄭、曹等眾多諸侯國，也都各有「武公」，因為「武」是周公所定〈謚法〉規定的通用謚號（參看《逸周書‧謚法解》）。稍有拓土戰勝之績的諸侯或帝王，均可謚號為「武」。

白狄中山武公，乃是白狄中山亡國之君，即《史記‧趙世家》所言「中山武公」。魏屬中山武公，則是魏屬中山開國之君，原本僅有文獻舊證，即《世本》所言「中山武公」；如今又添考古新證，即〈中山王方壺銘〉所言

---

[049]　段連勤：《北狄族與中山國》（河北人民出版社，1982 年，第 105 頁）：「關於中山國復國的記載，雖然僅此孤證，但它的真實性和可靠性是不容懷疑的。」段氏所言「孤證」，乃謂《史記‧樂毅列傳》「中山復國」；實為無據之「言證」，並非確鑿之「史證」。

[050]　楊寬：《戰國史》（上海人民出版社，1998 年，第 44 頁）：「參以〈趙世家〉記趙獻侯十年『中山武公初立』，〈索隱〉引《紀年》云：『中山武公居顧，桓公遷靈壽，為趙武靈王所滅。』可知武公是魏文侯所滅中山之君，居於顧（今河北定縣），桓公為復國之君而居於靈壽。」（〈索隱〉乃引《世本》，非引《竹書紀年》，楊誤）

「唯朕皇祖文、武，桓祖成考」之「皇祖武」。[051]

中山方壺銘文所言「皇祖文、武」，只能是魏屬中山的開國二君魏文侯、魏武侯，不可能是白狄中山的亡國二君「文公」、「武公」[052]，因為「皇祖」只能用於開國之君，不能用於亡國之君。由於魏文侯、魏武侯計入魏國君系，魏屬中山不宜計入本國君系，於是稱為「皇祖文、武」。

白狄中山即使在被魏文侯伐滅之後復國，也不可能稱亡國之君「武公」姬某為「皇祖」，只可能稱開國之君「太公」姬某為「皇祖」。正如周平王之後的東周朝，不稱導致西周朝滅亡的周幽王為「皇祖」，只稱建立西周朝的周文王、周武王為「皇祖」；微子啟之後的宋國，不稱導致商朝滅亡的商紂王為「皇祖」，只稱建立商朝的商湯為「皇祖」。

中山方壺銘文所言「桓祖、成考」，只能是魏屬中山之君「桓公」、「成公」，不可能是白狄中山之君「桓公」、「成公」。「桓祖」即魏屬中山桓公魏摯，他是魏文侯魏斯之子，魏武侯魏擊之弟。由於魏屬中山桓公是墓主的祖父，故稱「桓祖」。「成考」即魏屬中山成公魏某，他是魏文侯之孫，魏武侯之姪，魏屬中山桓公魏摯之子，也是魏惠王堂弟，即被魏惠王禮聘為魏相的「中山君」（見上史證 13）。由於魏屬中山成公是墓主的父親，故稱「成考」（「父」為生稱，「考」為死稱）。

中山方壺銘文所言「唯朕皇祖文武、桓祖成考」，「朕」即墓主，亦即魏屬中山之先王魏，他是魏屬中山桓公魏摯之孫，魏屬中山成公魏某之子，也是魏文侯重孫、魏武侯姪孫、魏惠王族姪，曾被魏惠王邀請參與「五國相王」（見上史證 23）。稱王之後，因齊威王欲伐而被迫親齊，後助

---

[051] 張守中：《中山王器文字編》，中華書局，1981 年，第 111 — 114 頁。

[052] 段連勤：《北狄族與中山國》（河北人民出版社，1982 年，第 97 頁）：「方壺銘文說：『唯皇祖文、武，桓祖成考。』據此知中山國在武公之前有文公。」其實沒有史料可以證明白狄中山有「文公」。

齊宣王伐燕而大勝，於是鑄造圓鼎、方壺紀功。死後葬入其墓的四件銅器，除了伐燕大勝而鑄的圓鼎、方壺，另有祖父魏屬中山桓公魏摯所鑄銅鉞，及其太子（中山嗣王）所鑄圓壺。四器及其銘文，都是證明中山王墓實為魏屬中山王墓、絕非白狄中山王墓的鐵證。

假如河北平山之墓不是「中山王墓」，而是「中山君墓」，儘管仍與大量史證牴牾，孤立而言尚有可能是白狄中山國君之墓。既然河北平山之墓不是「中山君墓」，而是「中山王墓」，那就絕無可能是白狄中山王墓。所以銅鉞銘文「天子建邦，中山侯」（見上史料 105），乃是河北平山之墓為魏屬中山王墓的最強鐵證，因為周王從未冊封，也不可能冊封白狄中山之君為王、為侯。春秋戰國一切稱「王」諸侯，均屬叛周稱「王」，均未得到、也不可能得到周王承認。把「天子建邦，中山侯」，視為中山王墓之「王」號為周王所封，不僅違背史實，且與銘文牴牾。假如周王曾經冊封白狄中山之君為王、為侯，假如白狄中山之君果真與周同姓、同宗，《春秋》、《左傳》、《國語》、《史記》就無須煞費苦心遮蔽白狄中山史。

或問：魏屬中山王墓的銅器銘文，為何不言己姓？這是古文尚簡、君不言姓的史家通例。《尚書》、《春秋》、《左傳》、《史記》凡言前君死，後君立，無一言姓。因為某國宗室之姓，當時盡人皆知。僅因秦始皇盡焚戰國史書，百餘年後的司馬遷才會不知趙武靈王所滅中山是魏屬中山，並且不知其君姓魏。

另有兩條錯誤史料，也與《史記・趙世家》「中山武公」相關。

一是司馬遷被「中山武公」誤導，在《史記・趙世家》中誤增了子虛烏有的「趙武公」。趙國之君除了稱「子」（如趙簡子、趙襄子）、稱「侯」（如趙肅侯、趙成侯）、稱「王」（如趙武靈王、趙惠文王），無一稱「公」。因與中山無關，本文不予辨析。

　　二是《史記・趙世家集解》引徐廣之言，如此解釋「中山武公」：「西周桓公之子。桓公者，(孝)［考］王弟而［貞］定王子。」(按：「孝」為「考」訛，「定」前脫「貞」)[053]《趙世家・索隱》雖已駁之：「徐廣云『西周桓公之子』，亦無所據，蓋未能得其實耳。」仍然「未能得其實」，後人繼續妄傳「中山與周同宗同姓」。[054]

　　根據《潛夫論・志氏姓》「姮姓，白狄」和《史記・趙世家・索隱》「中山，古鮮虞國，姬姓也」(見上史料 61、62)，可知白狄中山慕效中原文明，為免中原諸侯繼續視之為狄，遂將姮姓改為姬姓。蒙文通早已言之[055]。徐廣不知白狄原本姓姮，誤信中山與周同宗同姓，先把周貞定王之子西周桓公等同於不存在的「(白狄)中山桓公」，再被西周桓公(前439－前415 在位)與白狄中山武公(前414－前406 在位)在位起訖恰巧銜接所誤導，於是把《世本》「(魏屬)中山武公(魏擊)」、「(魏屬中山)桓公(魏擊)」的兄弟關係，顛倒先後，妄言為「(西周)桓公(姬揭)」、「(白狄中山)武公(姬某)」的父子關係，暗示西周桓公之子改封於中山而成「中山武公」。其實西周桓公姬揭之子是西周威公姬竈(前414－前367 在位)，並未改封中山國，而是襲封西周國(詳見本書《西周國、東周國祕史》)。

---

[053]　西周朝之周孝王(前891－前886 在位)，與東周朝之周考王(前440－前426 在位)，相距四百餘年；此處「孝」當作「考」，或為徐廣誤書，或為傳抄訛誤。周考王、西周桓公(前439－前415 在位)均為周貞定王(前468－前441 在位)之子，並非周定王(前606－前586 在位)之子；《史記・周本紀》將「貞定王」誤書為「定王」，徐廣誤從。

[054]　《漢書・古今人表》：「中山武公，西周桓公子。」為徐廣說之本([清]王先謙撰，呂蘇生補釋《鮮虞中山國事表、疆域圖說補釋》，上海古籍出版社，1993 年，第 27 頁)。呂蘇生說：「據〈方壺銘〉云：『唯朕皇祖文武，桓祖成考。』知中山武公之前尚有中山文公，則武公為文公之後而非西周桓公之子甚明。」王先謙撰，呂蘇生補釋《鮮虞中山國事表、疆域圖說補釋》，上海古籍出版社，1993 年，第 7 頁。

[055]　《蒙文通中國古代民族史講義》(天津古籍出版社，2008 年，第 115 頁)：「若夫說中山姬姓，即以為周之別子，是未知狄之姬，固無與於周之姬耳。」

十　魏屬中山君系

最後綜合文獻舊證和考古新證，考定魏屬中山君系，及其在位之年。

皇祖一：魏文侯魏斯（前 445 －前 396 在位），計入魏國君系，魏屬中山稱為「皇祖文（公）」。任命白狄中山人樂羊（晉文公與白狄女所生庶子公子樂後裔）為將，用了三年（前 408 －前 406）伐滅白狄中山。

皇祖二：魏武侯（中山武公）魏擊，魏文侯長子，計入魏國君系，魏屬中山稱為「皇祖武（公）」。奉父之命，在白狄中山之都顧邑，駐守魏屬中山三年（前 405 －前 403），以李悝為相，樂羊為將，趙蒼唐為傅，剿滅白狄中山武公之子公子傾所率殘部。周威烈王冊封三晉為侯（前 403）之後，派遣趙蒼唐返魏說服其父魏文侯，離開顧邑，回到安邑，成為魏國太子。七年後（前 396）魏文侯死，繼位為魏武侯（前 395 －前 370 在位）。

第一君：中山桓公魏摯，魏文侯幼子，魏武侯幼弟，魏屬中山首位合法國君，在位五十三年（前 402 －前 350）。其名根據文獻確定，其諡根據其孫中山先王魏𧻓所鑄銅器銘文稱之為「桓祖」、「吾先祖桓王」確定，其元年根據文獻確定，其卒年綜合文獻推定[056]。

受封之後所鑄銅鉞之銘文，自稱「中山侯」。從白狄中山之都顧邑（今河北定縣），遷至魏屬中山之都靈壽（今河北平山）。開國功臣樂羊鎮守靈壽，死後葬於靈壽，後裔亦居靈壽。

第二君：中山成公魏某，中山桓公魏摯之子，在位二十二年（前 349 －前 328）。其名不詳，其諡根據其子中山先王魏𧻓所鑄銅器銘文稱之為「成考」、「昭考成王」、「吾先考成王」確定，其元年綜合文獻推定，其

---

[056]　段連勤：《北狄族與中山國》（河北人民出版社，1982 年，第 122 頁）：「中山桓公在位年代大約從前 406 到前 353 年。」其元年必誤（應為前 402），其卒年可備一說。

卒年根據其子中山先王之元年確定。曾被宗主國之君、堂兄魏惠王聘為魏相三年（前 343 －前 341）。馬陵之敗（前 341）後被免魏相，回到魏屬中山，任命開國功臣樂羊之孫樂池為相，以防趙國征伐。

第三君：中山先王魏譽，中山成公魏某之子，在位十八年（前 327 －前 310）。其名、其元年均據其墓出土之自鑄銅器銘文確定[057]，其卒年綜合文獻推定。即位之後罷免前相樂池，改命宋國棄臣、衛人司馬熹為相。曾應宗主國之君、族叔魏惠王之邀，參加「五國相王」（前 323），激怒齊威王而被迫向齊稱臣。後應盟國之君齊宣王之邀，助齊伐燕大勝（前 314），鑄造圓鼎、方壺紀功，封司馬熹為藍諸君。王后陰姬生太子魏，王妃江姬生庶子魏牟。

第四君：中山嗣王魏姀蚉，中山先王魏譽之子，在位九年（前 309 －前 301）。其名據其葬入父墓之自鑄圓壺銘文確定，其元年綜合文獻推定，其卒年根據文獻確定[058]。仍命司馬熹為相。趙伐國破，奔齊而死。

第五君：中山後王魏尚，中山嗣王魏姀蚉之子，在位五年（前 300 －前 296）。其名、元年、卒年均據文獻確定[059]。仍命司馬熹為相。寵信同宗魏義，趙伐國滅，廢為庶民，遷至近魏之地膚施（今陝西榆林東南）。

魏屬中山，除了計入魏國君系的「皇祖文（魏文侯）、武（魏武侯）」，共歷五君，國祚一百十年（前 405 －前 296）。

---

[057]　中山先王圓鼎、方壺銘文均言「十四年」伐燕，即齊宣王滅燕之年（前 314），因此中山先王元年必為前 327 年。

[058]　段連勤：《北狄族與中山國》（河北人民出版社，1982 年，第 122 頁）：「中山嗣王在位年代大約從前 307 到前 296 年。」元年、卒年均誤。

[059]　本文主旨為駁正「（白狄）中山復國」，故略魏屬中山各君紀年之詳證。筆者將撰專著《戰國紀年釐正》，系統互證各國君主之紀年。

結語　中山疑案，業已大明

　　白狄中山，以顧邑（今河北定縣）為都，國祚二百五十六年（前661 —
前406）。開國之君是先於孔子百餘年，與齊桓公、晉文公同時的白狄中山
酋長姬某。由於中原史家刻意遮蔽，難明共歷幾君。魏文侯新元十八年、
白狄中山武公九年（前406），被魏文侯伐滅。亡國之君是白狄中山武公姬
某，其太子姬傾曾經糾集殘部圖謀復國。趙國曾想助之，最終未助。白狄
中山被魏文侯伐滅之後，從未復國。

　　魏屬中山，以靈壽（今河北靈壽縣西北）為都，國祚一百十年（前
405 —前296）。開國之祖是尚未封侯的晉卿魏斯。首位非法封君是晉卿魏
斯的長子魏擊，即魏屬中山武公，後為魏武侯。首位合法封君是魏文侯魏
斯的幼子魏摯，即魏屬中山桓公。其後四世魏屬中山君主，即中山成公魏
某、中山先王魏礜、中山嗣王魏妿蜜、中山後王魏尚，均為魏摯子孫。趙
惠文王三年、中山嗣王五年（前296），魏屬中山被趙武靈王伐滅。魏屬中
山亡國之君魏尚，在亡國次年（前295）趙武靈王因趙國內亂餓死之後叛
趙，糾集殘部圖謀復國，被趙相奉陽君李兌鎮壓，齊相孟嘗君田文助之。
魏屬中山被趙武靈王伐滅之後，也從未復國。

　　先秦以後，西漢、東漢均有劉氏中山封國，西晉也有司馬氏中山封
國，地望均在舊邢故地、白狄中山故地、魏屬中山故地。

白狄中山、魏屬中山祕史

西周國、東周國祕史

—— 事關戰國興廢、秦滅六國的重大公案

弁言　二周國策非二周朝策

西周朝、東周朝是先後相繼的朝代，西周國、東周國則是戰國中晚期先後開國、一度並存、先後被秦伐滅的東周朝封國。

由於秦滅六國之前，先滅西周國、東周國，秦滅六國之後，又焚六國官方史書和民間百家著作，因此司馬遷之時，西周國史、東周國史均已亡佚百餘年，所以《史記》沒有西周國、東周國之專史，〈周本紀〉六國〈世家〉雖涉少量細節，然而錯誤極多。因而兩千年來鮮有人知：戰國中晚期的百餘年，東周朝業已分裂為西周、東周二公國。

近現代少數學者，雖曾根據殘存史料，發掘西周國史、東周國史，但是由於西周朝、西周國均簡稱「西周」，東周朝、東周國均簡稱「東周」，四者又皆簡稱「周」，因此殘存史料極難辨析。學者們又都蒐羅不廣不全，辨析不嚴不密，發掘極不完備，錯誤仍然極多。所以至今未有西周國、東周國之信史，學界至今仍對西周國、東周國缺少常識，後人至今仍對西周國、東周國普遍不知。

劉向編纂的《戰國策》，最前兩卷是〈東周策〉、〈西周策〉。僅看卷名，容易使人誤解為記載東周朝、西周朝之策；深究內容，才會明白是記載東周國、西周國之策。其實《戰國策》是專記戰國列強之策，不可能記載西周朝之策，僅因卷名皆略「國」字，才會有此誤解。

即使明白〈東周策〉、〈西周策〉乃記東周國、西周國之策，仍然疑難重重。

一是劉向不明西周國、東周國之開國先後，因而顛倒卷序，把〈東周策〉誤列於前，〈西周策〉誤列於後。

二是劉向不明西周國、東周國之人物國別，因而歸類多誤，〈東周策〉多條應編入〈西周策〉，〈西周策〉多條應編入〈東周策〉。

三是劉向不明策文的精確繫年，因而排序錯亂，前後顛倒。

所以〈西周策〉、〈東周策〉雖是二周的最大數據庫，卻長期不受戰國史專家重視，《戰國策》專家也多予錯誤繫年、錯誤解釋。

拙著《莊子傳》業已編年概述了西周國、東周國之歷史綱要，限於體例，無法詳引史料，易被讀者視為「小說家言」。因此特撰本文，發掘散見於先秦古籍的近百條二周史料。按照時間先後，予以編號辨析，梳理《史記》失記、《戰國策》失序的西周國、東周國祕史。

為使史事脈絡清晰，本文所引史料，均已經我校勘訂正：單獨的 []，表示脫文；連續的（）[] 訂正訛文，（）為訛字，[] 為正字。單獨的（），則是我的補釋。校勘依據不入正文，欲深究者請看注釋。

一　西周國開國緣起

按照開國時間，《戰國策》第一卷應為〈西周策〉，第二卷應為〈東周策〉，劉向不明二周開國時間，因而顛倒卷序。本節先述西周國開國之緣起，以及東周國開國之前的七十三年西周國史。

周幽王十一年（西元前 771），定都鎬京的西周朝被犬戎伐滅。次年（前 770）周幽王太子周平王被秦襄公護送東遷，遷都至雒邑，居於西周朝初年周公所建之「王城」（原為西周朝之陪都、東都）。秦襄公因功受封，職責是守護西周朝先王之盧墓，所以後來東周朝諸王一直寄望秦國扶持周室。東周朝之新封諸侯秦國，遂於西周朝故地開國。秦國最後之都咸陽，

距離鎬京不遠，均在今陝西西安附近。

此後二百餘年（前 770 －前 477），東周朝先經平、桓、莊、釐（僖）、惠、襄、頃、匡、定、簡、靈、景、敬十三王，春秋結束。前十二王，均居「王城」。唯有最後的周敬王，為避長達五年（前 520 － 516）的王子朝爭位之亂，於周敬王四年（前 516）東遷二十里，居於「成周」。「王城」從此改名「河南城」，簡稱「河南」。[060]

轉入戰國，東周朝又經周元王、周貞定王的三十五年（前 476 －前 441），出現了與本文相關的重大事變。

史料 1，《史記‧周本紀》：

〔貞〕定王二十八年（前 441），〔貞〕定王崩。長子去疾立，是為哀王。哀王立三月，弟叔襲殺哀王而自立，是為思王。思王立五月，少弟嵬攻殺思王而自立，是為考王。此三王，皆〔貞〕定王之子。（按：「定」前均脫「貞」）[061]

—— 周貞定王在位二十八年（前 468 －前 441）而死，留下四個兒子。老大姬去疾繼位，即周哀王（未入年表）。三個月後，老二姬叔弒兄篡位，即周思王（未入年表）。五個月後，老三姬嵬又弒兄篡位，即周考王（前 440 －前 426 在位）。

三兄篡弒，老四姬揭無法置身事外，雖非主角，卻是配角。

---

[060]　《左傳》魯昭公二十六年（前 516，周敬王四年）：「冬，十月，天王（周敬王）入於成周。」《史記會注考證》：「《括地誌》云：『故王城一名河南城，本郟鄏，周公新築，在洛州河南縣北九里苑內東北隅。』自平王以下十二王，皆居此城。至敬王，乃遷都成周。……《帝王世紀》云：『考哲王封弟揭於河南，續周公之官，是為西周桓公。』」《世本‧居篇》：「敬王東居成周，遂徙都。西周桓公揭，居河南。」

[061]　《史記‧周本紀》有兩個周定王，即前「定王」姬瑜（前 606 －前 586 在位），後「定王」姬介（前 468 －前 441 在位）。後「定王」當作「貞定王」，誤脫「貞」字。

史料 2，《史記‧周本紀》：

考王（元年，前 440）封其弟（姬揭）於河南，是為桓公，以續周公之官職。桓公卒，子威公代立。威公卒，子惠公代立，乃封其少子於鞏以奉王，號東周惠公。

──周考王弒兄篡位之後，或因老四曾經助己弒兄篡位，或因擔心老四也有弒兄篡位之心，更可能兩種原因兼有，於是賞功加防範，即位以後冊封老四於「河南」，即東周朝最初十二王所居之「王城」。東周朝之西周國，就此開國。老四姬揭，成了西周國開國之君──西周桓公。

〈周本記〉涉及西周國、東周國開國的這一記載，粗疏含混，語焉不詳，因為西周國史、東周國史早已亡佚。〈集解〉、〈索隱〉、〈正義〉雖有補充，仍然模糊。

西周國第一代君，即西周桓公姬揭 [062]。史闕其文，無事可敘。僅知受封於河南王城，在位二十五年（前 439 －前 415）。其可言者，僅為元年。

易君紀年，翌年改元是常例，當年改元是特例。前君死年，是後君繼位年，稱為「立年」；不論此年所餘幾月，後君必須為父君服喪直至年底，稱為「期年」。翌年年初，後君祭天祀祖，正式即位，始計「元年」。如果把「立年」（書作「父某死，子某立」）誤解為「元年」，就會誤前一年。封君紀年之常例、特例，與此略同。

周考王於父君死年（前 441）繼位（實為弒兄篡位），服喪直至年底；翌年年初即位，始計元年（前 440）。西周桓公於周考王元年（前 440）受封，翌年年初即位，始計元年（前 439）。均循常例。

---

[062]　西周桓公名揭，見於《世本‧居篇》：「西周桓公揭，居河南。」

西周國第二代君，即西周威公姬竈[063]，襲封河南王城。史料共計十二條（3－14），先言生前五條（3－7）。

史料 3，《呂氏春秋·先識》：

晉太史屠黍見晉之亂也，見晉（幽）公之驕而無德義也，以其圖法歸周（前 414）。

（西）周威公見而問焉，曰：「天下之國孰先亡？」

對曰：「晉先亡。」

（西周）威公問其故。

對曰：「臣比在晉也，不敢直言，示晉（幽）公以天妖，日月星辰之行多（以）不當。（晉幽公）曰：『是何能為？』又示以人事多不義，百姓皆鬱怨。（晉幽公）曰：『是何能傷？』又示以鄰國不服，賢良不舉。（晉幽公）曰：『是何能害？』如是，是不知所以亡也，故臣曰晉先亡也。」

居三年（前 411），晉果亡。

（西周）威公又見屠黍而問焉，曰：「孰次之？」

對曰：「（白狄）中山次之。」

（西周）威公問其故。

對曰：「天生民而令有別。有別，人之義也，所異於禽獸麋鹿也，君臣上下之所以立也。中山之俗，以晝為夜，以夜繼日。男女切倚，固無休息。康樂歌謠好悲，其主弗知惡，此亡國之風也。臣故曰中山次之。」

居三年（前 408），中山果亡。

（西周）威公又見屠黍而問焉，曰：「孰次之？」

屠黍不對。

---

[063]　西周威公名竈，見於晉人崔譔《莊子·達生》注。

（西周）威公固問焉。

對曰：「君次之。」

（西周）威公乃懼，求國之長者，得義蒔、田邑而禮之，得史、趙騈以為諫臣，去苛令三十九物，以告屠黍。

對曰：「其尚終君之身乎！」曰：「臣聞之，國之興也，天遺之賢人與極言之士；國之亡也，天遺之亂人與善諛之士。」

（西周）威公薨，肂，九月不得葬，（東）周（朝）乃分為二。（《說苑·權謀》略同）

——西周國這一重要史料，舊因列國紀年淆亂，不合訛誤極多的通行版戰國紀年表（見《辭海》附錄），史家多不採信。其實全合我已釐正的晉國、魏國、西周國、白狄中山紀年。

第一，西周威公元年、晉幽公十五年（前414），晉太史屠黍離晉，出奔西周國，對西周威公預言晉國將亡。三年後（前411），晉幽公半夜出宮，淫於婦人，被其秦國夫人嬴氏弒殺，在位十八年（前428－前411）。已經僭號稱「侯」十年的晉卿魏斯（即魏文侯）平定晉亂，另立傀儡之君晉烈公[064]，當年改元[065]。八年後，即晉烈公九年（前403），周威烈王（周考王子）冊封三晉為諸侯[066]。此後晉烈公（前411－前389在位）、晉桓

---

[064] 《史記·晉世家》：「（晉幽公）十八年（前411），幽公淫婦人，夜竊出邑中。盜殺幽公，魏文侯以兵誅晉亂，立幽公子止，是為烈公。」「盜殺幽公」有誤，當從《史記·晉世家索隱》引《竹書紀年》：「夫人秦嬴，賊公於高寢之上。」

[065] 魏文侯已於屠黍出奔之前九年，即晉幽公六年（前423）僭稱侯，專擅晉政；九年後「誅晉亂」。《史記·六國年表》：「魏誅（晉）公，立其弟止（晉烈公）。」謂晉幽公被魏文侯弒殺，不合《史記·晉世家》「盜殺幽公」及《竹書紀年》「夫人秦嬴賊公於高寢之上」。魏文侯所誅，當為晉幽公之秦國夫人嬴氏。

[066] 《史記·周本紀》：「周威烈王二十三年（前403），命韓、魏、趙為諸侯。」《史記·晉世家》：「晉烈公十九年（當作九年，前403），周威烈王賜趙、韓、魏皆命為諸侯。」《史記·晉世家》晉出公、晉哀公年皆誤，合計少十年，因而晉烈公元年誤前十年。

111

公（前 388 －前 369 在位）、晉悼公（前 368 －前 349 在位）、晉靜公（前 348 －前 347 在位）四世，雖延晉祀五十餘年，晉已名存實亡。屠黍是把晉幽公被弒之年（前 411），視為晉國亡年。

第二，西周威公四年、魏文侯新元十三年、白狄中山武公四年（前 411），屠黍又對西周威公預言白狄中山將亡。三年後，即魏文侯新元十六年、白狄中山武公七年（前 408），魏文侯始伐白狄中山，第三年伐滅（前 406）。屠黍是把魏文侯始伐白狄中山之年（前 408），視為白狄中山亡年。

第三，西周威公七年（前 408），屠黍又對西周威公預言西周國將有亡國之憂。西周威公聞言而懼，禮賢治國，消除了亡國隱患。

史料 4，《呂氏春秋・博志》：

甯越，（趙國）中牟之鄙人也。苦耕稼之勞，謂其友曰：「何為而可以免此苦也？」

其友曰：「莫如學！學三十歲，則可以達矣。」

甯越曰：「請以十五歲！人將休，吾將不敢休；人將臥，吾將不敢臥。」

十五歲而（西）周威公師之。矢之速也，而不過二里，止也；步之遲也，而百舍，不止也。今以甯越之材，而久不止；其為諸侯師，豈不宜哉！（《說苑・建本》略同）

—— 事在周威烈王十八年、西周威公七年（前 408）聞言禮賢之後，確年難定。

西周威公所師之趙人甯越，遠比所用之本國四賢（義蒔、田邑、史、趙駢）更為著名。因為四賢本是「國之長者」，出身於尊貴的君子階層，而甯越出身於卑賤的小人階層，苦學成材始為諸侯之師。因此甯越是世卿世

祿制度於春秋、戰國之交崩潰以後，布衣卿相的最初典範，張儀、蘇秦的前輩先驅。所以戰國中期到秦漢之際，天下布衣遊士盛稱甯越，賈誼《過秦論》把他推為六國四大謀士之首：「六國之士，有甯越、徐尚、蘇秦、杜赫之屬為之謀。」秦火漢黜以後，西周國史亡佚，《史記》不記甯越之事，《戰國策》不載甯越之名，致其失去依傍，淡出後人視線[067]。明代《三字經》以後，「頭懸梁，錐刺股」的蘇秦，取代「不敢休，不敢臥」的甯越，成為苦學成材、布衣卿相的典範。

　　史料 5，《說苑・尊賢》：

　　（西）周威公問於甯子曰：「取士有道乎？」

　　對曰：「有。窮者達之，亡者存之，廢者起之，四方之士則四面而至矣。窮者不達，亡者不存，廢者不起，四方之士則四面而畔矣。夫城固不能自守，兵利不能自保，得士而失之，必有其間。夫士存則君尊，士亡則君卑。」

　　（西）周威公曰：「士一至如此乎？」

　　對曰：「君不聞夫？楚平王有士曰楚僂脊、丘負客，王將殺之，出亡之晉；晉人用之，是為城濮之戰。又有士曰苗賁皇，王將殺之，出亡走晉；晉人用之，是為鄢陵之戰。又有士曰上解於，王將殺之，出亡走晉；晉人用之，是為兩堂之戰。又有士曰伍子胥，王殺其父兄，出亡走吳；闔閭用之，於是興師而襲郢。故楚之大，得罪於梁（魏）、鄭（韓）、宋、衛之君，猶未遽至於此也。此四得罪於其士，三暴其民骨，一亡其國。由是觀之，士存則國存，士亡則國亡。伍子胥怒而亡之，申包胥怒而存之，士胡

---

[067]　《世說新語・政事》：「王安期作東海郡，吏錄一犯夜人來。王問：『何處來？』云：『從師家受書還，不覺日晚。』王曰：『鞭撻甯越以立威名，恐非致理（按：原作「致治」，唐避高宗李治諱而改）之本。』使吏送令歸家。」李白〈上安州李長史書〉：「幸容甯越之辜，深荷王公之德。」

可無貴乎？」

—— 事在西周威公拜甯越為師之後，確年難定。韓哀侯二年（前375，即西周威公四十年），韓滅鄭，遷都至鄭。魏惠王九年（前361，即西周惠公六年），魏遷都大梁。後事已在西周威公死後，因此文中稱韓為「鄭」、稱魏為「梁」，必非甯越原話，僅是記錄者遵循後來慣例，不能作為繫年依據。

西周威公向甯越請教取士之道。甯越所言「士貴」，實為「遊士之貴」，乃是戰國初期布衣遊士取代宗室卿相之際的典型話語。甯越以趙人遊仕西周國，因而倡言重用「四方之士」。

春秋時期的宗室士人倡言用賢，多為勸誡母邦君主不用本國宗室之奸佞，重用本國宗室之賢士。春秋、戰國之交，宗法廢而遊士起，分封廢而郡縣起。因此戰國時期的布衣遊士倡言用賢，多為勸誡異邦君主不用本國宗室、士人，重用異國遊士、賢士。

戰國中期以後的六國布衣遊士倡言用賢，類似於趙人甯越，意在自售，以便出將入相。戰國中期以後的六國諸侯聘用客卿，類似於西周威公，意在自強，以便富國強兵。

戰國中期的稷下學宮，供養天下遊士上千。戰國後期的四大公子，各養天下遊士三千。其時天下列強之盛衰，繫於是否養士重士，常常一士興邦，一士喪邦，正如甯越所言，春秋時代「士存則君尊，士亡則君卑」，戰國時代「士存則國存，士亡則國亡」。秦相呂不韋是四公子之後的最大養士者，秦始皇誅之而秦朝速亡。淮南王劉安是呂不韋之後的最後養士者，漢武帝誅之而養士終絕。此後兩千年，天下均為編戶齊民，士氣衰頹至今。

史料6，《莊子·達生》：

田開之見（西）周威公。

（西周）威公曰：「吾聞祝腎學生，吾子與祝腎遊，亦何聞焉？」

田開之曰：「開之操拔篲以侍門庭，亦何聞於夫子？」

（西周）威公曰：「田子無讓，寡人願聞之。」

開之曰：「聞之夫子曰：『善養生者，若牧羊然，視其後者而鞭之。』」

（西周）威公曰：「何謂也？」

田開之曰：「魯有單豹者，巖居而水飲，不與民共利，行年七十而猶有嬰兒之色，不幸遇餓虎，殺而食之。有張毅者，高門懸薄，無不趨也，行年四十而有內熱之病以死。豹養其內而虎食其外。毅養其外而病攻其內。此二子者，皆不鞭其後者也。」

　　——事在西周威公納賢之後，確年難定。《莊子》雖多寓言，往往事有所本，田開之或許就是西周威公所用本國四賢之一田邑。名邑，字開之，以字釋名。

西周威公向甯越請教用賢之道，屬於《莊子·天下》所言「外王」範疇；向田開之請教養生之道，屬於《莊子·天下》所言「內聖」範疇。內外兼修，終成一代賢君。

史料7，《戰國策·東周策》二八：

嚴氏為賊，而陽堅與焉。道（西）周，（西）周君留之十四日，載以乘車駟馬而遣之。

韓（懿侯）使人讓（西）周，（西）周君患之。

客謂（西）周君曰：「正語之曰：『寡人知嚴氏之為賊，而陽堅與之，

故留之十四日以待命也。小國不足亦以容賊，君之使又不至，是以遣之也。』」

—— 事在韓哀侯三年[068]，即周烈王二年、西周威公四十一年（前374）。劉向不知七年後（前367）才有東周國，誤編於〈東周策〉，應編入〈西周策〉。《史記·韓世家》把聶政同時刺殺韓相韓傀、韓哀侯，誤分為二事：先誤書「韓烈侯三年，聶政殺韓相俠累」，導致舊或誤繫此策於周安王五年、韓烈侯三年（前397）；又誤書「韓哀侯六年，韓嚴弒其君哀侯」，導致舊或誤繫此策於周烈王五年、韓哀侯六年（前371）。

韓國大夫嚴遂，與韓相韓傀（韓哀侯叔父）為敵，避禍居衛。今年嚴遂率領刺客聶政、陽堅，離衛往韓，準備行刺韓傀[069]，途經西周國。西周威公不知其圖謀（策言知之當誤），僅知其為韓國重臣，故而熱情款待十四天，再用馬車恭送出境。

聶政前往韓都新鄭行刺，陽堅隨行，嚴遂未往。聶政闖入東孟宮，劍取韓傀，韓傀急抱韓哀侯求救，因而君、相皆死。聶政不願連累其姊，自毀面目而死。陽堅可能被擒，不願供出嚴遂，謊稱主謀是西周威公。韓懿侯於是向西周威公問罪。西周威公辯解，自己不知嚴遂之謀，款待貴國重臣，意在禮敬貴國。韓懿侯始知主謀是嚴遂，仍然不知自毀面目的主要刺客是誰。

---

[068]　《史記·韓世家》：「（韓）列侯三年（前397），聶政殺韓相俠累」「哀侯六年（當作哀侯三年，前374），韓嚴弒其君哀侯，而子懿侯立」，誤將同時一事，分為異時兩事。史家多因《史記·韓世家》之誤，誤繫此事於前397年（韓列侯三年）、前371年（韓哀侯六年）。韓哀侯在位三年（韓懿侯當年改元而實計韓哀侯在位二年），《史記·韓世家》作六年而誤多四年。韓懿侯在位十二年不誤，韓昭侯在位三十年則減至二十六年而誤少四年。此後韓年均正。

[069]　《戰國策·韓策三》：「東孟之會，聶政、陽堅刺相兼君。」「相」即韓傀，「君」即韓哀侯。《史記·韓世家·索隱》引《竹書紀年》：「韓山堅賊其君哀侯，而立韓若山。」韓山堅即陽堅（《竹書紀年》即時而記，不知聶政之名），韓若山即韓懿侯。

　　聶政之姊不願其弟捨身捐軀卻湮滅英名，前往新鄭認屍，明言刺客乃是其弟聶政，然後自殺。刺客身分始明。[070]

　　西周威公在聶政刺殺韓國君、相，被韓懿侯疑為主謀之後七年（前367）死去，而後才有東周國。

二　東周國開國緣起

　　西周威公在位第七年（前408），驚聞屠黍預言而禮賢，終其一生未有國難，一如屠黍預言；四十一年後死去，在位四十八年（前414 － 前

[070] 事詳《戰國策・韓策二》：「韓傀相韓，嚴遂重於君，二人相害也。嚴遂政議直指，舉韓傀之過。韓傀以之叱之於朝。嚴遂拔劍趨之，以救解。於是嚴遂懼誅，亡去遊，求人可以報韓傀者。至齊，齊人或言：『軹深井裡聶政，勇敢士也，避仇隱於屠者之間。』嚴遂陰交於聶政，以意厚之。聶政問曰：『子欲安用我乎？』嚴遂曰：『吾得為役之日淺，事今薄，奚敢有請？』於是嚴遂乃具酒，觴聶政母前。仲子（嚴遂字）奉黃金百鎰，前為聶政母壽。聶政驚，愈怪其厚，固謝嚴仲子。仲子固進，而聶政謝曰：『臣有老母，家貧，客遊以為狗屠，可旦夕得甘脆以養親。親供養備，義不敢當仲子之賜。』嚴仲子闢人，因為聶政語曰：『臣有仇，而行遊諸侯眾矣，然至齊，聞足下義甚高。故進百金者，特以為夫人粗糲之費，以交足下之驩，豈敢有求邪？』聶政曰：『臣所以降志辱身，居市井者，徒幸而養老母。老母在，政身未敢以許人也。』嚴仲子固讓，聶政竟不肯受。然仲子卒備賓主之禮而去。久之，聶政母死，既葬，除服。聶政曰：『嗟乎！政乃市井之人，鼓刀以屠，而嚴仲子乃諸侯之卿相也，不遠千里，枉車騎而交臣，臣之所以待之至淺鮮矣，未有大功可以稱者，而嚴仲子舉百金為親壽，我雖不受，然是深知政也。夫賢者以感忿睚眥之意，而親信窮僻之人，而政獨安可嘿然而止乎？且前日要政，政徒以老母。老母今以天年終，政將為知己者用。』遂西至濮陽，見嚴仲子曰：『前所以不許仲子者，徒以親在。今親不幸，仲子所欲報仇者為誰？』嚴仲子具告曰：『臣之仇，韓相傀。傀又韓君之季父也，宗族盛，兵衛設，臣使人刺之，終莫能就。今足下幸而不棄，請益具車騎壯士以為羽翼。』政曰：『韓與衛，中間不遠，今殺人之相，相又國君之親，此其勢不可以多人，多人不能無生得失，生得失則語洩，語洩則韓舉國而與仲子為讎也，豈不殆哉！』遂謝車騎人徒，辭獨行，仗劍至韓。韓適有東孟之會，韓王及相皆在焉，持兵戟而衛者甚眾。聶政直入，上階刺韓傀。韓傀走而抱哀侯，聶政刺之，兼中哀侯，左右大亂。聶政大呼，所殺者數十人。因自皮面抉眼，自屠出腸，遂以死。韓取聶政屍於市，縣購之千金，久之莫知誰子。政姊聞之，曰：『弟至賢，不可愛妾之軀，滅吾弟之名，非弟意也。』乃之韓，視之曰：『勇哉！氣矜之隆，是其軼賁、育而高成荊矣。今死而無名，父母既歿矣，兄弟無有，此為我故也。夫愛身，不揚弟之名，吾不忍也。』乃抱屍而哭之曰：『此吾弟軹深井裡聶政也。』亦自殺於屍下。晉、楚、齊、衛聞之曰：『非獨政之能，乃其姊者亦列女也。』聶政之所以名施於後世者，其姊不避菹醢之誅，以揚其名也。」（參看《韓非子・說林上》、《史記・刺客列傳》）

367)。死後二子爭位，導致東周國開國，故其五條史料在東周國開國之前，另外七條史料（8 — 14）均與東周國開國有關。

史料 8，《史記·趙世家》：

（趙成侯）八年（前 367），與韓（懿侯）分周以為兩。

史料 9，《史記·周本紀》：

（西周）威公卒，子（西周）惠公代立。乃封其少子於鞏，以奉。王，號東周惠公。（按：此為史料 2 之節略）

史料 10，《呂氏春秋·先識》：

（西）周威公薨，葬，九月不得葬，周乃分為二。（《說苑·權謀》略同）

史料 11，《韓非子·說疑》：

（西）周威公身殺，國（當作周）分為二。

史料 12，《韓非子·難三》：

公子宰（即公子朝），（西）周太子也。公子根有寵，遂以東周反，分而為兩國。

史料 13，《韓非子·內儲說下》：

公子朝，（西）周太子也。弟公子根，甚有寵於君（西周威公）。君死，遂以東周叛，分為兩國（王城、成周）。

史料 14，《世本·居篇》：

東周惠公名班（即公子根），居洛陽（成周）。

—— 根據《史記·趙世家》，事在趙成侯八年、韓懿侯八年，即周顯王二年、西周威公四十八年（前367）。《韓非子·難三》所言「周太子」，並非周顯王太子，而是西周威公「太子」。按照周禮，王儲稱「太子」，君儲稱「世子」，所以《孟子》稱繼位前的滕定公之子姬弘（滕文公）為「世子」。周禮崩壞之後混用，諸侯稱王之後僭用，所以《孟子》稱繼位前的齊威王之子田闢疆（齊宣王）為「太子」。

綜合七條史料，可明「周分為二」的原因：

西周威公死後，太子姬朝繼位。幼子姬根與兄爭位[071]，導致父君九個月不得下葬。最後趙成侯、韓懿侯（韓懿侯或對七年前西周威公禮敬嚴遂一行猶有餘怒）出兵支持姬根，逼迫周顯王把東周朝所有轄地全部封給姬根。

東周朝已無西周朝之王畿千里，僅有王都雒邑（含王城、成周）周邊的轄地數十里。春秋時期，由於分封子弟采邑和周邊諸侯蠶食，轄地日益縮小。戰國初期，周考王把河南（王城）封給幼弟姬揭（前440），立為西周國，所餘轄地更小。如今趙、韓逼迫周顯王（周考王重孫）把包括王都洛陽（成周）在內的所餘轄地全部封給族叔姬根（周考王孫），立為東周國（前367），自己僅剩洛陽（成周）王宮，別無寸地。此即所謂「周分為二」。並非西周國分為二國，而是東周朝分為二公國。二公國開國也不同時，相距七十三年。

西周威公太子姬朝今年（前367）襲封，成為西周國第三代君，即西周惠公，翌年（前366）始計元年。西周威公幼子姬根今年（前367）受封，成為東周國第一代君，即東周惠公，翌年（前366）始計元年（與其祖父西

---

[071]　《韓非子·內儲說下》兄名「朝」，《韓非子·難三》兄名「宰」，今從楊寬作「朝」；弟名均作「根」。《世本·居篇》則謂「東周惠公名班」，今不從。

周桓公相同）。二人同父爭國，最終異國，然而國號相同（西周國、東周國簡稱「西周」、「東周」，又均簡稱「周」），元年相同，又均自命承父正統而謚號相同。因而二人常被史家混淆為一，二周史更難釐清。

史實既明，可對語焉不詳的《史記·周本紀》補正如下：

（周顯王二年，其叔祖西周）威公卒，（太）子（西周）惠公（姬朝）代立，（襲封河南王城）。（西周威公少子姬根爭立，趙成侯、韓懿侯出兵助之，周顯王）乃（另）封其（西周威公）少子（東周惠公姬根）於鞏（洛陽成周），以奉（東周朝）王（室），號東周惠公。

西周威公是周考王之姪，其父西周桓公是周考王之弟。周顯王是周考王重孫。所以西周威公是周顯王叔祖，「其少子」東周惠公是周顯王族叔，並非周顯王「少子」。

秦火漢黜導致二周史亡佚以後，《史記》語焉不詳，《戰國策》誤將〈東周策〉列於〈西周策〉之前，《資治通鑑》失載二周。三大權威史書之疏漏，致使二周史沉入歷史忘川。

後世學者，多曾發掘此段祕史。

比如梁玉繩《史記志疑》：「是西周惠公獨擅河南之地，而東周惠公食采於鞏，秉政洛陽焉。」

呂祖謙《大事記》：「顯王二年，趙與韓分周為二，於是東（周）、西（周）各為列國。顯王雖在東周（國），特建空名。」

崔述《洙泗考信錄》：「兩周之分，戰國時一大關目也。不分則周為有王，分則周為無王；不分則周為正統，分則天下為無統。此豈可以略者？而溫公《通鑑》、朱子《綱目》皆不載此事，竟如周未嘗分然者。所以西周君之事，皆移之於赧王，蓋誤以赧王為即西周君也。大抵《通鑑》於戰國

之世採摘頗雜，疏漏亦多，《綱目》但就《通鑑》原文錄之，未嘗一一考其
首尾，是以如此。」

可惜諸家雖知「周分為二」，然而史證不足，所言粗略。《戰國策》專
家或是不知「周分為二」，或是雖知而不能對〈西周策〉、〈東周策〉的每一
條目進行精確繫年，導致二周史至今不明。

以下排比〈西周策〉全部十七條，〈東周策〉全部二十八條（上文史料
7 已引〈東周策〉二八），輔以《戰國策》其他各卷與二周相關的重要條目
（僅言「二周」、「兩周」而無二周史實者略之），以及其他古籍與二周相關
的重要史料（內容相近者選取其一），疏理「周分為二」之後百餘年的二周
史，辨明二周在戰國中後期的中樞作用。

三　三代周王寄居東周國六十年

東周國於周顯王二年（前 367）開國，王都洛陽變成了東周國之封地。
周顯王已無寸地，此後寄居東周國四十七年至死，東周朝已經名存實亡。
僅因七雄之任何一國，尚無能力統一天下，因此周王仍有「天下共主」之
虛名，繼續苟延殘喘。

從周顯王二年至四十八年（前 367 －前 321），加上周慎靚王六年（前
321 －前 315）和周赧王前七年（前 314 －前 308，此後寄居西周國），最後
三代周王寄居東周國共計六十年（前 367 －前 308）。這一時期，較為重要
的二周史料有二十六條（15 － 40）。

史料 15，《竹書紀年》（《史記・六國年表・集解》引）：

周顯王九年（前 360），東周惠公薨，子傑立。[072]

── 事在「周分為二」之後七年，即周顯王九年、西周惠公七年、東周惠公七年（前 360）。

東周惠公姬根在位七年（前 366 ─ 前 360）而死。史闕其文，無事可敘。

太子姬傑繼位，為東周國第二代君，即昭文君，在位長達五十二年（前 359 ─ 前 308），史料甚多。[073]

史料 16，《戰國策・東周策》十一：

（東）周（昭）文君免工師藉，相呂倉。國人不說也，君有慍慍之心。

（或）謂（東）周（昭）文君曰：「國必有誹譽，忠臣令誹在己，譽在上。宋君奪民時以為臺，而民非之，無忠臣以掩蓋之也。子罕釋相為司空，民非子罕而善其君。齊桓公宮中七市，女閭七百，國人非之。管仲故為三歸之家，以掩桓公，非自傷於民也？《春秋》記臣弒君者以百數，皆大臣見譽者也。故大臣得譽，非國家之美也。故眾庶成強，增積成山。」

（東）周（昭文）君遂不免（工師藉）。

史料 17，《戰國策・東周策》十：

（東）周相呂倉，見客於（東）周（昭文）君。

前相工師藉恐客之傷己也，因令人謂（東）周（昭文）君曰：「客者，辯士也，然而所以不可者，好毀人。」

---

[072] 《史記・六國年表・集解》引《竹書紀年》，原作：「東周惠公傑薨。」楊寬曰：「傑為昭文君名。疑當作『東周惠公薨，子傑立』。」今從。

[073] 《史記・周本紀・正義》「（東周惠公）子武公，為秦所滅」，年、國皆誤。東周昭文君元年為周顯王十年（前 359），一百多年後秦莊襄王元年（前 249）滅東周，是為年誤。東周國無武公，西周國有武公，是為國誤。

—— 二策同時，事在周顯王十年、西周惠公八年、東周昭文君元年（前359）。「周文君」即東周昭文君，劉向編於〈東周策〉不誤；排序則誤，第十一策應在前，第十策應在後。

按照「一朝天子一朝臣」之慣例，昭文君即位以後，罷免了父君所用前相工師藉，另聘呂倉為相。

根據第十一策，昭文君準備罷免工師藉，聘用享有美譽、頗有賢名的呂倉，國人不悅。昭文君對工師藉也有憐憫之心，於是或人進諫，以「《春秋》記臣弒君者以百數，皆大臣見譽者也。故大臣得譽，非國家之美」為由，反對易相。末句「周君遂不免（工師藉）」不確，與第十策「前相工師藉」牴牾。

根據第十策，昭文君不聽或人進諫，仍然罷免工師藉，聘相呂倉，呂倉於是舉薦黨羽。「前相工師藉」擔心再被中傷而加罪，派人告訴昭文君，呂倉舉薦之人「好毀人」（非毀工師藉）。昭文君也不聽呂倉黨羽非毀，沒有加罪工師藉。

史料18，《史記·韓世家》：

韓昭侯（六）〔十〕年（前353），伐東周，取陵觀、（邢）〔廩〕丘。（《史記·六國年表》同。按：「六」當作「十」）[074]

史料19，《竹書紀年》（《水經注·伊水注》引）：

梁（魏）惠王十七年（前353），東周與鄭（韓）高都、利。（按：魏惠王遷都大梁、韓哀侯遷都新鄭之後，魏、韓又稱梁、鄭）

—— 根據戰國中期魏人所著《竹書紀年》，事在魏惠王十七年、韓昭

---

[074]　在《史記·韓世家》中韓昭侯元年誤後四年，在位年數誤少四年。詳見第117頁注①。

侯十年，即周顯王十六年、西周惠公十四年、東周昭文君七年（前 353）。

此年魏惠王首圍趙都邯鄲，趙成侯向楚、齊求救。楚宣王假救，齊威王真救。齊將田忌、孫臏大破魏軍於桂陵，生擒魏將龐涓，後又釋歸。

秦軍趁機攻破魏國舊都安邑。這是商鞅變法（前 359）以來，秦軍首次伐魏、勝魏。

韓昭侯趁著五強混戰，偷襲東周國，攻取了陵觀（今地不詳）、廩丘（今地不詳）。昭文君又割讓高都（河南洛陽西南）、利邑（今地不詳）求和，韓軍乃退。

史料 20，《史記‧趙世家》：

（趙肅侯）四年（前 346），朝天子。

── 事在趙肅侯四年，即周顯王二十三年、西周惠公二十一年、東周昭文君十四年（前 346）。

趙成侯分周為二之後，其子趙肅侯鑑於趙、魏之盟破裂，趙都邯鄲曾被魏惠王占領（魏在桂陵敗於齊，次年歸還所占趙都邯鄲），於是今年朝覲已經寄居東周國二十二年（前 367 －前 346）的周顯王。

目的並非尊王，而是借用周王招牌，遏制魏惠王稱霸侵趙。

史料 21，《戰國策‧齊策五》一：

魏（惠）王擁土千里，帶甲三十六萬，其強北拔邯鄲（前 353），西圍定陽（前 350），又從十二諸侯朝天子（前 344），以西謀秦。

史料 22，《戰國策‧秦策四》十：

魏（惠王首）伐邯鄲（前 353），因退為逢澤之遇，乘夏車，稱夏王，朝為天子，天下皆從（前 344）。

史料 23，《戰國策·秦策五》一：

梁（惠）君伐楚勝齊，制趙、韓之兵，驅十二諸侯以朝天子於孟津（前344）。

—— 事在魏惠王二十六年，即周顯王二十五年、西周惠公二十三年、東周昭文君十六年（前344）。一策常常連言多年之事，舊多僅據策文首句或文中一事，輕率繫年。盲人摸象，僅得一端，自命有據，實則多誤。

趙肅侯為了遏制魏惠王稱霸侵趙，前年（前346）朝覲周顯王。

魏惠王既想挫敗趙謀，又想挾天子以令諸侯，於是今年（前344）先與泗上十二諸侯在逢澤會盟，後率泗上十二諸侯在孟津朝覲周顯王，聲勢蓋過了趙肅侯。

史料 24，《史記·秦本紀》：

（秦孝公）十九年（前343），天子致伯（霸）。二十年（前342），諸侯畢賀。秦使公子少官率師會諸侯於澤，朝天子。（按：「於澤」舊訛為「逢澤」）

史料 25，《後漢書·西羌傳》：

秦孝公立，威服戎羌，使太子駟率戎狄九十二國朝周顯王。（按：「秦孝公立」意為「立」後，非謂立年）

—— 事在秦孝公十九、二十年，即周顯王二十六、二十七年，西周惠公二十四、二十五年，東周昭文君十七、十八年（前343、前342）。馬非百《秦集史·國君紀年》，繫秦太子駟朝周於秦孝公二十年（前342）；楊寬從之。

周顯王鑑於齊威王叛周稱王（前 353）而不朝天子，魏惠王既朝天子又僭稱「夏王」（前 344），於是冊封秦孝公為「伯」（霸）（前 343），希望藉助變法崛起的秦國，遏制中原諸侯對周室的威脅。

秦孝公也想挾天子以令諸侯，以便名正言順東進中原，於是次年（前 342）派遣太子嬴泗率領戎狄九十二國朝覲周顯王，感謝「天子致伯（霸）」，聲勢又蓋過了魏惠王。

五年（前 346 ─前 342）之中，趙肅侯、魏惠王、秦孝公爭相朝覲周顯王，既無「尊王」之意，也無實際效用，僅是為了「政治正確」，不願在輿論上落於下風。真正代周為王，仍須兵刃相見。所以這次「尊王」小高潮之後，再也無人朝覲周顯王，轉入明目張膽覬覦周鼎。

史料 26，《戰國策・東周策》一：

秦（惠君）興師臨（東）周而求九鼎，周君（周顯王）患之，以告顏率。

顏率（謂周顯王）曰：「大王勿憂，臣請東借救於齊。」

顏率至齊，謂齊（威）王曰：「夫秦之為無道也，欲興兵臨周而求九鼎。周之君（周顯王）臣（昭文君）內自畫計，與秦，不若歸之大國。夫存危國，美名也；得九鼎，厚寶也。願大王圖之。」

齊（威）王大悅，發師五萬人，使陳臣思（田忌）將以救周，而秦兵罷。

齊將求九鼎，周君（周顯王）又患之。

顏率（謂周顯王）曰：「大王勿憂，臣請東解之。」

顏率至齊，謂齊（威）王曰：「周賴大國之義，得君（周顯王）臣（昭文君）父子相保也，願獻九鼎。不識大國何途之從，而致之齊？」

齊（威）王曰：「寡人將寄徑於梁。」

顏率曰：「不可！夫梁之君臣欲得九鼎，謀之暉臺之下，少海之上，其日久矣。鼎入梁，必不出。」

齊（威）王曰：「寡人將寄徑於楚。」

對曰：「不可！楚之君臣欲得九鼎，謀之於葉庭之中，其日久矣。若入楚，鼎必不出。」

（齊威）王曰：「寡人終何途之從，而致之齊？」

顏率曰：「弊邑固竊為大王患之。夫鼎者，非效醯壺醬甀耳，可懷挾挈以至齊者；非效鳥集烏飛，兔興馬逝，灕然止於齊者。昔周之伐殷，得九鼎。凡一鼎而九萬人挽之，九九八十一萬人，士卒師徒，器械被具，所以備者稱此。今大王縱有其人，何途之從而出？臣竊為大王私憂之。」

齊（威）王曰：「子之數來者，猶無與耳！」

顏率曰：「不敢欺大國，疾定所從出，弊邑遷鼎以待命。」

齊（威）王乃止。

——事在秦惠王二年、齊威王二十二年，即周顯王三十三年、西周惠公三十一年、東周昭文君二十四年（前336）。舊多不考史實，不明繫年，視為偽託。

此策最可注意者，就是顏率稱「周君」為「大王」，因此「周君」非指昭文君，乃指周顯王。可見周顯王雖在天下毫無威信，但在其所寄居的東周國，仍被虛假尊奉。昭文君假裝「奉王」（《史記》語，見上史料2），意在借用周王的「天下共主」虛名，當作東周國免於列強威脅的最佳擋箭牌。

然而現在形勢突變，秦惠王八年前（前343）身為太子，曾奉秦孝公之

命朝覲周顯王，感謝「天子致伯（霸）」；如今繼位僅僅兩年，竟命秦軍開赴東周國，強索東周朝之九鼎。

周顯王早已淪為列強利用操縱、相互箝制的工具，無力拒絕秦惠王，只能藉亂臣制亂臣，於是採納顏率之策，以九鼎寧願歸齊、不願歸秦為餌，誘使齊威王出兵「勤王」。已經取代強魏而為中原霸主的強齊，嚇退了變法未久、尚不太強的秦軍。然而顏率之策，實為前門拒狼，後門迎虎。秦軍雖被齊軍逼退，齊軍卻要周顯王兌現承諾。

周顯王又採納顏率之策，以運輸不便，易被楚、魏中途攔截為藉口，打算抵賴承諾。

策文末句「齊王乃止」，不合史實。六年前（前 342）魏惠王再圍邯鄲，次年（前 341）齊威王再救趙國，田忌、孫臏在馬陵大敗魏軍，殺死魏將龐涓（桂陵被齊生擒後放歸）、太子魏申。今年（前 336）魏惠王被迫朝齊，不可能截留過魏往齊的周鼎。

史實乃是：為免齊軍強索九鼎，周顯王不敢食言，被迫往齊運出一鼎。運鼎之舟先過魏，後過宋，沉入流經宋國彭城的泗水。

《史記》三言周鼎運齊而沉入泗水，時間、地點都很明確。

一為〈封禪書〉：「宋太丘社亡，（而）［周］鼎（自周經魏過宋運齊）沒於泗水彭城（前 336）下。其後百一十五年（前 221）而秦併天下。」

二為〈漢武本紀〉：「周德衰，宋之社亡，鼎乃淪伏而不見。」

三為〈秦始皇本紀〉：「（秦始皇）二十八年（前 219），過彭城，齋戒禱祠，欲出周鼎泗水，使千人沒水求之，弗得。」

秦始皇統一天下兩年之後東巡，不忘一百十七年前之舊事，在彭城的泗水尋找周鼎無果。不能據此認為「周鼎沉泗」並非史實，只能認為已被

民間盜寶者打撈盜賣。

劉向〈戰國策序〉說：「（秦）撫天下十四歲（前 220 －前 207），天下大潰，詐偽之弊也。」故將秦窺周鼎列於《戰國策》之首，以明編纂此書之宗旨：天下爭奪九鼎，周王透過詐偽暫保九鼎，終因仁義不施而滅亡；暴秦未得九鼎，透過詐偽暫得天下，終因仁義不施而速亡。

史料 27，《呂氏春秋・務大》：

杜赫以安天下，說（東）周昭文君。

昭文君謂杜赫曰：「願學所以安（東）周（國）。」

杜赫對曰：「臣之所言者不可，則不能安（東）周（國）矣。臣之所言者可，則（東）周（國）自安矣。」

──　事在周顯王三十四年、西周惠公三十二年、東周昭文君二十五年（前 335）；秦、齊覬覦周鼎而「周不安」次年。

去年（前 336）秦、齊覬覦周鼎，證明周顯王的「天下共主」虛名，已經失去擋箭牌作用，昭文君深感「不安」。

東周國人杜赫，於是遊說昭文君，以「安天下」謀求「（東）周（國）自安」。杜赫遊說昭文君而非周顯王，乃因昭文君儘管「奉王」甚謹，天下人盡知周顯王已無寸地，實為傀儡。

昭文君僅僅謀求「安周」，視野不如杜赫開闊，策略不如杜赫長遠，於是罷免徒有賢名美譽的呂倉，另聘擅長「詐偽」謀略的杜赫為相，並且言聽計從。

史料 28，《戰國策・東周策》二三：

杜赫欲重景翠於（東）周，謂（東）周（昭文）君曰：「君之國小，盡君

之重寶珠玉以事諸侯，不可不察也。譬之如張羅者，張於無鳥之所，則終日無所得矣；張於多鳥之處，則又駭鳥矣；必張於有鳥無鳥之際，然後能多得鳥矣。今君將施於大人，大人輕君；施於小人，小人無可以求，又費財焉。君必施於今之窮士，不必且為大人者，故能得欲矣。」

　　—— 此事確年難定，今從顧觀光，繫於周顯王三十六年；即西周惠公三十四年、東周昭文君二十七年、楚威王七年（前333），杜赫擔任東周相的第二年。

　　東周相杜赫認為，昭文君此前以「重寶珠玉以事諸侯」而求「安周」，如同張羅於「無鳥之所」，必將「終日無所得」，應該張羅於「有鳥無鳥之際，然後能多得鳥」。

　　由於楚國是天下霸主，強於中原霸主魏、齊，所以杜赫建議昭文君結楚以安周，禮遇不得楚威王重用的「今之窮士」景翠。楚威王死後，景翠果然得到楚懷王重用，報答了昭文君的禮遇之恩（見下史料42），證明了杜赫的長遠預見。

　　這是杜赫以「安天下」而求「周自安」的成功謀略之一。

　　史料29，《呂氏春秋·報更》：

　　張儀，魏氏餘子也，將西遊於秦，過東周。

　　客（杜赫）有語之於昭文君者，曰：「魏氏人張儀，材士也；將西遊於秦，願君之禮貌之也。」

　　昭文君見而謂之曰：「聞客之秦，寡人之國小，不足以留客；雖遊，然豈必遇哉？客或不遇，請為寡人而一歸也！國雖小，請與客共之。」

　　張儀還走，北面再拜。

　　張儀行，昭文君送而資之。

（張儀）至於秦，留有間，（秦）惠王說而相之。張儀所德於天下者，無若昭文君。周，千乘也，重過萬乘也，令秦惠王師之。

—— 事在秦惠王八年，即周顯王三十九年、西周惠公三十七年、東周昭文君三十年（前330）；杜赫擔任東周相的第五年。

魏人張儀（約前380 －前310），口才無敵，名重天下，然而此前求仕魏、楚，無不失敗。今年五十一歲，由魏入秦，途經東周國。昭文君聽從杜赫，禮遇而資助之。

《呂氏春秋・報更》未言獻策之「客」是何人，但是根據「杜赫重景翠於周」（〈東周策〉二三），可知杜赫又重張儀於周，因為二策命意相同：禮遇「今之窮士」景翠，意在將來交結強楚；禮遇「今之窮士」張儀，意在將來交結強秦。

張儀入秦後兩年（前328），被秦惠王聘為秦相，也報答了昭文君的禮遇之恩（見下各條），再次證明了杜赫的長遠預見。《呂氏春秋・報更》說張儀讓秦惠王拜昭文君為師，當屬誇飾之言。然而張儀相秦十九年（前328 －前310），秦惠王連伐魏、韓、趙、齊、楚列強，未曾一伐二周，更未再索九鼎，當屬張儀對昭文君的湧泉相報。

這是杜赫以「安天下」而求「周自安」的成功謀略之二。

史料30，《戰國策・東周策》十五：

右行〔之〕秦，謂大良造（張儀）曰：「欲決霸、王之名，不如備兩周辯知之士。」

（右行又之周，）謂（東）周（昭文）君曰：「君不如令辯知之士，為君（周顯王）爭於秦。」

—— 事在秦惠王十三年，即周顯王四十四年、西周惠公四十二年、

東周昭文君三十五年（前 325）；張儀入秦後五年，秦惠王稱王年的年初。舊或誤繫於周赧王三十七、秦昭王二十九年（前 278），又或誤繫於周赧王四十五年、秦昭王三十七年（前 270），不合秦君早已稱王，也不合秦相舊名「大良造」早已追隨中原改稱「相邦」（漢避劉邦諱改為「相國」），更不合策文內容。秦昭王十九年（前 288）僭稱「西帝」，已決「帝、王之名」，此後無須再決「霸、王之名」。

張儀入秦後二年（前 328），被秦惠王任命為秦相「大良造」（商鞅相秦，即任此職）。秦惠王鑑於商鞅變法（前 359）至今三十餘年，秦已大強，而強齊、強魏、弱宋均已叛周稱王，於是也準備叛周稱王。

張儀相秦之後的首要任務，就是為秦惠王稱王創造條件，同時避免先稱王的列強征伐，因為先稱王的列強常常不許別國稱王。比如齊威王、魏惠王「徐州相王」（前 334）次年（前 333），楚威王即伐徐州。宋康王逞強稱王（前 328）當年，楚威王、齊威王立刻伐宋。

經過張儀三年籌備，秦惠王稱王條件成熟，於是年初昭告天下，將於四月舉行稱王大典。

右行（晉國官名，後為姓氏，當為三晉人）聞訊入秦，告誡秦相張儀，秦君不可叛周稱王，應該請教二周知禮之士，明白「霸」、「王」之異。亦即秦惠王不應忘記：十七年前（前 342）身為太子之時，曾經朝覲周顯王，感謝「天子致伯（霸）」。「霸主」的職責是像齊桓公那樣「尊王」扶持周室，制止列強叛周稱王，怎能由「霸」而「王」？

由於周顯王寄居東周國已有四十三年，諸侯早已不再朝覲。因此右行僅憑「欲決霸、王之名」的周禮名分，不可能阻止秦君叛周稱王。於是右行又離秦往周，勸說昭文君派遣知禮之士至秦，申明「霸」、「王」之異。

昭文君只求「（東）周（國）自安」，願意聽從杜赫、巴結張儀而交接強秦，不可能聽從右行冒犯強秦而自取其禍。

張儀相秦第四年（前 325）四月，秦惠王舉行稱王大典，魏惠王、韓宣王入秦觀禮[075]。楚懷王、齊威王均未伐秦，秦惠王叛周稱王成功。

史料 31，《戰國策·東周策》二二：

趙（武靈王）取（東）周之祭地，（東）周君患之，告於鄭朝。

鄭朝曰：「君勿患也，臣請以三十金復取之。」

（東）周君予之。

鄭朝獻趙太卜，因告以祭地事。

及（趙武靈）王病，使卜之。太卜譴之曰：「周之祭地為祟。」

趙（武靈王）乃還之。

——趙武靈王三年，即周顯王四十六年、西周惠公四十四年、東周昭文君三十七年（前 323），趙武靈王前往魏都大梁參加「五國相王」而稱王；事在此後，確年難定。舊或誤繫於周顯王二年（前 367，趙成侯八年），此年西周威公死後二子爭位，趙成侯、韓懿侯助其幼子開國，分周為二，並未攻取周地，趙成侯又未稱王。又或誤繫於周赧王二十九年（前 286，趙惠文王十三年），此年趙相李兌發動五國伐秦，無暇攻取周地，趙惠文王又還年幼。

趙武靈王叛周稱王之後，攻取了周顯王寄居的東周國之祭地。昭文君派遣鄭朝賄賂趙國太卜三十金。趙國太卜受賄之後，趁著趙武靈王生病，

---

[075]　《史記·秦本紀》：「（秦惠王）十三年（前 325）四月戊午，秦君為王，韓亦為王。」《史記·韓世家·索隱》引《竹書紀年》：「（韓威侯八年）（前 325）五月，梁惠王會威侯於巫沙，十月，鄭宣王朝梁。」《史記·秦本紀》「韓亦為王」為補注今年稍後之事，非同時稱王。《竹書紀年》「韓威侯」、「鄭宣王」為同一人，五月在巫沙稱王，比秦稱王晚一個月。

謊稱致病原因是東周國祭地之鬼魂作祟。趙武靈王於是歸還東周國祭地。

東周國開國至今四十餘年，昭文君之前僅有一君，因此「（東）周之祭地」，必為東周惠公姬根之墓地。

東周國原由趙、韓支持姬根與兄爭位而開國，此後趙、韓全都不攻西周國，全都攻取東周國之地，足證趙、韓當年支持姬根爭位，意在「分周為二」，剝奪周王之「天下共主」虛名，為叛周稱王、代周為王掃清障礙。

所以周顯王二年（前367）「周分為二」之後，戰國諸侯紛紛叛周稱王。周顯王十六年（前353），齊威王在桂陵擊敗中原霸主魏國，率先叛周稱王。周顯王二十五年（前344），魏惠王掩耳盜鈴，既朝覲周顯王，又僭稱夏王。周顯王三十五年（前334），魏惠王在齊地徐州與齊和解，正式叛周稱王。周顯王四十一年（前328），宋康王志在復興殷商，也叛周稱王。周顯王四十四年（前325），秦惠王、韓宣王按捺不住，也叛周稱王。周顯王四十六年（前323），魏惠王採納公孫衍之策，在魏都大梁舉行「五國相王」，趙武靈王、燕易王、中山先王搭上末班車，也叛周稱王。至此「六國皆稱王」[076]，周王之外，另有春秋二舊王（楚、越），戰國八新王（齊、魏、宋、秦、韓、趙、燕、中山），天下共計十一王。不過諸侯十王不稱「天子」，僅有周王稱「天子」。

附《戰國策・韓策二》三（〈西周策〉十二之背景）：

公仲為韓、魏易地；公叔爭之而不聽，且亡。

史惕謂公叔曰：「公亡，則易必可成矣。公無辭以後反，且示天下輕公，公不若順之。夫韓地易於上，則害於趙；魏地易於下，則害於楚。公不如告楚、趙。楚、趙惡之。趙聞之，起兵臨羊腸；楚聞之，發兵臨方城；

---

[076] 《史記・魯世家》：「（魯）景公二十九年卒（當作二十三年，前323），子叔立，是為平公。是時六國皆稱王。」《史記・魯世家》少魯恭公六年，多魯景公六年。

而易必敗矣。」

史料 32，《戰國策·西周策》十二：

韓、魏易地，西周（惠公）弗利。

樊餘（為西周）謂楚（懷）王曰：「周必亡矣！韓、魏之易地，韓得二縣，魏亡二縣。（魏）所以為之者，盡包二周，多於二縣，九鼎存焉。且魏有南陽、鄭地、三川而包二周，則楚方城之外危；韓兼兩上黨（韓、魏均有上黨）以臨趙，即趙羊腸以上危。故易成之日，楚、趙皆輕。」

楚王恐，因趙（武靈王）以止易也。

——〈韓策二〉三，〈西周策〉十二，是前後相連的同年之事。今從顧觀光，繫於周顯王四十七年，即西周惠公四十五年、東周昭文君三十八年（前 322），此時公仲朋相韓。舊多誤繫二策於周顯王十二年（前 357），誤前三十五年，其時韓相是連相韓懿侯、韓昭侯共計二十四年（前 374 — 前 351）的許異[077]，並非公仲朋。[078]

公仲朋相韓兩次，第一次任職十六年（前 333 — 前 317），其時魏雖小弱，魏惠王（前 369 — 前 320）尚有實力強迫韓國易地；第二次任職十一年（前 313 — 前 303），其時魏已大弱，魏襄王（前 319 — 前 296）已無實力強迫韓國易地。

魏惠王強迫韓相公仲朋易地，意在把二周從處於韓國境內，變成處於魏國境內，以便挾天子以令諸侯，奪取周鼎，代周為王。韓相公仲朋懼魏，

---

[077]　《戰國策·韓策三》：「東孟之會，聶政、陽堅刺相兼君（前 374）。許異蹴哀侯（當作懿侯）而殪之，立以為鄭君。韓氏之眾無不聽令者，則許異為之先也。是故哀侯（當作懿侯）為君，而許異終身相焉。」

[078]　誤者所據，乃是《水經·河水注》引《竹書紀年》：「梁惠成王十三年（前 357），鄭（昭）釐侯使許息來致地：平丘、戶牖、首垣諸邑。及鄭馳地，我取枳道與鄭鹿。」韓昭侯十二年（前 351）申不害相韓之前，許異為相，故命同宗許息「致地」（獻地，非易地）。

準備屈服。韓臣公叔反對無效，先打算逃亡，後派史惕勸說楚懷王、趙武靈王向魏、韓施壓（〈韓策二〉三）。與此同時，西周惠公也派樊餘勸說楚懷王向魏、韓施壓（〈西周策〉十二）。阻止了魏、韓易地，挫敗了魏謀九鼎。

東周國開國至今四十四年，東周國已有十七條史料（16－32），西周國始有一條史料（史料 32，為西周惠公唯一史料），乃因周顯王寄居的東周國是天下中樞，西周國則無足輕重。

史料 33，《戰國策‧楚策三》七：

五國伐秦，魏（襄王）欲和，使惠施之楚。楚（懷王）將入之秦，而使行和。

（東周相）杜赫謂（楚相）昭陽曰：「凡為伐秦者，楚也。今（惠）施以魏來，而公入之秦，是明楚之伐（秦），而信魏之和（秦）也。公不如無聽惠施，而陰使人以請聽秦。」

昭子曰：「善。」因謂惠施曰：「凡為攻秦者，魏也。今子從楚（入秦）為和，楚得其利（明楚之和秦），魏受其怨（信魏之伐秦）。子歸，吾將使人因魏（入秦）而和。」

惠子反，魏（襄王）不說。

杜赫謂昭陽曰：「魏為子先戰，折兵之半，謁病不聽，請和不得，魏折而入齊、秦，子何以救之？東有越累，北無晉（魏），而交未定於齊、秦，是楚孤也。不如速和！」

昭子曰：「善。」因令人謁和於魏（楚使經魏入秦請和）。

── 事在秦惠王更元七年、楚懷王十一年、魏襄王元年、韓宣王十五年、趙武靈王八年、齊宣王二年、燕王噲三年，即周慎靚王三年、西

周惠公四十九年、東周昭文君四十二年（前 318）；魏相公孫衍發動楚、
魏、韓、趙、燕五國伐秦之年，伐秦失敗稍後。

　　周顯王於「六國皆稱王」（前 323）後二年，在位四十八年（前 368 —
前 321）而死，其子周慎靚王繼位。

　　此後張儀以秦相兼任魏相四年（前 321 —前 318），唆使魏惠王伐齊報
仇（桂陵、馬陵二仇），於第三年即魏惠王後元十六年（前 319）發動秦、
魏聯合伐齊而大敗。同年稍後，魏惠王、齊威王先後死去，魏襄王（翌年
改元）、齊宣王（當年改元）先後繼位。[079]次年（前 318）魏襄王罷免張儀，
任命公孫衍為相。公孫衍立刻發動楚、魏、韓、趙、燕五國伐秦，結果先
勝後敗。這是中原諸侯首次合縱伐秦，擔任縱長的是楚懷王，實際發動者
則是魏相公孫衍，所以伐秦主力是魏軍。魏軍損失一半，急於與秦議和。

　　魏襄王派遣惠施使楚，要求楚懷王允許惠施代表縱長楚懷王入秦議
和。楚懷王、楚相昭陽均已同意。

　　秦相張儀率領魏、秦聯軍伐齊而失敗，又引來五國伐秦，秦惠王欲治
其罪。東周昭文君憑藉禮遇張儀，長期免於秦伐，因而不願張儀失寵於
秦，於是派遣東周相杜赫使楚，勸說楚相昭陽：楚國如果允許魏使惠施代
表徒有縱長虛名的楚懷王入秦議和，就會為實際發動合縱伐秦的魏國背黑
鍋；應該撇清楚國之罪責，由魏國獨嘗伐秦失敗之苦果。

　　昭陽聽從杜赫，楚懷王聽從昭陽，於是改變主意，不再委託惠施代表
楚國入秦議和，改派楚使經魏入秦，代表魏襄王入秦議和。

　　杜赫以「安天下」而求「周自安」，除了謀劃於東周境內，而且出擊至
東周境外，這是其中一次成功的外交遊說。

---

[079]　舊多不明魏襄王翌年（前 318）改元、齊宣王當年（前 319）改元，誤以為齊威王死於前一年
　　　　（前 320，誤前一年），魏惠王死於後一年（前 319，不誤），因而難明史事因果。

張儀挫敗五國伐秦，迫使魏國求和，重獲秦惠王信任，復任秦相（前318）；更加感激昭文君、杜赫，更加竭力阻止秦惠王伐周。

仕秦的客卿陳軫，原本寄望於張儀失寵於秦惠王，自己就能繼任秦相，今見無望，次年（前317）轉仕楚國，從此與秦國、與張儀為敵。

周慎靚王在位六年（前321－前315），於公孫衍伐秦失敗後三年（前315）死去。在位期間，二周史料僅此一條。《史記・周本紀》未書慎靚王一事，僅言「慎靚王立六年，崩，子赧王延立」。

其子周赧王繼位之後，二周史料甚多。

史料34，《戰國策・秦策四》六：

楚使者景翠在秦，從秦（昭）王與魏（襄）王遇於境，楚（懷王）怒（景翠）。

秦（合）〔令〕周最（為）〔謂〕楚王曰：「魏請無與楚遇而合於秦，是以翠與之遇也。弊邑之於與遇，善之，故齊不合也。」楚王因不罪景翠，而德（西）周、秦。

史料35，《戰國策・韓策一》二一：

韓公仲相，齊、楚之交善〔秦〕。秦、魏遇，且以善齊而絕齊乎楚。楚王使景翠之秦，翠與於秦、魏之遇。楚王怒景翠，恐齊以楚遇為有陰於秦、魏也，且罪景翠。

〔周最〕為（秦）謂楚王曰：「臣賀翠之與於遇也。秦、魏之遇也，將以合齊、秦，而絕齊於楚也。今翠與於遇，齊無以信魏之合己於秦而攻於楚也；齊又畏楚之有陰於秦、魏也，必重楚。故翠之與於遇，王之大資也。今翠不與於遇，魏也絕齊於楚明矣。齊信之，必輕王。故王不如無罪景翠，以示齊於有秦、魏；齊必重楚，而且疑秦、魏於齊。」

王曰：「諾。」因不罪（景翠）而益其列（升職，排位靠前）。[080]

── 二策同時，為一事之異文。事在秦惠王更元十二年、楚懷王十六年、魏襄王六年、齊宣王七年，即周赧王二年、西周惠公五十四年、東周昭文君四十七年（前313）；周顯王死後八年，周慎靚王死後二年。〈秦策四〉六可證，〈韓策一〉二一「為謂楚王」前，原有「周最」二字。劉向僅知周最後期敵秦，不知其早期親秦，於是刪去「周最」，卻漏刪〈秦策四〉六之「周最」。二條為周最的最早史料。

周最是影響最大的西周國公子，影響遠遠大於高祖西周桓公、曾祖西周威公、祖父西周惠公、其父西周武公。《戰國策》涉及周最的史料，多達二十餘條（不限於二周兩卷），多於大部分戰國策士。其他先秦古籍，也有不少周最史料。由於劉向僅知周最是「周之公子」（《史記》及其〈集解〉、〈索隱〉、〈正義〉皆然），不知其國別、出身，又誤以為周王一直寄居東周國，遂將九條周最史料誤編於〈東周策〉。

然而劉向又把五條周最史料編於〈西周策〉。所以後人或是誤以為周最是東周國公子，或是不明其國別、出身，致使舉足輕重的西周國公子周最飄在雲端，成了來歷不明的戰國遊士。

今年（前313）秦相張儀使楚，以秦國商於之地六百里相誘，勸說楚懷王與齊絕交。楚懷王輕信張儀，不聽陳軫、屈原諫阻，命令景翠跟隨張儀歸秦交割（景翠已在楚威王死後，得到楚懷王重用）。景翠至秦，張儀詐傷，三月不上朝，拖延交割秦地。

---

[080]　二策景翠之「翠」，舊皆訛為「鯉」。「景鯉」並非「景翠」（又作景缺、景快），有二證：其一，景翠為武將，景鯉為文臣。《史記・楚世家》「楚王弗聽（陳軫），因使一將軍西受封地」，明言隨張儀歸秦取地者為將軍。《史記・魏世家》作「使人隨儀」，《史記・屈原賈生列傳》作「使使如秦受地」，蓋司馬遷亦疑至秦取地者非景鯉而含糊之。其二，景翠仕於楚威王、楚懷王，死於楚懷王二十九年（前300），見下169頁注①。景鯉仕於楚懷王、楚頃襄王。

　　策文所言，正是在此三月期間，秦惠王與魏襄王在秦、魏邊境會見，楚使景翠隨行。楚懷王不知秦地遲遲不能交割乃是張儀詐傷故意拖延，誤以為景翠辦事不力，又隨秦會魏，疑其叛楚事秦，因而大怒景翠。

　　秦惠王聽從張儀，遍伐列強，不伐二周。二周弱小，只能憑藉「詐偽」謀略，艱難求存於列強之間。東周昭文君交結秦相張儀而免於秦伐，西周武公也不願得罪遍伐列強的秦國，於是讓庶子周最交結秦國。

　　此時周最為秦使楚，勸說楚懷王：「魏國以秦惠王不與楚國親善（不割秦地六百里）為條件，才願親秦。景翠不願如此，才要求參加秦、魏會見。敝國（西周國）希望秦、楚、魏、周互相親善，不與齊國親善。」

　　楚懷王聽信周最，不再懷疑景翠，感激西周國、秦國；為了盡快得到秦地六百里，又派勇士至齊，辱罵齊宣王，楚、齊交惡。

　　張儀成功破壞了楚、齊之盟，於是假裝傷癒，帶領景翠上朝，假意勸說秦惠王割地六里給楚，否認原先承諾過割地六百里。

　　景翠返楚覆命，楚懷王始知受騙（事詳《史記》之〈楚世家〉、〈屈原賈生列傳〉）。

　　史料 36，《戰國策・西周策》八：

　　楚（懷王）請道於二周之間，以臨韓、魏。（東）周（昭文）君患之。

　　蘇秦謂（東）周（昭文）君曰：「除道屬之於河，韓、魏必惡之。齊、秦恐楚之取九鼎也，必救韓、魏而攻楚。楚不能守方城之外，安能道二周之間？若四國弗惡，君雖不欲與也，楚必將自取之矣。」

　　史料 37，《戰國策・東周策》八：

　　楚攻（韓國）雍氏，（東）周粻（借糧給）秦、韓。楚（懷）王怒（東）

周，（東）周之（昭文）君患之。

　　〔蘇秦〕為（東）周謂楚王曰：「以王之強，而怒（東）周。（東）周恐，必以國合於所與粟之國，則是勁王之敵也。故王不如速解（東）周恐，彼前得罪，而後得解，必厚事王矣。」

　　──二策均言楚將景翠首圍韓國雍氏。事在楚懷王十七年、韓宣王二十一年、秦惠王更元十三年，即周赧王三年、西周惠公五十五年、東周昭文君四十八年（前312），張儀欺楚之次年。二策首段為一事之異文，二策次段前後相連，均為蘇秦的最早史料。〈西周策〉八「蘇秦謂周君」可證，〈東周策〉八原文「為周謂楚王」之前，原有「蘇秦」二字，劉向誤信《史記》蘇秦訛史，於是刪去「蘇秦」，卻漏刪〈西周策〉八之「蘇秦」。舊多誤信《史記》蘇秦訛史，遂視〈西周策〉八為偽託。〈西周策〉八，應編入〈東周策〉八之前，因為周赧王、九鼎此時不在西周國，而在東周國，蘇秦又是東周國人。

　　楚圍雍氏（河南州縣），共計兩次：第一次是楚懷王十七年、韓宣王二十一年、周赧王三年（前312），《史記‧秦本紀》秦惠王更元十三年「楚圍雍氏」記之，〈西周策〉八、〈東周策〉八〈楚攻雍氏〉言之，《竹書紀年》亦曰：「楚景翠圍雍氏。韓宣王卒（前312），秦助韓共敗楚屈丐。」第二次是楚懷王二十九年、韓襄王十二年、周赧王十五年（前300），《史記‧韓世家》韓襄王十二年「楚圍雍氏」記之，〈西周策〉四〈雍氏之役〉、〈韓策二〉一〈楚圍雍氏五月〉言之（見下史料57、58）。《史記‧秦本紀》失記第二次，《史記‧韓世家》失記第一次，《史記‧楚世家》失記兩次。《史記‧周本紀》將第二次「楚圍雍氏」（內容同於〈西周策〉四），誤記於周赧王八年（前307），《史記‧樗里子甘茂列傳》也把「楚懷王以兵圍韓雍氏」誤記於秦昭王立年（前307），其實此年並無「楚圍雍氏」。舊多各憑其中某條或

多條，人言言殊。

去年（前 313）秦相張儀欺騙楚懷王，今年（前 312）楚懷王大怒伐秦，爆發了首次秦、楚大戰。

楚懷王派出兩路楚軍：屈丐率領楚軍主力伐秦之商於（去年張儀佯許之地），景翠率領楚軍一支伐韓之雍氏（因為韓、秦此時連橫結盟）。與此同時，趙軍伐魏北疆，齊、宋聯軍伐魏煮棗（因為魏、秦此時連橫結盟），越軍則救魏。

秦惠王採納張儀之策，派出三路秦軍：張儀死黨、魏人魏章率領秦軍主力，在秦地迎擊屈丐；甘茂率領秦西路軍，伐楚地漢中；樗里疾率領秦東路軍，先救韓地雍氏，後救魏地煮棗。

秦、楚首次爭霸大戰，最終擴大為秦、魏、韓、越、燕五國，又捲入楚、趙、齊、宋四國，形成九國混戰（詳見拙著《莊子傳》五十八章）。

二周均未捲入今年的天下大戰。東周昭文君交結張儀而親秦，借糧給救韓之秦軍，觸怒了楚懷王，於是憂慮楚軍一旦攻取雍氏，可能進入東周奪取九鼎。

蘇秦（約前 350 －前 284）此時約三十九歲，居於洛陽鄉下，聞訊進城，遊說昭文君，借其憂慮，而下說辭，乃謂「齊、秦恐楚之取九鼎」（實非今年天下大戰之主因），預判秦軍「必救韓、魏而攻楚，楚不能守方城之外」，所以無須憂慮楚軍攻取雍氏並入周奪鼎。

昭文君仍然憂慮，於是派遣蘇秦使楚求情。

蘇秦一到楚國，預判已被證實：魏章所率秦軍主力，大敗攻至秦地丹陽（河南西峽丹水北）的楚軍主力，殺死屈丐。甘茂所率秦西路軍，伐楚漢中（楚國漢水中部，並非陝西漢中），取地六百里。樗里疾所率秦東路

軍，救韓雍氏，擊敗景翠（然後又救魏煮棗，擊敗齊、宋）。

楚懷王無暇繼續伐韓，遑論伐東周，而是怒於未得商於之地六百里，反失漢中之地六百里，又發傾國之兵親征秦國，攻至緊鄰秦都咸陽的藍田（陝西西安藍田）而慘敗。首次秦、楚大戰，以楚國大敗告終。秦國從此取代楚國，躍居天下最強。

此時蘇秦尚未返回東周，仍在楚國，於是又拜見也向楚懷王預判伐秦必敗的陳軫，引為同道，進獻挫敗張儀之策。陳軫未予理睬。[081]

史料38，《史記·蘇秦列傳》：

蘇秦者，東周（國）洛陽人也。……出遊數歲，大困而歸。兄（蘇代）弟（蘇厲）嫂妹妻妾竊皆笑之，曰：「周人之俗，治產業，力工商，逐什二以為務。今子釋本而事口舌，困，不亦宜乎！」

蘇秦聞之而慚，自傷，乃閉室不出，出其書遍觀之。曰：「夫士業已屈首受書，而不能以取尊榮，雖多亦奚以為！」於是得周書《陰符》，伏而讀之。期年，以出〈揣摩〉。

曰：「此可以說當世之君矣。」

求說周（顯）〔赧〕王。

（顯）〔赧〕王左右素習知蘇秦，皆少之，弗信。（按：文中二「顯」，均當作「赧」）

—— 事在周赧王四年、西周武公元年、東周昭文君四十九年（前311）；秦、楚大戰次年。《史記》蘇秦訛史，誤前蘇秦之事三十年，因而誤「赧」為「顯」。其實蘇秦在周顯王、周慎靚王時尚未出道，周赧王初年才出道。

---

[081]　《戰國縱橫家書·蘇秦謂陳軫章》：「齊、宋攻魏，楚圍雍氏，秦敗屈丐。蘇秦謂陳軫曰……」
　　　　事在楚懷王十七年（前312）秦、楚大戰下半年。

蘇秦去年（前312）先遊說東周昭文君而使楚，後遊說楚國謀臣陳軫而失敗，大困而歸，回到洛陽鄉下，遭到兄嫂、弟媳嘲笑，因為其兄蘇代、其弟蘇屬均已仕齊而得富貴（《史記》誤以蘇秦為長兄，蘇代為二弟）。於是頭懸梁，錐刺股，發憤讀書一年，撰寫〈揣摩〉等文（後被編入《鬼谷子》）。今年（前311）又從鄉下進城，遊說周赧王。

所謂周赧王「左右素習知蘇秦，皆少之，弗信」，可能與蘇秦的洛陽鄉下口音有關。異地口音，難辨城鄉；本地口音，易辨城鄉。所以天下布衣常常遊仕異邦，因為「外來和尚好唸經」。

史料39，《戰國策·東周策》五：

東周欲為稻，西周不下水，東周患之。

蘇子謂東周（昭文）君曰：「臣請使西周下水，可乎？」

乃往見西周之君（武公）曰：「君之謀過矣！今不下水，所以富東周也。今其民皆種麥，無他種矣。君若欲害之，不若一為下水，以病其所種。下水，東周必復種稻；種稻而復奪之。若是，則東周之民可令一仰西周，而受命於君矣。」

西周君曰：「善。」遂下水。

蘇子亦得兩國之金也。（按：東周三蘇，僅有蘇秦世稱「蘇子」，蘇代、蘇屬則否）

──事在周赧王四年、西周武公元年、東周昭文君四十九年（前311），是緊接史料38的同年之事。《史記·周本紀》未記此事。劉向誤將此策編於〈東周策〉三〈東周與西周戰〉、〈東周策〉四〈東周與西周爭〉之後。舊或誤據《史記》蘇秦訛史，而誤視此策為偽託；又或誤據〈東周策〉誤序，而誤繫於周赧王八年（前307）。交戰之後的齟齬不易調解，交戰之

前的齟齬容易調解，蘇秦此時人微言輕，竟能調解成功，已證事在二周交戰之前。況且此事之後，蘇秦離周仕齊。

「東周欲為稻，西周不下水」，是史載首次二周齟齬。據此推定西周惠公死於去年（前 312），在位五十五年（前 366－前 312）。其子西周武公去年繼位服喪，今年（前 311）即位除喪，始計元年。

二周分立以後，一直不睦。西周惠公可能先是顧念幼弟東周惠公是父君西周威公之愛子，尚存手足之情；後來姪子東周昭文君繼位，又礙於周顯王寄居東周國，所以一直沒對東周國發難。均符合其諡號「惠」。

西周武公為太子之時，可能不滿父君西周惠公對東周國忍讓，因而即位以後，立刻向堂弟東周昭文君發起挑釁，利用天下大旱，洛水流量變小，在上游截斷洛水。後來又征伐東周（見下史料 46－48），助韓、魏擊秦（見下史料 65）。均符合其諡號「武」。

二周首次發生齟齬。東周國人蘇秦聞訊進城，先遊說周赧王而失敗，再遊說昭文君而為其出使西周國，小試牛刀，調解成功，兼得二周之金。但他胸懷大志，不願求仕弱小而且內耗的二周，也不願西行求仕暴秦，去年又已南行求仕強楚受挫，於是追隨其兄蘇代、其弟蘇厲，東行往仕強齊。

張儀、蘇秦相差三十歲，既非同輩，更非同師烏有先生「鬼谷子」的師兄弟，但是均曾交接東周昭文君。東周昭文君為求「安周」而遍禮天下遊士，魏人張儀、楚人景翠年長而名重天下，又有東周相杜赫力薦，因而禮遇較重，本國人蘇秦年輕而聲名未著，又無他人力薦，因而禮遇較輕。

史料 40，《戰國策·魏策四》二十：

周最善齊，翟強善楚。二子者欲傷張儀於魏（襄王）。

張子聞之，因使其人為見者嗇夫。

間見者，因無敢傷張子。

—— 事在秦武王元年、魏襄王九年、楚懷王十九年、齊宣王十年，即周赧王五年、西周武公二年、東周昭文君五十年（前310）；史料39之次年，張儀罷免秦相歸魏之後。舊多不明張儀、周最、翟強史事，或誤視此策為偽託，或誤繫此策於張儀相魏惠王時。

前年（前312）秦、楚大戰，去年（前311）秦惠王死（前337－前311在位），其子秦武王繼位。今年（前310）年初秦武王即位，立刻罷免張儀，驅逐歸魏。不久魏相田需死去，此前均曾相魏的魏人張儀、魏人公孫衍、齊人孟嘗君，於是各自圖謀復任魏相。

「周最善齊」敵秦（此前親秦敵齊，乃是無奈之偽裝，見上史料35），「翟強善楚」敵秦，都不希望親秦而敵齊、楚的張儀復任魏相，二人都打算向魏襄王進言，中傷張儀。二人敵視張儀雖同，主張卻異：周最希望魏襄王按照齊國意願，讓齊相孟嘗君兼任魏相；翟強希望魏襄王按照楚國意願，讓太子魏政自任魏相。

張儀既是魏人，又曾相魏，在魏頗有黨羽。得聞此訊，於是安插親信擔任見者嗇夫，阻止了周最、翟強等敵秦者向魏襄王中傷自己。

齊宣王於是派遣蘇代出使楚、魏。蘇代先至楚，向楚相昭魚探明楚國意願；再使魏，說服魏襄王，讓太子魏政自任魏相。[082] 張儀謀復魏相失

---

[082]　《戰國策·魏策二》：田需死。（楚相）昭魚謂（齊使）蘇代曰：「田需死，吾恐張儀、薛公（孟嘗君田文）、犀首（公孫衍）之有一人相魏者也。」代曰：「然則相者以誰，而君便之也？」昭魚曰：「吾欲太子之自相也。」代曰：「請為君北見梁王，必相之矣。」昭魚曰：「奈何？」代曰：「君其為梁王，代請說君。」昭魚曰：「奈何？」對曰：「代也從楚來，昭魚甚憂。代曰：『君何憂？』（昭魚）曰：『田需死，吾恐張儀、薛公、犀首有一人相魏者也。』代曰：『勿憂也。梁王長主也，必不相張儀。張儀相魏，必右秦而左魏。薛公相魏，必右齊而左魏。犀首相魏，必右韓而左魏。梁王長主也，必不使相也。』王曰：『然則寡人孰相？』代曰：『莫如太子之自相。

敗，今年（前 310）五月死於魏國 [083]。秦軍長期不伐二周的歷史，也就此告終。

　　本節所錄周赧王從東周國遷至西周國之前的二周史料二十六條（史料 15 − 40），涉及東周國（含周王）的多達二十一條，因為周王寄居的東周國是天下中樞；涉及西周國的僅有四條（史料 32、34、35、40），兼及二周的僅有一條（史料 39）。其中三條（史料 26、32、36）涉及秦、齊、魏、楚等列強覬覦九鼎。而周赧王從寄居東周國變成寄居西周國，根源仍是九鼎。

四　周赧王遷至西周國及二周之戰

　　張儀死後，秦武王改變了秦惠王聽從張儀而定的不伐二周之策，決定發兵東周，奪取九鼎，代周為王。

　　秦武王三年、周赧王七年（前 308），是三代周王寄居東周國六十年（前 367 −前 308）的最後一年。秦武王四年、周赧王八年（前 307），是周赧王寄居西周國五十二年（前 307 −前 256）的第一年。兩年之中，東周朝、二周國發生了重大事變，因此史料大多連言兩年之事。為了便於引用和敘述，本文也特闢專節連言兩年之事。周赧王從寄居東周國變成寄居西周國的兩年，二周史料共有十四條（41 − 54）。

　　史料 41，《史記·秦本紀》：

　　　是三人皆以太子為非固相也，皆將務以其國事魏，而欲丞相之璽。以魏之強，而持三萬乘之國輔之，魏必安矣。故曰：不如太子之自相也。』」遂北見梁王，以此語告之，太子果自相。

[083]　《史記·六國年表》秦武王元年（前 310）：「張儀、魏章皆死於魏。」《史記·韓世家·索隱》及《史記·張儀列傳·索隱》均引《竹書紀年》：「（張儀）以今王（魏襄王）九年（前 310）五月卒。」《史記·秦本紀》「（秦武王）二年（前 309），張儀死於魏」，《史記·魏世家》「（魏襄王）十年（前 309），張儀死」，均誤後一年。

（秦武王）三年（前308）……武王謂甘茂曰：「寡人欲容車通三川，窺周室，死不恨矣。」其秋，使甘茂、庶長封（向壽）伐宜陽。（秦武王）四年（前307），拔宜陽。（〈秦策二〉六略同）

史料42，《戰國策・東周策》二：

秦攻宜陽（前308），（東）周（昭文）君謂趙累曰：「子以為何如？」

對曰：「宜陽必拔也。」

君曰：「宜陽城方八里，材士十萬，粟支數年，公仲之軍二十萬，景翠以楚之眾，臨山而救之，秦必無功。」

對曰：「甘茂，羈旅也，攻宜陽而有功，則周公旦也；無功，則削跡於秦。秦（武）王不聽群臣父兄之議而攻宜陽，宜陽不拔，秦王恥之。臣故曰拔。」

君曰：「子為寡人謀，且奈何？」

對曰：「君謂景翠曰：『公爵為執圭，官為柱國，戰而勝則無加焉矣，不勝則死。不如（背）〔胥〕秦（援）〔拔〕宜陽，公進兵。秦恐公之乘其弊也，必以寶事公。公仲慕公之為己乘秦也，亦必盡其寶。』」

秦拔宜陽（前307），景翠果進兵。秦懼，遽效煮棗，韓氏果亦效重寶。景翠得城於秦，受寶於韓，而德東周。

——事在秦武王三年至四年、韓襄王十一年至十二年，即周赧王七年至八年、西周武公四年至五年、東周昭文君五十二年至東周嗣君元年（前308－前307）；發生於公仲朋第二次相韓（前313－前303）時期。

韓國三川郡，處在秦軍前往東周的必經之路。因此秦武王先命甘茂、向壽領兵進攻三川郡之郡治、韓國舊都宜陽，費時八個月攻下。

東周昭文君擔心甘茂攻取韓國宜陽之後，乘勝進攻東周奪取九鼎，於

是採納趙累之策，以利誘使楚將景翠率領楚軍，阻止了甘茂進攻東周。景翠終於回報了二十多年前（前 333）昭文君的禮遇之恩。

此後再無昭文君史料，綜合各項史證推定：秦攻宜陽（前 308）之年，當為東周昭文君死年。秦拔宜陽（前 307）之年，當為東周嗣君元年。

東周昭文君擔心秦武王先攻宜陽、後伐東周，老病憂急而死，在位五十二年（前 359 －前 308）。其子東周嗣君即位以後，不再重用杜赫。杜赫於是因緣老友景翠，離周仕楚。

離秦仕楚的陳軫，不願名重天下的杜赫危及自己在楚之地位（陳軫拒絕蘇秦至楚獻策，原因相同），於是百般排擠刁難杜赫。杜赫未能得到楚懷王重用（參看〈楚策一〉十五「楚杜赫說楚王以取趙」），後來又為韓相公仲朋使秦（參看〈韓策一〉十六「公仲以宜陽之故仇甘茂」）。因其無關二周，不再贅述。

東周昭文君，頗有祖父西周威公之風。西周威公禮賢下士而師事宵越，終其一生西周國免於國難。東周昭文君禮賢下士而師事杜赫，終其一生東周國免於征伐。賈誼《過秦論》曰：「六國之士，有宵越、徐尚、蘇秦、杜赫之屬為之謀，齊明、周最、陳軫、昭滑、樓緩、翟景、蘇厲、樂毅之徒通其意，吳起、孫臏、帶佗、倪良、王廖、田忌、廉頗、趙奢之倫制其兵。」首句所舉六國四大謀士，宵越是西周國謀士，徐尚是趙國謀士，蘇秦是燕國謀士（東周國人），杜赫是東周國謀士。次句第一齊明也是東周國謀士，第二周最也是西周國謀士。可見強大的七雄均非天下中樞，弱小的二周才是天下中樞。因為七雄爭奪的天下是東周朝之天下，只要身為「天下共主」的周王尚在，二周就是群策所集、群力所指之箭堆。儘管秦火漢黜導致戰國史殘缺、二周史亡佚，但是宵越、杜赫、齊明、周

最等二周謀士主導天下中樞的重要作用仍然不可小覷。

西周惠公、東周惠公均承西周威公，又均自居正統。西周惠公之子西周武公，仍然稱「公」，尚武逞強，除了挑釁東周，又與列強爭雄。東周惠公之子昭文君，則採納杜赫之策，以「安天下」而求「周自安」，由「公」降「君」，自貶其號，除了忍讓西周，又向列強示弱。二周國策不同，其後國運也異。

史料43，《戰國策・西周策》十三：

秦（武王）欲攻（東）周。

周最謂秦（武）王曰：「為王之國計者，不攻（東）周。攻（東）周，實不足以利國，而聲畏天下。天下以聲畏秦，必東合於齊。兵弊於（東）周，而合天下於齊，則秦孤而不王矣。是天下欲罷秦，故勸王攻（東）周。秦與天下俱罷，則令不橫行於周矣。」

—— 事在秦武王四年，即周赧王八年、西周武公五年、東周嗣君元年（前307）；緊接上文，秦拔宜陽稍後。劉向誤編於〈西周策〉，應編入〈東周策〉，因為秦武王欲入東周奪取九鼎，此時九鼎不在西周。《史記・周本紀》誤書此事於周赧王四十五年（前270，秦昭王三十七年），誤後三十七年；舊多誤從。周赧王八年，周最尚未公開反秦，所以面諫秦武王，其時齊強而趙弱，也合於周最諫言。周赧王四十五年，周最早已公開反秦，不可能面諫恨其入骨的秦昭王（詳下史料76），其時齊衰而趙盛，也不合周最諫言。

秦武王原本希望甘茂攻取宜陽之後，一舉伐滅東周，奪取九鼎，代周為王。此時周最尚未撕破親秦假面，因此秦拔宜陽之後，向秦武王諫阻秦軍進入東周。

秦武王不聽。

史料 44，《戰國策·西周策》三：

秦（武王）令樗里疾以車百乘入（東）周，（東）周（嗣）君迎之以卒，甚敬。

楚（懷）王怒，讓（東）周，以其重秦客。

游騰〔為東周嗣君〕謂楚（懷）王曰：「昔智伯欲伐厹由，遺之大鐘，載以廣車，因隨入以兵，厹由卒亡，無備故也。桓公伐蔡也，號言伐楚，其實襲蔡。今秦者，虎狼之國也，兼有吞周之意；使樗里疾以車百乘入（東）周，（東）周（嗣）君懼焉，以蔡、厹由戒之。故使長兵在前，強弩在後，名曰衛（樗里）疾，而實囚之也。（東）周（嗣）君豈能無愛國哉？恐一日之亡國，而憂大王。」

楚（懷）王乃悅。（《史記·樗里子甘茂列傳》略同）

——事在秦武王四年、楚懷王二十二年，即周赧王八年、西周武公五年、東周嗣君元年（前 307）；年中，緊接上文，楚怒東周而欲伐之後。秦軍所入，楚懷王所怒，均為東周國。劉向誤編於〈西周策〉，應編入〈東周策〉。

秦武王儘管不聽周最諫阻，但是鑑於甘茂受阻於楚將景翠，深知伐滅東周、奪取九鼎、代周為王的時機尚未成熟；為免激怒天下列強，於是放棄強攻東周，改變策略，命令左丞相甘茂率領大軍返秦，改命右丞相樗里疾率領兵車百乘訪問東周，試探東周嗣君、周赧王、天下列強的反應。

東周嗣君遵循其父昭文君的親秦「安周」之策，開啟洛陽城門，迎接樗里疾的兵車百乘進入東周國都。樗里疾進入王宮，向周赧王提出：秦武王準備親至東周，試舉周鼎，先派自己前來接洽。周赧王嚴詞拒絕。樗

里疾大怒，不僅把周赧王逐出了王宮，而且逐出了東周國，強遷至西周國。[084]

楚懷王聞訊大怒，遷怒東周嗣君，準備征伐東周國。

東周嗣君聞訊大恐，派遣游騰使楚，謊稱迎接樗里疾進入洛陽，意在誘敵深入，即將囚禁樗里疾。

楚懷王將信將疑，欲觀後效，暫時不伐東周。[085]

史料 45，《戰國策‧秦策五》一：

〔周最〕謂秦（武）王曰：「臣竊惑王之輕齊、易楚，而卑畜韓也。臣聞：『王，兵勝而不驕；伯，主約而不忿。』勝而不驕，故能服世；約而不忿，故能從鄰。今王廣德魏、趙，而輕失齊，驕也；戰勝宜陽，不恤楚交，忿也。驕、忿非伯王之業也。臣竊為大王慮之，而不取也。《詩》云：『靡不有初，鮮克有終。』故先王之所重者，唯始與終。何以知其然？昔智伯瑤殘范、中行，圍逼晉陽，卒為三家笑；吳王夫差棲越於會稽，勝齊於艾陵，為黃池之遇，無禮於宋，遂與勾踐禽，死於干隧；梁（惠）君伐楚勝齊，制趙、韓之兵，驅十二諸侯以朝天子於孟津，後（太）子（魏申）死（於馬陵），身布冠而拘於齊。三者非無功也，能始而不能終也。今王破宜陽，殘三川，而使天下之士不敢言；雍天下之國，徙兩周之疆，而世主不敢交；塞陽侯，取黃棘，而韓、楚之兵不敢進。王若能為此尾，則三王不

---

[084] 楊寬：《戰國史料編年輯證》（上海人民出版社，2001 年，第 513 頁）：「可知周赧王徙居（西周國之）王城，當在八年以後。」周赧王徙居西周，《史記‧周本紀》誤書於周赧王元年。楊寬「當在八年以後」，乃謂周赧王八年（前 307）徙居西周，「以後」一直居於西周；非謂「八年以後」某年才徙居西周。

[085] 《史記‧周本紀》於「楚（懷王）以（東）周為秦故，將伐之」之後，續書：「蘇代為（東）周說楚王曰：『何以（東）周為秦之禍也？言（東）周之為秦甚於（為）楚者，欲令（東）周入秦也，故謂周秦也。（東）周知其不可解，必入於秦，此為秦取周之精者也。為王計者，（東）周於秦，（楚）因善之，不於秦，（楚）亦言善之，以疏之於秦。（東）周絕於秦，必入於郢矣。』」則蘇代（或蘇秦）亦曾勸阻楚伐東周。

足四，五伯不足六。王若不能為此尾，而有後患，則臣恐諸侯之君，河、濟之士，以王為吳、智之事也。《詩》云：『行百里者，半於九十。』此言末路之難。今大王皆有驕色，以臣之心觀之，天下之事，依世主之心，非楚受兵，必秦也。何以知其然也？秦人援魏以拒楚，楚人援韓以拒秦，四國之兵敵，而未能復戰也。齊、宋在繩墨之外以為權，故曰先得齊、宋者成。秦先得齊、宋，則韓氏鑠；韓氏鑠，則楚孤而受兵也。楚先得齊、宋，則魏氏鑠；魏氏鑠，則秦孤而受兵矣。若隨此計而行之，則（兩）〔柄〕國者必為天下笑矣。」

——事在秦武王四年，即周赧王八年、西周武公五年、東周嗣君元年（前307）；年中，緊接上文，秦遷周赧王至西周國之後。〈西周策〉十三可證，〈秦策五〉一「謂秦王」前，原有「周最」二字。劉向僅知周最後期敵秦，不知其早期親秦，於是刪去「周最」，卻漏刪〈西周策〉十三之「周最」。

周最首先諫阻秦軍進入東周，秦武王儘管不聽，卻把大軍直入東周，改為兵車百乘入東周，把周赧王從東周強遷至西周。周最進而諫阻秦軍把周赧王從東周強遷至西周，秦武王仍然不聽。從此以後，周最撕下親秦假面，公開敵秦，成為「以天下辱秦者」（見下史料61）。

秦武王不聽周最二諫，在樗里疾把周赧王從東周強遷至西周以後，率領任鄙、烏獲、孟說等大力士親往東周，進入洛陽太廟舉鼎，絕臏猝死[086]，點燃了二周開戰的導火線。

史料46，《戰國策·東周策》四：

東周與西周爭，西周欲和於楚、韓。齊明謂東周（嗣）君

---

[086]　《史記·秦本紀》：「（秦武王）四年，拔宜陽。……王與孟說舉鼎，絕臏。」《史記·趙世家》：「秦武王與孟說舉龍文赤鼎，絕臏而死。」

曰：「臣恐西周之與楚、韓寶，令之為己求地於東周也。不如謂楚、韓曰：『西周之欲入寶，持二端。今東周之兵不急西周，西周之寶不入楚、韓。』楚、韓欲得寶，即且趣我攻西周。西周寶出，是我為楚、韓取寶以德之也，西周弱矣。」

史料 47，《戰國策・東周策》三：

東周與西周戰，韓救西周。〔齊明〕為東周謂韓（襄）王曰：「西周者，故天子之國也，多名器重寶。案兵而勿出，可以德東周，西周之寶可盡矣。」

史料 48，《史記・周本紀》：

（周赧王）八年，秦攻宜陽，楚救之。而楚以（東）周為秦故，將伐之。……東周與西周戰，韓救西周。（下同〈東周策〉三，略）

—— 事在秦武王四年、楚懷王二十二年、韓襄王五年，即周赧王八年、西周武公五年、東周嗣君元年（前 307）；下半年，緊接上文，秦武王進入東周舉鼎猝死之後。二策事涉二周，儘管是西周伐東周，但是出策應對西周之伐的是東周君臣，所以劉向編於〈東周策〉不誤，然而排序有誤：第四策齊明進言東周嗣君，欲阻楚、韓支持西周，應在前；第三策齊明進言韓襄王，阻其支持西周，應在後。杜赫於昭文君死後轉而仕楚，齊明遂成東周嗣君的主要謀士。

周赧王剛被秦軍強遷至西周，一聞秦武王舉鼎猝死，立刻命令西周武公征伐東周，既洩三代周王六十年受制於東周國君之積憤，又報東周嗣君媚秦開城、聽憑秦軍驅逐自己之新恨。

西周武公對待東周，雖比其父西周惠公強硬，但是礙於周赧王寄居於東周，此前不敢征伐東周，僅有截流斷水之類挑釁（見上史料 39），如今

周赧王遷居西周，已無顧忌，於是命令太子姬共領兵征伐東周。又借用天子名義，重寶賄賂楚、韓，邀其出兵相助。

楚懷王眼見東周嗣君又迎秦武王入周舉鼎，始知游騰謊稱即將囚禁樗里疾（史料44）乃是欺騙。韓襄王剛被秦軍攻破舊都宜陽，也遷怒於東周嗣君媚秦。於是楚、韓各自出兵，支持西周征伐東周。[087]

東周謀士齊明欲阻楚、韓助西周伐東周，失敗。二周在六十年不睦、齟齬之後，終於首次動兵。

史料49，《戰國策·東周策》二四：

（西）周（武公之）共太子死，（西周武公）有五庶子，皆愛之，而無適立也。司馬翦謂楚（懷）王曰：「何不封公子咎，而為之請太子？」……（楚）相國令之（公子咎）為太子。

史料50，《史記·周本紀》：

慎靚王立六年，崩，子赧王延立。王赧時東西周分治。王赧徙都西周，西周武公之共太子死。（下同〈東周策〉二四，略）

——事在楚懷王二十二年，即周赧王八年、西周武公五年、東周嗣君元年（前307）；下半年，緊接上文，二周交戰餘緒之一。劉向誤以為「周共太子」是周赧王太子（誤從者眾），又誤以為周赧王仍居東周國，因而誤編於〈東周策〉，應編入〈西周策〉。《史記·周本紀》明言「西周武公之共

---

[087]　《史記·韓世家·集解》「徐廣曰」業已辨明，楚圍韓之雍氏，共計二次，一為周赧王三年、韓宣王二十一年（前312），二為周赧王十五年、韓襄王十二年（前300）。《史記·周本紀》僅記一次，誤書於周赧王八年；《史記·韓世家》僅記一次，誤書於韓襄王五年，文與《戰國策·西周策》四「雍氏之役」（楚再圍雍氏）略同；《史記·樗里子甘茂列傳》亦誤書秦昭王立年（前307，秦武王四年死，同母弟秦季君繼位，異母弟秦昭王尚未篡位）「楚懷王怨前秦敗楚於丹陽而韓不救，乃以兵圍韓雍氏」。秦武王於周赧王八年、韓襄王五年（前307）遷周赧王至西周國，而後至東周國之洛陽舉鼎而死，而後二周相戰，楚、韓皆怒東周國而助西周國，此年並無「楚圍雍氏」之事。

太子死」，而且書於「王赧徙都西周」之後；然而司馬遷不知二事之年，出於無奈才書於「慎靚王立六年，崩，子赧王延立」之後。舊多不明《史記·周本紀》書法，誤繫二事於周赧王元年（前314）。《史記·周本紀》「王赧時東、西周分治」，則是司馬遷不知「東、西周分治」始於周赧王祖父周顯王而誤書。《史記·周本紀·索隱》被劉向誤編的〈東周策〉二四誤導，妄注「西周武公」曰：「《戰國策》作『東周武公』。」其實〈東周策〉二四僅有「周共太子死」，絕無「東周武公」。東周國不僅從無「武公」，而且只有第一君惠公稱「公」，第二君昭文君即已貶號稱「君」，後君沿之。《史記·周本紀·集解》注「西周武公」曰：「（西周）惠公之長子。」不誤。

〈周本紀〉、〈東周策〉僅言二周交戰，未言勝敗。以理推之，西周國若勝，即使周赧王不返洛陽，也必撤銷東周國之封，既然周赧王此後一直寄居西周國，也未撤銷東周國之封，可證西周國戰敗。西周武公太子姬共，當為征伐東周失敗而死。

楚懷王助西周伐東周失敗，而西周武公之太子姬共戰死，於是希望控制未來的西周國君，進而控制被秦強遷至西周的周赧王，以便挾天子以令諸侯，於是採納大司馬昭翦之策，擁立親楚的西周武公五庶子之一姬咎為西周國新太子，成功。

史料51，《戰國策·西周策》十五：

〔司馬悍〕謂齊（宣）王曰：「王何不以地齎周最以為（西周）太子也？」

齊（宣）王令司馬悍以賂進周最於（西）周。

──事在齊宣王十三年，即周赧王八年、西周武公五年、東周嗣君元年（前307）；下半年，與上同時，二周交戰餘緒之二。舊多不明《史記·

周本紀》書法，誤以為西周武公之共太子死於周赧王元年（前 314），因而誤繫此策之年。

齊宣王與楚懷王心思相同，也希望控制未來的西周國君，進而控制被秦強遷至西周的周赧王，以便挾天子以令諸侯，於是採納司馬悍之策，擁立親齊的西周武公五庶子之一周最為西周國新太子，失敗。

史料 52，《戰國策·西周策》九：

> 司寇布為周最謂（西）周君曰：「君使人告齊（宣）王以周最不肯為太子也，臣為君不取也。函冶氏為齊太公買良劍，公不知善，歸其劍而責之金。越人請買之千金，折而不賣。將死而屬其子曰：『必無獨知！』今君之使（周）最為太子，獨知之契也，天下未有信之者也。臣恐齊王之為君實立某而讓之於（周）最，以嫁之齊也。君為多巧，（周）最為多詐，君何不買信貨哉？奉養無有愛於（周）最也，使天下見之。」

—— 事在齊宣王十三年，即周赧王八年、西周武公五年、東周嗣君元年（前 307）；下半年，緊接上文，西周武公立姬咎為新太子稍後，二周交戰餘緒之三。劉向排序顛倒，〈西周策〉十五應在前，〈西周策〉九應在後。

西周武公聽從楚懷王，立姬咎為新太子；不聽齊宣王，不立周最為新太子。真實原因，乃是楚助西周伐東周，齊未助西周伐東周，而且楚近齊遠。但其拒絕齊宣王的虛假託辭，卻是「周最不肯為太子」。

司寇布認為，如此難以蒙人的假話，必將得罪強齊。於是建議西周武公圓謊彌補，讓周最享有庶子之中最為優厚的爵祿地位。[088]

---

[088]　姬共、姬咎、周最均為西周武公之子，原均姓姬。三人正式稱呼，原為「周太子共」、「周公子咎」（後稱「周太子咎」）、「周公子最」。周最後來離開西周，仕於魏、齊，影響遍及天下，天下簡稱「周公子最」為「周最」。

史料 53，《戰國策·東周策》二七：

昭翠與東周惡。

或（為東周）謂昭翠曰：「為公畫陰計。」

昭翠曰：「何也？」

「西周甚憎東周，常欲東周與楚惡。西周必令賊賊公，因宣言東周（所為）也，以西周（武公）之於（楚懷）王也善。」

昭翠曰：「吾又恐東周之賊己，而以誣西周惡之於楚。」遂和東周。

　　── 事在楚懷王二十二年，即周赧王八年、西周武公五年、東周嗣君元年（前 307）；下半年，與上同時，二周交戰餘緒之四。

　　景翠與東周善，所以率領楚軍阻止了攻破宜陽的甘茂秦軍直入東周（見上史料 42）。

　　「昭翠與東周惡」，所以先率楚軍助西周伐東周，後又獻策擁立西周國新太子姬咎。

　　東周嗣君不願昭翠繼續鼓動楚懷王敵視東周，於是用計緩解昭翠對東周之敵意。昭翠也不願成為二周敵對的犧牲品，於是不再與東周敵對。

史料 54，《呂氏春秋·貴卒》：

（西）周武君使人刺伶悝於東周。

伶悝僵，令其子速哭曰：「以誰刺我父也？」

刺者聞，以為死也。

（西）周（武君）以為（刺者）不信，因厚罪之。

　　── 事在周赧王八年、西周武公五年、東周嗣君元年（前 307）；下半年，二周交戰餘緒之五。

西周武公征伐東周失敗，太子姬共戰死，大為不忿，遂命刺客刺殺東周嗣君的寵臣伶悝。伶悝受傷沒死，命子假哭。刺客以為刺殺成功，返報覆命。後來西周武公得知伶悝沒死，認為刺客謊報騙賞，重治其罪。

今年（前 307）周赧王被秦從東周強遷至西周，引發西周伐東周，楚、韓助西周，西周太子戰死，楚、齊爭立西周新太子等等連鎖反應，乃是天下中樞轉移、戰國格局變動的重大事變，因而史料眾多。舊皆不明二周史，未能明辨先後因果，因而眾多珍貴史料，淪為斷線散珠。

綜上可知，〈周本紀〉：「王赧時東、西周分治。王赧徙都西周。」前句誤，東、西周分治，始於周顯王二年（前 367）。後句不誤，但是未言時間，「徙都」又是「尊王」之飾詞，當從《世本‧居篇》：「赧王徙居西周。」因為周赧王並非主動離開東周國，而是被秦強遷至西周國。時間是周赧王八年（前 307）下半年，秦國左相甘茂攻取韓國宜陽之後，秦武王至東周國都洛陽舉鼎猝死之前，強遷者是秦惠王之弟、秦武王之叔、秦國右相樗里疾。

本節所錄周赧王從東周國遷至西周國之際的二周史料十四條（41 ─ 54），無論是僅言東周，還是僅言西周，無不兼及二周，因為均與秦把周赧王從東周強遷至西周、二周之戰有關。

五　末代周王寄居西周國五十二年

周赧王被秦從東周國強遷至西周國，從此寄居西周國五十二年（前 307 ─前 256），盡失「天下共主」之虛名，列強代周為王的征戰進一步更新。這一時期較為重要的二周史料，共計四十二條（55 ─ 94）。涉及東周國的僅有六條（55、57、64、86、93、94），兼及二周的僅有二條（69、

84）；涉及西周國（含周王）的多達三十二條，因為周王寄居的西周國，已經取代東周國，成了天下中樞。

這一時期又可分為兩大階段。本節先言第一階段，即周赧王寄居西周國的最初二十年（前307－前288），史料三十條（55－84）。

史料55，《戰國策·西周策》七：

楚兵在山南，吾得將，為楚（懷）王屬怒於（東）周。

或謂（東）周（嗣）君曰：「不如令太子將軍正迎吾得於境，而君自郊迎，令天下皆知君之重吾得也。因洩之楚曰：『（東）周君所以事吾得者，器名曰某。』楚（懷）王必求之，而吾得無效也，王必罪之。」

附《竹書紀年》（《水經·伊水注》引）：

楚吾得帥師及秦伐鄭（韓），圍綸氏。[089]

附《竹書紀年》（《水經·河水注》引）：

翟章救鄭（韓），次於南屈。[090]

—— 事在秦昭王三年、楚懷王二十五年、韓襄王八年、魏襄王十五年，即周赧王十一年、西周武公八年、東周嗣君四年（前304）；周赧王遷至西周第四年。劉向不明楚懷王怒東周而親西周，誤編於〈西周策〉，應編入〈東周策〉。舊或誤繫於周赧王十五年（前300），此年秦昭王加入孟嘗君策動的齊、魏、韓合縱伐楚（見下史料56），楚、秦不可能共同伐韓。

秦武王（秦惠王嫡長子，生母魏氏）舉鼎猝死（前307），年僅二十三

---

[089]　《路史·後紀》卷十三注引《竹書紀年》：「楚吾得及秦師伐鄭，圍綸。」《後漢書·黃瓊傳》注引《竹書紀年》：「楚及秦伐鄭綸氏。」《太平寰宇記》卷四引《竹書紀年》：「楚及秦伐鄭，圍綸氏。」楊寬：《戰國史料編年輯證》（上海人民出版社，2001年，第628頁）：「綸氏在今河南伊川縣與登封縣之中間，正當緱氏、轘諸山之南。」

[090]　《太平寰宇記》卷四、《漢書·地理志》注引，同於《水經·河水注》引。

歲，無子，同母弟秦季君嬴壯繼位為秦季君（未入年表）；趙武靈王為了亂秦，把在燕為質的秦惠王庶子嬴稷（生母楚女芈八子）護送歸秦，挑起秦國爭位之亂，隨即實行胡服騎射。前年（前306）嬴稷逐兄（秦季君）篡位，成為秦昭王，與趙結盟。去年（前305）秦昭王弒殺秦季君，爭位之亂結束。今年（前304）秦昭王邀請楚懷王在黃棘會盟，歸還上庸六縣給楚，與楚結盟；秦、楚隨即共伐韓國綸氏（今河南伊川、登封之間），伐韓的楚將是吾得。

東周嗣君三年前（前307）觸怒楚懷王，如今擔心吾得伐破韓國綸氏之後，危及東周國；由於秦、楚聯合伐韓，不能指望秦救東周。某人於是獻策：先派東周國太子在邊境迎接吾得，然後東周嗣君親自郊迎，假裝親楚。再派人密報楚懷王，謊告委託吾得向楚懷王敬獻重器。吾得交不出重器，將被楚懷王治罪。

離間計是否實施，是否成功，今已難明。由於吾得僅見於此，後不復見，況且楚懷王極易上當受騙，可能楚懷王確實中計，誅殺或罷免了吾得。

秦、楚最終未能攻破韓國綸氏，主要原因是魏襄王派遣翟章救韓，兵至南屈，秦、楚被迫退兵。即使楚懷王被東周國離間而疑心吾得，也是次要原因。

史料56，《呂氏春秋・處方》：

齊令章子（匡章）將，而與韓、魏攻荊，荊令唐蔑將而應之。軍相當，六月而不戰。

齊（相孟嘗君）令周最趣章子急戰，其辭甚刻。

章子對周最曰：「殺之免之，殘其家，王能得此於臣。不可以戰而戰，

可以戰而不戰，王不能得此於臣。」

與荊人夾沘水而軍。章子令人視水可絕者，荊人射之，水不可得近。有芻水旁者，告齊候者曰：「水淺深易知。荊人所盛守，盡其淺者也；所簡守，皆其深者也。」候者載芻者，與見章子。章子甚喜，因練卒以夜奄荊人之所盛守，果殺唐蔑。

──事在齊宣王十九年、魏襄王十八年、韓襄王十一年、秦昭王六年，即周赧王十四年、西周武公十一年、東周嗣君七年（前 301）；秦、楚伐韓綸氏之後三年，孟嘗君策動齊、魏、韓三國合縱伐楚五年（前 303 ─ 前 299）之第三年。

楚懷王三年前（前 304）背叛合縱，與秦結盟，助秦伐韓綸氏，激怒了山東諸侯，於是齊相孟嘗君策動齊、魏、韓三國合縱伐楚。合縱伐楚第一年（前 303），秦昭王命令客卿通救楚，三國被迫退兵。合縱伐楚第二年（前 302），秦昭王樂見合縱諸侯互戰，不再救楚。合縱伐楚第三年（前 301），秦昭王反而加入伐楚，變成了齊、魏、韓、秦四國伐楚。

周最公開敵秦以後，積極推助孟嘗君策動的合縱伐秦，如今也熱心參與孟嘗君策動的合縱伐楚，一是因為楚懷王叛縱助秦，二是因為楚懷王擁立姬咎為西周國新太子，導致周最沒能成為西周國新太子。

今年四國伐楚，秦軍從西北向南攻楚。三國聯軍從東北向南攻楚，統帥是齊將匡章。匡章受阻於沘水，六月不戰，於是周最奉孟嘗君之命到前線嚴辭斥責。匡章伐楚大勝，殺死楚軍主將唐蔑（又作唐昧、唐眜）。[091]

史料 57，《戰國策·西周策》四：

---

[091] 《史記·楚世家》：「楚懷王二十八年（前 301），秦乃與齊、韓、魏共攻楚，（齊、韓、魏）殺楚將唐眜，（秦）取我重丘而去。」

雍氏之役，韓（襄王）徵甲與粟於（東）周。

（東）周（嗣）君患之，告蘇代。

蘇代曰：「何患焉？代能為君令韓不徵甲與粟於（東）周，又能為君得高都。」

（東）周（嗣）君大悅曰：「子苟能，寡人請以國聽！」

蘇代遂往見韓相國公仲曰：「公不聞楚計乎？昭應謂楚（懷）王曰：『韓氏罷於兵，倉廩空，無以守城，吾收之以飢，不過一月必拔之。』今圍雍氏五月不能拔，是楚病也。楚王始不信昭應之計矣。今公乃徵甲及粟於（東）周，此告楚病也。昭應聞此，必勸楚王益兵守雍氏，雍氏必拔。」

公仲曰：「善。然吾使者已行矣。」

代曰：「公何不以高都與（東）周？」

公仲怒曰：「吾無徵甲與粟於（東）周，亦已多矣。何為與高都？」

代曰：「與之高都，則（東）周必折而入於韓，秦聞之必大怒，而焚（東）周之節，不通其使，是公以弊高都得完（東）周也，何不與也？」

公仲曰：「善。」不徵甲與粟於（東）周而與高都。

楚卒不拔雍氏而去。（〈韓策二〉一、〈周本紀〉略同）

——此為楚將景翠二圍韓國雍氏。事在楚懷王二十九年、韓襄王十二年，即周赧王十五年、西周武公十二年、東周嗣君八年（前300）；匡章敗楚唐蔑之次年，孟嘗君合縱伐楚五年之第四年。《史記·周本紀》明言「東周君」不誤，書於周赧王八年則誤[092]。劉向誤編於〈西周策〉，應編入〈東周策〉，因為高都是昭文君七年（前353）韓攻東周之時所獻之地（見

---

[092]　《史記·周本紀》：「（赧王）八年……楚圍雍氏，韓徵甲與粟於東周，東周君恐，召蘇代而告之。……果與（東）周高都。」

上史料 19），蘇代又是東周國人。策文「韓相國公仲」亦誤，韓襄王響應孟嘗君伐楚伐秦期間，韓相均為敵秦的公叔，均非親秦的公仲朋。

今年韓襄王太子韓嬰死去。楚懷王欲立在楚為質的韓襄王庶子幾瑟為韓國新太子，又命景翠圍攻韓國雍氏；並命昭獻護送幾瑟至陽翟（今河南禹縣附近），等待景翠攻取雍氏之後，強迫韓襄王立幾瑟為新太子。

景翠攻打雍氏五個月，不能攻破。雍氏守軍糧盡告急，於是韓襄王向東周國徵兵徵糧。

仕齊的東周國人蘇代（蘇秦之兄）於是為東周嗣君使韓，說服韓相公叔，不再向東周國徵兵徵糧，反而歸還了五十三年前所侵之地高都。

史料 58，《戰國策‧東周策》六：

昭獻在陽翟，（西）周（武）君將令相國（韓慶）往。相國將不欲。

蘇屬為之謂（西）周（武）君曰：「楚（懷）王與魏（襄）王遇也，主君令陳封之楚，令向公（韓人冷向）之魏。楚、韓之遇也，主君令許公之楚，令向公之韓。今昭獻非人主也，而主君令相國往；若其王在陽翟，主君將令誰往？」

（西）周（武）君曰：「善。」乃止其行。

—— 此與楚將景翠二圍韓國雍氏同時。事在楚懷王二十九年、韓襄王十二年，即周赧王十五年、西周武公十二年、東周嗣君八年（前 300）。劉向誤編於〈東周策〉，應編入〈西周策〉，因為東周國親秦，非楚盟國，不可能干預楚立韓儲。

上文已言，楚將景翠二圍韓國雍氏之時，楚臣昭獻護送幾瑟至陽翟，準備送歸幾瑟立為韓國新太子。

西周武公不欲楚國立幾瑟為韓國新太子，想派相國韓慶前往陽翟阻

止。韓慶擔心觸怒楚懷王，不願前往。仕齊的東周國人蘇厲（蘇秦之弟）於是為韓慶出面（當為韓慶所請），向西周武公進言。西周武公聽從蘇厲，不再派遣韓慶前往陽翟。

景翠圍攻雍氏五個月 [093]，由於齊、魏、秦出兵救韓而退兵，幾瑟未能歸韓成為新太子。

救韓的秦軍隨即移師伐楚，攻取八城，殺死景翠。[094] 由於秦昭王一再背盟伐楚，次年（前 299）楚懷王也怒而背盟親齊。齊相孟嘗君策動的齊、魏、韓三國合縱伐楚五年（前 303 －前 299）告終，轉入齊、魏、韓三國合縱伐秦三年（前 298 －前 296）。

史料 59，《戰國策·西周策》一：

薛公（孟嘗君）以齊為韓、魏攻楚（前 303 －前 299），又與韓、魏攻秦（前 298 －前 296），而借兵乞食於西周（前 298）。

（西周相）韓慶為西周謂薛公曰：「君以齊為韓、魏攻楚五年 [095]，取宛、葉以北，以強韓、魏，今又攻秦益之。韓、魏南無楚憂，西無秦患，則地廣而益重，齊必輕矣。夫本末更盛，虛實有時，竊為君危之。君不如令弊邑陰合於秦，而君無攻，又無借兵乞食。君臨函谷而無攻，令弊邑以君之情謂秦（昭）王曰：『薛公必〔不〕破秦以張韓、魏，所以進兵者，

---

[093]　見上史料 64，《戰國策·西周策》：「今圍雍氏五月不能拔。」參看《戰國策·韓策二·楚圍雍氏五月》，又其言及「宣太后」，可證《戰國策·西周策》、《戰國策·韓策二》均言楚再圍雍氏（前 300）。楚首圍雍氏在秦惠王更元十三年，其時秦昭王母羋八子為秦惠王妃；再圍雍氏在秦昭王七年，其時秦昭王母羋八子進號為「宣太后」。

[094]　《史記·秦本紀》：「秦昭王九年（當作七年，前 300），奐攻楚，取八城，〔羋戎拔新城〕，殺其將景（快）〔＝缺、翠〕。」《史記·六國年表》楚懷王二十九年（前 300）：「秦取我襄城，殺景（缺）〔翠〕。」史料所言於楚懷王二十九年之「景翠」，均為「景鯉」之訛。見上 141 頁注①。

[095]　《戰國策·燕策一》：「（齊）南攻楚五年（前 303 －前 299），畜積散。西困秦三年（前 298 －前 296），民憔悴，士罷弊。」《史記·蘇秦列傳》：「今夫齊，長主而自用也。南攻楚五年，畜聚竭；西困秦三年，士卒罷敝。」

欲王令楚割東國以與齊也。』秦（昭）王出楚（懷）王因為和，君令弊邑以此德秦，秦得無破，而以楚之東國自免也，必欲之。楚（懷）王出（秦返楚），必德齊，齊得東國而益強，而薛世世無患。秦不大弱，而處之三晉之西，三晉必重齊。」

薛公曰：「善。」因令韓慶入秦，而使三國無攻秦，而使不借兵乞食於西周。

—— 事在齊湣王三年、魏襄王二十一年、韓襄王十四年、秦昭王九年、楚懷王三十一年（＝楚頃襄王元年），即周赧王十七年、西周武公十四年、東周嗣君十年（前298）；孟嘗君策動齊、魏、韓三國合縱伐秦三年（前298 －前296）之第一年。

秦昭王怒於楚懷王去年（前299）叛盟親齊，今年（前298）邀其在秦地武關（陝西丹鳳）會盟，劫持至咸陽囚禁（其子楚頃襄王自齊返楚即位，立刻改元）。齊相孟嘗君立刻以救楚懷王為名義，發動齊、魏、韓三國合縱伐秦。齊將匡章統帥三國聯軍，迅速收復四世秦軍東侵魏、韓之地，攻至函谷關。聯軍大勝而損兵，糧草也告急，於是就近向西周國借兵借糧。

西周武公儘管敵秦，然而擔心聯軍像公孫衍伐秦一樣先勝後敗，若對聯軍資兵資糧，西周國必將遭秦報復，於是派遣相國韓慶勸說孟嘗君不再攻入函谷關，而由西周國出面調停：秦昭王勸說楚懷王割讓東地（越地）給齊，釋放楚懷王歸楚；三國與秦罷兵。

孟嘗君認為聯軍收復秦軍東侵之地較易（秦國守軍較少，聯軍又得秦侵之地的魏、韓之民配合），攻破函谷關深入秦國本土較難，於是同意西周國出面調停，不再向西周國借兵借糧。

史料 60，《戰國策·東周策》二五：

（齊、魏、韓）三國隘秦，（西）周（武公）令其相（韓慶）之秦。

（或）以秦之輕（西周）也，留其行。

有人謂相國曰：「秦之輕重（西周），未可知也。秦欲知三國之情，公不如遂見秦（昭）王曰：『請為王，聽東方之處！』秦必重公，是公重（西）周，重（西）周以取秦也。齊重（西周），故有（西）周，而已取齊。是（西）周常不失重國之交也。」

　　—— 事在齊湣王三年、魏襄王二十一年、韓襄王十四年、秦昭王九年、楚懷王三十一年（＝楚頃襄王元年），即周赧王十七年、西周武公十四年、東周嗣君十年（前 298）；孟嘗君合縱伐秦三年之第一年，緊接上文。〈周本紀〉誤書於周赧王五十八年（前 257），次年（前 256）秦滅西周，其時西周不可能有資格出面調停；舊多誤從。劉向誤編於〈東周策〉，應編入〈西周策〉，因為東周國親秦，西周國敵秦，伐秦的孟嘗君只可能向西周國借兵借糧，並委託其與秦調停。

「三國隘秦」，即指齊、魏、韓三國聯軍攻至函谷關，暫時駐軍而止攻。為孟嘗君使秦調停者，正是向孟嘗君獻策的西周相韓慶（見上史料59）。

韓慶使秦之前，有人告訴他，「秦之輕重（西周），未可知也」，「請謂（秦昭）王聽東方（齊、魏、韓）之處」，符合當時形勢。

韓慶使秦調停，最終失敗。原因之一是，秦雖大敗，僅失侵地，未失本土，不願「聽東方之處」；原因之二是，秦昭王誤以為擁立自己的趙武靈王必定救秦。

史料 61，《戰國策·趙策三》六：

魏（襄王）因富丁〔欲以趙合齊、魏，樓緩欲以趙合秦、楚，恐主父之聽樓緩〕，且合於秦。[096]

趙（富丁）恐，請效地於魏而聽薛公（孟嘗君），教子欬謂李兌曰：「趙畏橫之合也，故欲效地於魏而聽薛公。公不如令主父以地資周最，而請相之於魏。周最以天下辱秦者也，今相魏，魏、秦（之盟）必虛矣。齊、魏雖勁，無秦不能傷趙。魏王聽，是輕齊也。秦、魏雖勁，無齊不能得趙。此利於趙而便於周最也。」

—— 事在齊湣王三年、魏襄王二十一年、韓襄王十四年、秦昭王九年、楚懷王三十一年（＝楚頃襄王元年）、趙惠文王元年，即周赧王十七年、西周武公十四年、東周嗣君十年（前298）；孟嘗君合縱伐秦第一年，緊接上文，西周相韓慶為孟嘗君使秦調停稍後。

此時局勢，一是雙方陷入僵持：聯軍大勝而損兵缺糧，無力攻入函谷關；秦軍大敗而盡失侵地，無力攻出函谷關。二是西周國正在調停，雙方都在力爭有利於己的議和方案，不願無條件和解。三是雙方都在等待趙援。秦昭王因為趙武靈王幫助自己弒兄篡位，與秦結為鐵盟，於是等待趙援，準備攻出函谷關。孟嘗君明白趙武靈王與中原諸侯同仇敵愾，對秦陽奉陰違，也在等待趙援，準備攻入函谷關。

趙武靈王十九年（前307）擁立秦昭王並實行胡服騎射，十年來迅速崛起，連伐連勝魏屬中山（參看上文）；去年（前299）禪位其子趙惠文王，以便全力親征伐滅魏屬中山。

此時強趙如果救秦，可助秦國反敗為勝；強趙如果叛秦，可助聯軍大破暴秦。於是趙國群臣分為兩派，「富丁欲以趙合齊、魏（以伐秦），樓緩

---

[096]　《戰國策·趙策三》「富丁且合於秦」必誤（當脫一簡），今據《戰國策·趙策三》五「富丁欲以趙合齊、魏，樓緩欲以趙合秦、楚」，補其脫文。

欲以趙合秦、楚（以欺秦）」（〈趙策三〉五）。

　　趙武靈王決定暫時兩不相助，但又不希望西周國調停成功而雙方罷兵，以免魏、齊騰出手來阻止趙滅魏屬中山，於是採納樓緩之策「結秦連宋」（宋為此時秦之唯一盟國）。秦昭王誤以為趙、宋即將救秦，於是拒絕西周國調解，不再議和。孟嘗君騎虎難下，伐秦聯軍被迫駐守於函谷關外。

　　趙武靈王「結秦連宋」，意在欺騙秦國，但也導致天下疑趙，不明其真實意圖。遂有此策所言，富丁派遣子歓勸說李兌，讓他獻策孟嘗君，由孟嘗君勸說趙武靈王支持周最相魏。趙武靈王一旦採納此策，秦昭王必將因為周最是「以天下辱秦者」而疑趙，秦、趙之盟就會動搖。

　　趙武靈王同樣深知周最是「以天下辱秦者」，採納此策就會過早暴露「結秦連宋」以欺秦的偽裝，秦昭王就會明白趙國不可能救秦，從而接受西周國調停而與三國議和，那麼魏、齊就將騰出手來阻止趙滅魏屬中山。所以趙武靈王並未採納此策，仍然採納樓緩之策「結秦連宋」，派遣仇赫相宋，派遣樓緩相秦。[097]

　　史料 62，《戰國策・東周策》十九：

　　（門客）謂周最曰：「仇赫之相宋，將以觀秦之應趙、宋，敗三國。三國不敗，將與趙、宋合於東方以孤秦，亦將觀韓、魏之於齊也。（崤函）不固，則（秦）將與宋敗三國，則賣趙、宋於三國。公何不令人謂韓、魏之王曰：『欲秦、趙之相賣乎？何不合周最兼相，視之不可離？則秦、趙必相賣，以合於王也。』」

---

[097]　《戰國策・趙策四》：「……以委和於薛公。主父欲敗之，乃結秦連宋之交，令仇郝相宋，樓緩相秦。」西周國居間調停，欲秦與聯軍和解，故而「主父欲敗之，乃結秦連宋」。

　　—— 事在齊湣王三年、魏襄王二十一年、韓襄王十四年、秦昭王九年、楚懷王三十一年（＝楚頃襄王元年），即周赧王十七年、西周武公十四年、東周嗣君十年（前298）；孟嘗君合縱伐秦第一年，緊接上文。劉向不知周最是西周國公子，誤編於〈東周策〉，應編入〈西周策〉。

　　趙武靈王「結秦連宋，令仇赫相宋，樓緩相秦」（〈趙策四〉十六），不僅不助伐秦聯軍，反而假裝準備聯宋救秦。周最為此大為苦惱，但其門客認為，趙武靈王「結秦連宋」，未必是真心親秦，而有靜觀待變的兩種可能。一是表面上的既成事實：「仇赫之相宋（樓緩之相秦），將以觀秦之應趙、宋，敗三國。」二是實際上的真實意圖：

　　仇赫之相宋（樓緩之相秦），將以欺秦而應三國，敗暴秦。建議「欲秦、趙相賣」的周最，派人遊說魏襄王、韓襄王，使之罷免親秦的魏勁、親秦的韓辰，讓周最兼相魏、韓，堅定魏、韓伐秦之志，阻止孟嘗君與秦罷兵，達到「秦、趙必相賣」之目的。

　　周最採納了門客之策，儘管沒能實現兼相魏、韓之目的，但是促成了兩年以後的「秦、趙相賣」。

　　史料63，《戰國策·西周策》十六：

　　（齊、魏、韓）三國攻秦反，西周（武公）恐魏之藉道也。

　　（或）為西周謂魏（昭）王曰：「楚、宋不利秦之（德）〔聽〕三國也，彼且攻王之聚以利秦。」

　　魏（昭）王懼，令（魏）軍（設）〔拔〕舍速東。

　　—— 事在齊湣王五年、魏襄王二十三年、韓襄王十六年、秦昭王十一年、楚頃襄王三年，即周赧王十九年、西周武公十六年、東周嗣君十二年（前296）；孟嘗君合縱伐秦之第三年，趙滅魏屬中山之後與宋加入

伐秦，五國破秦後撤兵東歸之時。

孟嘗君發動齊、魏、韓合縱伐秦三年。第一年（前298）攻至函谷關，雙方準備議和，卻被趙武靈王假裝「結秦連宋」阻止。第二年雙方（前297）僵持函谷關，都在等待趙援，然而趙援不至（趙正全力征伐魏屬中山）。第三年（前296）楚懷王囚秦而死，三國聯軍攻破函谷關；趙武靈王伐滅魏屬中山，撕破「結秦連宋」偽裝，與宋共同加入伐秦，三國伐秦變成五國伐秦；五國聯軍攻至鹽氏，秦昭王被迫割地求和。[098]

今年（前296）五國破秦之後，恰好魏襄王、韓襄王同時死去，孟嘗君被迫停止伐秦，接受秦昭王求和，於是五國聯軍兵分兩路撤兵東歸。匡章統帥的齊、魏、韓三國聯軍為一路，趙武靈王統帥的趙、宋聯軍為另一路；此策僅言前者，故謂「三國攻秦反」。

西周武公仍然擔心遭秦報復。前年三國聯軍伐秦大勝，尚且不願借糧。今年三國聯軍與秦罷兵，更加不願借道（實為暫住西周休整）。於是派人對剛剛繼位的魏昭王進言，謊稱楚、宋不願秦敗之後聽命三國，正謀襲擊撤兵東歸的三國聯軍。

魏昭王鑑於二十二年前（前318）公孫衍合縱伐秦失敗，宋軍曾於次年（前317）襲擊敗退東撤的五國聯軍，聞言不敢不信，於是命令魏軍不再滯留西周，迅速東歸。

史料64，《戰國策·東周策》七：

秦（軍）假道於（東）周，以伐韓（伊闕）。

（東）周（嗣君）恐假之而惡於韓，不假而惡於秦。

---

[098]　《史記·秦本紀》：「（秦昭王）十一年（前296），齊、韓、魏、趙、宋、中山五國共攻秦，至鹽氏而還。秦與韓、魏河北及封陵以和。」

　　史魘謂（東）周（嗣）君曰：「君何不令人謂韓公叔曰：『秦敢絕塞而伐韓者，信東周也。公何不與（東）周地，發重使，使之楚，秦必疑，不信（東）周，是韓不伐也。』又謂秦（昭）王曰：『韓強與（東）周地，將以疑（東）周於秦，寡人不敢弗受。』秦必無辭而令（東）周弗受。是得地於韓，而聽於秦也。」（《史記·周本紀》略同）

　　──事在秦昭王十三年、韓釐王二年，即周赧王二十一年、西周武公十八年、東周嗣君十四年（前294）；孟嘗君破秦之後二年，秦將白起伐韓伊闕第一年，公叔首次相韓（前303－前293）末期。〈周本紀〉誤書於周赧王八年，舊多誤從。周赧王八年（前307）是公仲朋再次相韓（前313－前303）期間，隨後公叔首次相韓（此後韓辰相韓六年，公叔又再次相韓）。

　　趙武靈王前年（前296）伐滅魏屬中山，加入孟嘗君伐秦而助其破秦，趙國躍居天下最強。去年（前295）前太子趙章發動叛亂，李兌平叛成功，同時餓死趙武靈王。而趙惠文王年僅十五歲，強趙對暴秦的威脅大為降低。今年（前294）秦昭王啟用白起，捲土重來。秦軍重出函谷關，首先報復伐秦三國之中最弱的韓國，攻其防秦重鎮伊闕，於是向親秦的東周國借道。

　　東周嗣君儘管親秦，但是前年五國合縱破秦，今年合縱列強又必救韓，秦軍未必能勝，所以猶豫是否借道給秦。

　　東周嗣君六年前（前300）採納蘇代之計，迫使韓相公叔歸還侵地高都（見上史料57）。今年史魘重施故伎，獻策東周嗣君：再次敲詐韓相公叔，要求歸還侵地，作為東周國不借道給秦的條件。

　　由於史料未言韓歸東周之地名，而且此後秦軍仍攻伊闕，大概公叔不

願再次中計還地，於是東周仍然借道給秦。

史料 65，《戰國策‧西周策》十四：

宮他謂（西）周（武）君曰：「宛恃秦而輕晉，秦飢而宛亡。鄭恃魏而輕韓，魏攻楚而鄭亡。邾、莒亡於齊，陳、蔡亡於楚。此皆恃援國而輕近敵也。今君恃韓、魏而輕秦，國恐傷矣。君不如使周最陰合於趙，以備秦，則不毀。」

—— 事在秦昭王十三年、韓釐王二年，即周赧王二十一年、西周武公十八年、東周嗣君十四年（前 294）；孟嘗君破秦之後二年，白起伐韓伊闕第一年，與上〈東周策〉七同時。

〈東周策〉七乃言，親秦的東周嗣君無法預判此戰勝負，猶豫是否借道給秦（敲詐韓國還地未果而最終仍借）。〈西周策〉十四則言，敵秦的西周武公無法預判此戰勝負，猶豫是否救韓。反秦最堅的庶子周最等人主張救韓擊秦，親秦或畏秦的宮他等人（如西周相韓慶）則反對救韓擊秦。

由於宮他是外臣，而周最是公子，所以宮他之言分為兩部分：首先陳述不能救韓擊秦的理由，因為韓、魏已弱，不足以抗秦，如果「恃援國而輕近敵」「恃韓、魏而輕秦」，必將引火燒身；然後建議「周最陰合於趙以備秦」，因為只有迅速崛起的強趙，才能遏制秦軍東進。

由於魏昭王聽從一向反秦的公孫衍，派遣其二弟公孫喜領兵救韓擊秦，所以西周武公最終不聽宮他，而聽周最，也出兵救韓擊秦。

魏將公孫喜統帥魏、韓、西周三國聯軍，共計二十四萬，守衛韓國伊闕。白起伐韓第一年，未能攻破伊闕。

史料 66，《戰國策‧西周策》十一：

（魏將）犀武（公孫喜之字）敗於（韓國）伊闕，（秦軍進伐西周）。

173

（西）周（武）君之魏求救，魏（昭）王以上黨之急辭之。（西）周君反，見梁囿而樂之也。

慕母恢謂（西）周（武）君曰：「溫囿不下此，而又近。臣能為君取之。」反見魏（昭）王。

（魏昭）王曰：「（西）周君怨寡人乎？」

（慕母恢）對曰：「不怨，且誰怨乎？臣謂王有患也。（西）周君，謀主也。而設以國為王捍秦，而王無之捍也，臣見其必以國事秦也。秦悉塞外之兵與周之眾，以攻南陽，而兩上黨絕矣。」

魏（昭）王曰：「然則奈何？」

慕母恢曰：「（西）周君形不利事秦，而好小利。今王許戍三萬人，與溫囿，（西）周君得以為辭於父兄百姓，而（利）〔私〕溫囿以為樂，必不合於秦。臣嘗聞溫囿之利，歲八十金。（西）周君得溫囿，其以事王者，歲百二十金。是上黨無患，而贏四十金。」

魏（昭）王因使孟卯（即芒卯）致溫囿於（西）周君，而許之戍也。

──事在秦昭王十四年、韓釐王三年、魏昭王三年，即周赧王二十二年、西周武公十九年、東周嗣君十五年（前 293）；白起伐韓伊闕第二年，攻破伊闕之後。

白起攻破韓國伊闕，斬首二十四萬，重新整理斬首紀錄，公孫喜戰死 [099]。韓釐王被迫向秦求和，敵秦的公叔罷相，親秦的韓辰相韓。救韓伊闕的魏國、西周，尚未向秦求和（見下史料 68「秦未與魏講也」）。

慕母恢對魏昭王所言「（西）周君，謀主也」，證明三國御秦於伊闕，西周武公乃是主謀（實為其庶子周最）。因此秦軍攻破伊闕之後，立刻移

---

[099]　史記・秦本紀》：「秦昭王十四年（前 293），左更白起攻韓、魏於伊闕，斬首二十四萬，虜公孫喜，拔五城。」

師進攻西周。

西周武公親往魏都大梁，向魏昭王求救。魏昭王以秦軍即將伐魏上黨為由，拒絕援救西周。西周武公返回途中，看見魏君的一處驪宮梁囿，十分豔羨。綦母恢認為魏昭王不可能把梁囿送給西周武公，於是聲稱魏君的另一處驪宮溫囿，不遜於梁囿，又離西周較近，願為西周武公索之。[100]

魏昭王被綦母恢說服，為免西周武公事秦，導致秦軍移師伐魏，於是把溫囿送給西周武公，同時假裝答應派遣三萬魏軍援救西周。其實並未援救。

綦母恢逢君私欲，圖謀私利。西周武公貪圖小利，輕忘國難。

史料 67，《戰國策・東周策》十二：

溫人之（西）周，（西）周不納。

客即對曰：「主人也。」

問其巷而不知也，吏因囚之。

（西周武）君使人問之曰：「子非（西）周人，而自謂非客，何也？」

對曰：「臣少而誦《詩》。《詩》曰：『普天之下，莫非王土；率土之濱，莫非王臣。』今（西）周君天下，則我天子之臣，而又為客哉？故曰『主人』。」

（西周武）君乃使吏出之。（《韓非子・說林上》略同）

—— 事在周赧王二十二年、西周武公十九年、東周嗣君十五年（前293）；秦拔伊闕，進伐西周，魏拒救西周而送溫囿之後。黃式三、繆文遠

---

[100]　楊寬：《戰國史料編年輯證》（上海人民出版社，2001年，第723頁）：「梁囿為大梁近郊之苑囿，乃魏君所有，不能為周君所得。周臣綦母恢為之向魏王請求溫囿。溫囿為河內溫地之苑囿。」

繫於伊闕戰後一年（前292）。劉向誤編於〈東周策〉，應編入〈西周策〉。

溫囿劃歸西周，溫人於是前往西周。城門守吏疑心其為奸細，問是哪國人。溫人自稱「主人」，卻不知西周里巷，遂被囚禁。

西周武公派人問他：「你不是西周國人，為何自稱主人？」

溫人引用《周詩》「普天之下，莫非王土」和「君天下」，隱喻周赧王寄居西周，諷刺西周武公謀取溫囿，貪小利而忘大義。

史料68，《戰國策·西周策》二：

秦敗魏將犀武（公孫喜）軍於（韓國）伊闕，進兵而攻（西）周。

（或）為周最謂（趙相）李兌曰：「君不如禁秦之攻（西）周。趙之上計，莫如令秦、魏復戰。今秦攻（西）周而得之，則眾必多傷矣。秦欲待（西）周之得，必不攻魏；秦若攻（西）周而不得，前有勝（魏）〔韓〕之勞，後有攻（西）周之敗，又必不攻魏。今君禁之，而秦未與魏講也。而全趙令其止，必不敢不聽，是君卻秦而定（西）周也。秦去（西）周，必復攻魏，魏不能支，必因君而講，則君重矣。若魏不講，而疾支之，是君存（西）周而戰秦、魏也，重亦盡在趙。」

—— 事在趙惠文王六年，即周赧王二十二年、西周武公十九年、東周嗣君十五年（前293）；秦拔伊闕，進伐西周，西周向魏求救被拒之後。

三年前（前296），李兌餓死趙武靈王，趙惠文王年僅十五歲，被迫冊封平叛功臣李兌為奉陽君。李兌從此執掌強趙，天下仰其鼻息。

如今魏昭王畏懼秦伐，拒救西周，西周告急。

周最於是派人向趙相李兌求救，希望強趙阻止秦軍進攻西周，促使秦軍轉而移師伐魏，「令秦、魏復戰」，因為「秦未與魏講（和）」。

趙國一旦「卻秦而定（西）周」，「存（西）周而戰秦、魏」，就能挾天

子以令諸侯。

　　李兌私欲薰心，目光短淺，只求專權於趙，不願招來秦伐，拒救西周。

　　史料 69，《戰國策・東周策》二六：

　　宮他亡西周，之東周，盡輸西周之情於東周。東周（嗣君）大喜。

　　西周（武公）大怒。馮且曰：「臣能殺之。」（西周）君予金三十斤。

　　馮且使人操金與書，間遺宮他。書曰：「告宮他，事可成，勉成之；不可成，亟亡來。事久且洩，自令身死。」

　　因使人告東周之侯曰：「今夕有奸人當入者矣。」

　　侯得（書）而獻東周，東周立殺宮他。（按：「宮」舊訛為「昌」）[101]

　　—— 事在周赧王二十二年、西周武公十九年、東周嗣君十五年

　　西周武公聽從周最，不聽宮他，救援韓國伊闕而敗。秦軍進伐西周，魏、趙拒救，西周告急。宮他於是背叛敵秦的西周，轉仕親秦的東周。

　　西周武公大怒，採納馮且之策，使用離間之計，誘騙東周嗣君上當，得以借刀殺人，除掉了叛國投敵的宮他。

　　史料 70，《戰國策・西周策》十七：

　　犀武（公孫喜）敗，（西）周（武君）使周足之秦。

　　或謂周足曰：「何不謂（西）周（武）君曰：『臣之秦，秦、（西）周之交必惡。主君之臣，又秦重而欲相者，且惡臣於秦，而臣為不能使矣。臣願

---

[101]　《戰國策》記載宮他四事，本文錄其二事，此為最後之事。《戰國策・魏策四》：「周肖謂宮他」，《戰國策・燕策一》：「宮他為燕使魏」，均在仕周之前，無關二周不錄。（前 293）；秦拔伊闕，進伐西周之後。舊或誤繫於周赧王八年（前 307）、十五年（前 300）、二十五年（前 290），不合二周史事。劉向誤編於〈東周策〉，應編入〈西周策〉，因為西周國出策，東周國中計。《戰國策》之體例，乃是何國出策即編入何國專卷，不論內容涉及幾國。

免而行，君因相之，彼得相，不惡周於秦矣。』君重秦，故使相往，行而免，且輕秦也，公必不免。公言是而行，交善於秦，且公之成事也；交惡於秦，不善於公，且誅矣。」

—— 事在周赧王二十二年、西周武公十九年、東周嗣君十五年（前293）；秦拔伊闕、進伐西周的最後之事。

魏、趙拒救西周，弱小的西周難以獨力抗秦。西周武公被迫派遣相國周足使秦求和。

「周足」或為「周最」之訛，或為西周武公五庶子之一，由於力主救韓伊闕，已經取代親秦的韓慶（韓慶當與宮他共同反對救韓伊闕），成為西周相；如今既擔心自己使秦，將會導致「秦、周之交必惡」，又擔心自己入秦以後，「秦重而欲相（西周）者（韓慶等），且惡臣於秦」，可能像楚懷王那樣被秦囚禁乃至誅殺。

周足的門客於是獻策，勸他行前假裝向西周武公自請免相。同時分析：西周武公派遣重臣周足使秦求和，意在討秦歡心。周足如果免相，即非重臣，就會惹秦不快，所以西周武公不會同意周足請辭。

這一分析，並不合理，乃是誘導周足採納其策的妄言。周足（或周最）反秦，被迫入秦請罪求和，秦昭王自然大悅。罷相以後入秦請罪求和，秦昭王更加快意。周足是否採納其策請辭相位，西周武公是否允准，史無明載。

西周已經向秦求和，於是秦軍移師伐魏。魏昭王為了討秦歡心，派遣一向反秦的公孫衍使秦求和。[102]

---

[102] 《戰國策·魏策一》：「魏令公孫衍請和於秦。」《戰國策·魏策一》二四：「秦敗（東）[西]周，與魏戰於伊闕，殺犀武（公孫喜之字），乘勝而留於境。魏令公孫衍請卑辭割地，以講於秦。」救韓伊闕者乃西周，非東周。

公孫衍二十五年前（前318）發動首次五國合縱伐秦，如今垂垂老矣，二弟公孫喜剛剛戰死於伊闕，不得不奉君命，忍辱入秦求和。

伊闕戰後，六國反秦大業墜入谷底。

史料71，《戰國策·韓策三》十三：

韓珉相齊，令吏逐（楚使）公疇豎（於西周），大怒於（西）周之留成陽君（韓相韓辰）也。

—— 事在秦昭王十七年、齊湣王十一年、韓釐王六年、魏昭王六年，即周赧王二十五年、西周武公二十二年、東周嗣君十八年（前290）；伊闕戰後三年。顧觀光、諸祖耿繫年正確。其他學者誤繫於周赧王二十七年（前288）、二十九年（前286），晚了二年、四年，不合韓珉相齊之年（前294）[103]，也不合公疇豎戰死之年（前287）[104]，更不合天下形勢。

此策的背景有五：

其一，秦伐伊闕第一年（前294），秦昭王既命白起伐韓伊闕，又派呂禮假裝叛秦奔齊，向齊湣王進讒，導致孟嘗君罷相，親秦的韓人韓珉（原為親秦的韓相公仲朋死黨）相齊。

其二，秦伐伊闕第二年（前293），魏昭王救韓伊闕大敗，禮聘孟嘗君為相以抗秦。

---

[103] 《史記·六國年表》齊湣王三十年（當作七年，前294）：「田甲劫王，相薛文走。」《戰國策·齊策四》：「齊（湣）王謂孟嘗君曰：『寡人不敢以先王之臣為臣。』孟嘗君就國於薛。」根據《戰國縱橫家書·蘇秦謂齊王章之二》，韓珉早於此策二年（前292）已經相齊，可證韓珉於孟嘗君罷相歸薛之後，即已相齊。《戰國策·韓策三》「韓珉相齊」，乃謂韓珉此時相齊，非謂韓珉今年相齊。

[104] 周赧王二十八年（前287），楚將公疇豎被齊將趙信殺於宋國淮北。證見《戰國縱橫家書·蘇秦謂齊王章之四》：「［蘇秦］謂齊（湣）王曰：『……臣使蘇屬告楚（懷）王曰：『（公疇）豎之死也，非齊（湣王）之令也。……（公疇）豎之罪，固當死：宋以淮北與齊講，王（命公疇豎）攻之，擊（齊將）趙信。齊（湣王）不以為怨，反為王誅趙信，以其無禮於王之邊吏也。』」

其三，伊闕戰後一年（前292），秦昭王怒於魏昭王禮聘孟嘗君為相而伐魏，魏昭王假裝答應罷免孟嘗君，秦軍於是移師伐楚。

其四，伊闕戰後二年（前291），秦昭王怒於魏昭王仍不罷免孟嘗君，又伐魏、韓，孟嘗君請來趙、燕救兵擊退秦軍。

其五，伊闕戰後三年（前290），秦昭王為了阻止合縱諸侯救魏，密令親秦的齊相韓珉唆使親秦的韓相韓辰，說服韓釐王叛縱事秦，韓辰於是入秦稱臣獻地。

魏昭王不願韓釐王向秦稱臣獻地，採納白圭之策，派人出使韓國，勸阻韓辰入秦，無效。[105]

楚懷王也不願韓釐王向秦稱臣獻地，派遣公疇豎出使西周，說服西周武公扣留了入秦途經西周的韓辰。齊相韓珉大怒，派人命令西周武公釋放韓相韓辰，驅逐楚使公疇豎。[106]

史料 72，《史記·秦本紀》：

（秦昭襄王）十七年（前290），城陽君（韓辰）入朝，及（東）〔西〕周（武）君來朝。（按：「西」舊訛為「東」）[107]

附《史記·韓世家》：

韓釐王六年（前290），（城陽君韓辰朝秦）與秦武遂地二百里。

史料 73，《戰國策·西周策》五：

---

[105]　《戰國策·魏策四》：「成陽君欲以韓、魏聽秦，魏王弗利。白圭謂魏王曰：『王不如陰侯人說成陽君曰：「君入秦，秦必留君，而以多割於韓矣。韓不聽，秦必留君，而伐韓矣。故君不如安行求質於秦。」』成陽君必不入秦，秦、韓不敢合，則王重矣。」
[106]　《戰國策·戰國策》鮑注：「（成陽）君本在齊，為秦善之，（韓）珉欲使之入秦，過周，周留之，故怒。」成陽君時為韓相，鮑說「君本在齊」有誤。
[107]　《戰國策·西周策》：「（西）周（武）君之秦。客謂（西周公子）周最曰」，足證《史記·秦本紀》之「東周君」，當作「西周君」（西周武公）。

（西）周（武）君之秦。（客）謂周最曰：「不如譽秦（昭）王之孝也，因以應（邑）為（宣）太后養地。秦（昭）王、（宣）太后必喜，是公有秦也。（與秦）交善，（西）周（武）君必以為公功；（與秦）交惡，勸（西）周（武）君入秦者，必有罪矣。」（〈周本紀〉周赧王四十五年略同，年誤）

—— 事在秦昭王十七年、韓釐王六年，即周赧王二十五年、西周武公二十二年、東周嗣君十八年、（前290）；伊闕戰後三年，緊接上文。舊或誤據《史記·周本紀》誤書此事於周赧王四十五年（前270，秦昭王三十七年），誤後二十年；又或誤據《史記·秦本紀》秦昭王二十九年「周君來」（前278，周赧王三十七年，見下史料89），誤後十二年。

西周武公不敢得罪強齊，被迫聽命齊相韓珉，於是釋放韓辰；又明白扣留韓辰業已得罪暴秦，於是陪同韓辰一起入秦請罪。

於是有人勸說周最應識時務，放棄反秦，轉為親秦，向西周武公進言，把應邑獻給秦昭王之母宣太后。

周最阻止父君入秦請罪，無效；又不願識時務而親秦，於是不聽人勸，離開西周，前往魏國。反秦如故。

勸說周最之人，仍向西周武公進言。西周武公入秦，把與秦不接的應邑，獻給秦昭王之母宣太后做「湯沐邑」。[108]

從此以後，西周國也像東周國一樣，臣服於秦。

史料74，《戰國策·東周策》二一：

〔公孫弘〕謂周最曰：「魏（昭）王以國與先生，貴合於秦以伐齊。薛公背故主，輕忘其薛，不顧其先君之丘墓。而公獨修虛信，為茂行，明君

---

[108]　秦昭王四十年（前267），范雎相秦。次年（前266）宣太后死，秦昭王封范雎為應侯，應邑成為范雎封地。

臣，據故主，不與伐齊者（產）〔座〕，以怨強秦，不可。公不如謂魏王、薛公曰：『請為王入齊！天下不能傷齊而有變，臣請為救之；無變，王遂伐之。且臣為齊故也，如累王之交於天下，不可。王為臣賜厚矣，臣入齊，則王亦無齊之累也。』」

　　—— 事在秦昭王十七年、魏昭王六年、齊湣王十一年，即周赧王二十五年、西周武公二十二年、東周嗣君十八年（前 290）；伊闕戰後三年，韓國、西周向秦獻地稱臣之後，緊接上文。劉向不知周最是西周國公子，誤編於〈東周策〉，應編入〈西周策〉。舊多誤繫於周赧王二十七年（前288）、二十九年（前 286），不合孟嘗君、周最史事與天下形勢。

　　韓國、西周既已向秦獻地稱臣（周最隨即離開西周，轉仕魏國），魏昭王於是不敢獨力抗秦，被迫聽從魏相孟嘗君，派遣芒卯入秦稱臣，獻地四百里 [109]。芒卯隨即率領魏、秦聯軍，伐取了齊國二十二縣 [110]。秦國捲土重來，不僅重新占領了六年前（前 296）孟嘗君破秦收復之地，又把東疆推至更遠。

　　這裡涉及六國反秦大業的一個重大變故：孟嘗君四年前（前 294）被齊湣王罷免齊相以後，已從敵秦轉為敵齊，蓄謀策動合縱伐齊；所以今年利用魏昭王信任，唆使芒卯賣魏事秦，率領魏、秦聯軍伐齊。

---

[109]　《史記・魏世家》：「魏昭王六年（前 290），予秦河東地，方四百里。」

[110]　《戰國策・魏策三》：「芒卯謂秦王曰：『王之士未有為之中者也。臣聞明王不胥中而行。王之所欲於魏者，長羊、王屋、洛林之地也。王能使臣為魏之司徒，則臣能使魏獻之。』秦王曰：『善。』因任之以為魏司徒。（芒卯）謂魏王曰：『王所患者上地也。秦之所欲於魏者，長羊、王屋、洛林之地也，王獻之秦，則上地無憂患，因請以下兵東擊齊，攘地必遠矣。』魏王曰：『善。』因獻之秦。地入數月，而秦兵不下。魏王謂芒卯曰：『地已入數月，而秦兵不下，何也？』芒卯曰：『臣有死罪！雖然，臣死則契折於秦，王無以責秦。王因赦其罪，臣為王責約於秦。』乃之秦，謂秦王曰：『魏之所以獻長羊、王屋、洛林之地者，有意欲以下大王之兵東擊齊也。今地已入，而秦兵不可下，臣則死人也。雖然，後山東之士，無以利事王者矣。』秦王懼然曰：『國有事，為澹下兵也，今以兵從。』後十日，秦兵下。芒卯並將秦、魏之兵以東擊齊，啟地二十二縣。」

周最不知芒卯賣魏事秦、聯秦伐齊均為孟嘗君唆使，因而痛恨芒卯，不願與之同座。

公孫弘在大哥公孫衍伐秦失敗而失勢以後，早已投入孟嘗君門下支持其伐秦，三年前（前 293）二哥公孫喜被秦殺於伊闕，大哥公孫衍使秦求和受辱，如今大為不滿孟嘗君從敵秦轉為敵齊，而且盡知孟嘗君唆使芒卯賣魏事秦、聯秦伐齊，於是來見反秦最堅、痛恨芒卯的周最，告知內幕，批評孟嘗君「背故主（齊湣王），輕忘其薛（封地），不顧其先君（靖郭君田嬰）之丘墓」；最後勸說周最：周最不與芒卯同座，除了觸怒強秦，無助於反秦大業，不如改變策略，騙得魏昭王、孟嘗君同意，假裝為魏入齊反間，以便深知周最敵秦親齊的秦昭王認為，魏昭王聯秦伐齊是假，敵秦親齊是真，那麼秦、魏之盟就會動搖。

史料 75，《戰國策・東周策》二十：

〔或〕為周最謂魏（昭）王曰：「秦知趙之難與齊戰也，將恐齊、趙之合也，必陰勁之。趙不敢戰，恐秦不己收也，必合於齊。秦、趙爭齊而王無人焉，不可。王不〔如〕去周最，合於收齊，而以兵之急，則伐齊無因事也。」

—— 事在秦昭王十七年、魏昭王六年、齊湣王十一年，即周赧王二十五年、西周武公二十二年、東周嗣君十八年（前 290）；伊闕戰後三年，緊接上文的年末之事。劉向不知周最是西周國公子，誤編於〈東周策〉，應編入〈西周策〉；排序亦誤，〈東周策〉二一應在前，〈東周策〉二十應在後。舊或誤繫於周赧王二十七年（前 288）、二十九年（前 286），不合周最史事與天下形勢。

周最聽從公孫弘，派遣門客向魏昭王獻策，建議其密遣周最往齊，那

麼聯秦伐齊一旦不利，周最就能向齊湣王解釋，魏昭王聯秦伐齊乃是迫於無奈。

魏昭王原本不願伐齊，只想抗秦，於是採納此策，密遣周最離魏往齊。

史料76，《戰國策・魏策四》二一：

周最（離魏）入齊（前290），秦（昭）王怒（前289），令起賈讓魏（昭）王。

魏（昭）王為之謂秦（昭）王曰：「魏之所以為齊通天下者，以周最也。今周最遁寡人入齊，齊無通於天下矣。敝邑之事王，亦無齊累矣。大國欲急兵，則趣趙而已。」

—— 事在魏昭王七年、齊湣王十二年，即周赧王二十六年、西周武公二十三年、東周嗣君十九年（前289）；伊闕戰後四年，周最離魏入齊第一年年初。舊皆誤繫於周赧王二十九年（前286），其時周最已被齊湣王驅逐離齊（前288）兩年（見下史料81－83）。

秦昭王得知魏昭王密遣周最離魏仕齊，即命御史大夫起賈使魏，怒斥魏昭王假裝臣秦，暗中事齊；威脅重新伐魏。

魏昭王大恐，謊稱「周最遁寡人入齊」，未奉己命，而是叛魏逃齊；因此秦昭王不應重新伐魏，應該伐趙（因為趙武靈王叛盟伐秦，助孟嘗君破秦）。

秦昭王更怒魏昭王撒謊，即命白起、司馬錯伐魏，攻取了六十一城。[111]

---

[111]　《史記・秦本紀》：「（秦昭王）十八年（前289），（司馬）錯攻垣、河雍，決橋取之。」《史記・六國年表》秦昭王十八年（前289）：「客卿（司馬）錯擊魏，至軹，取城大小六十一。」《史記・魏世家》：「（魏昭王）七年（前289），秦拔我城大小六十一。」《史記・六國年表》魏昭王七

史料 77，《戰國策・東周策》十三：

或為周最謂（趙臣）金投曰：「秦以周最之齊，疑天下；而又知趙之難
子齊人戰，恐齊、趙之合，必先合於秦。秦、齊合，則公之國虛矣。公不
如救齊，因佐秦而伐韓、魏，上黨、長子趙之有已。公東收寶於齊，南取
地於韓、魏，因以困徐為之東，則有合矣。」

史料 78，《戰國策・東周策》十四：

周最謂（趙臣）金投曰：「公負令秦與強齊戰。戰勝，秦且收齊而封
之，使無多割，而聽天下之戰；不勝，國大傷，不得不聽秦。秦盡韓、魏
之上黨、太原，西（止）〔土〕秦之有已；秦地天下之半也，制齊、楚、三
晉之命，覆國且身危，是何計之道也？」

—— 二策相連。事在齊湣王十二年、趙惠文王十年，即周赧王
二十六年、西周武公二十三年、東周嗣君十九年（前 289）；周最離魏至齊
第一年，緊接上文。劉向不知周最是西周國公子，誤編於〈東周策〉，應
編入〈西周策〉。舊多誤繫於周赧王二十九年（前 286）、三十年（前 285），
其時周最已被齊湣王驅逐離齊（前 288）兩年或三年。

周最離魏至齊以後，弱魏騎牆於暴秦、強齊之間，強趙遂成天下戰局
的決定性力量：趙親齊則不利秦，趙親秦則不利齊。趙臣也因此分為兩派：
一派是主張聯齊伐秦的金投（即《史記・趙世家》「金受」），一派是主張聯
秦伐齊的韓徐為。兩派都在竭力說服專權於趙的李兌。

周最在齊，先派門客至趙（〈東周策〉十三），後又親自往趙（〈東周
策〉十四），反覆勸說金投「困（韓）徐為之東」（聯秦伐齊），阻止「秦、齊

年（前 289）：「秦擊我，取城大小六十一。」《史記・秦本紀》僅記此年司馬錯攻魏，脫漏白起
攻魏。實則白起為主將，司馬錯為副將。證見《史記・白起王翦列傳》：「秦昭王十六年（當作
十八年，前 289）白起……攻魏，拔之，取城小大六十一。」

合」；促使「秦與強齊戰」（聯齊伐秦），避免「覆國且身危」。

史料79，《戰國策‧東周策》十八：

蘇厲為周最謂蘇秦曰：「君不如令（齊湣）王聽（周）最，以地合於魏；趙必恐，合於齊。是君以全齊與強楚，事產於君。若（王）欲因最之事，則合齊者君也，割地者最也。」

—— 事在齊湣王十二年，即周赧王二十六年、西周武公二十三年、東周嗣君十九年（前289）；周最離魏至齊第一年，緊接上文。舊皆誤繫於周赧王二十九年（前286），不合周最、蘇秦、蘇厲史事與天下形勢。劉向不知周最是西周國公子，誤編於〈東周策〉，應編入〈西周策〉。

周最離魏至齊以後，一方面建議趙臣金投說服趙相李兌聯齊抗秦，另一方面又建議齊湣王割地給魏，使魏放棄聯秦伐齊，然後齊、趙、魏聯合伐秦。此時齊相是親秦敵趙的韓人韓珉，力勸齊湣王聯秦伐趙，因而反對周最之策。

蘇秦多年前（前311）離周仕齊十年，不得齊宣王重用，後聞燕昭王召賢而離齊仕燕（前302），齊宣王死後為燕反間於齊（前301），深得齊湣王信任，力主齊、趙結盟並策動諸侯合縱伐秦，齊國與此同時伐滅與秦結盟的宋國；目的是讓齊國與天下為敵而師勞國疲，使燕昭王能夠破齊，報齊宣王破燕殺父之仇。蘇秦之弟蘇厲一向隨兄蘇代仕齊，此時也助蘇秦為燕反間。

如今蘇秦、蘇厲兄弟，必須根據周最離魏至齊的最新事態，借勢行棋。蘇厲獻策蘇秦，勸其說服齊湣王聽從周最（聯趙伐秦），不聽韓珉（聯秦伐趙）；理由是「合齊者君，割地者最」，亦即事敗歸罪於周最，事成歸功於蘇秦，那麼蘇秦就能取代韓珉而相齊。

史料 80，《戰國策·韓策二》九：

齊（湣王）令周最使鄭（韓），立韓辰而廢公叔。

周最患之曰：「公叔之與（西）周（武）君交也。（齊）令我使鄭，立韓辰而廢公叔。語曰：『怒於室者，色於市。』今公叔怨齊，無奈何也；必絕（西）周君，而深怨我矣。」

史舍曰：「公行矣！請令公叔必重公。」

周最行至鄭，公叔大怒。

史舍入見曰：「周最固不欲來使，臣竊強之。周最不欲來，以為公也；臣之強之也，亦以為公也。」

公叔曰：「請聞其說。」

對曰：「齊大夫儲子有犬，犬猛不可叱，叱之必噬人。客有請叱之者，疾視而徐叱之，犬不動；復叱之，犬遂無噬人之心。今周最固得事足下，而以不得已之故來使，彼將禮陳其辭，而緩其言。鄭王必以齊王為不急，必不許也。今周最不來，他人必來。來使者無交於公，而欲德於韓辰，其使之必疾，言之必急，則鄭王必許之矣。」

公叔曰：「善。」遂重周最。

王果不許韓辰。（按：「辰」舊訛為「擾」）

——事在秦昭王十九年、齊湣王十三年，即周赧王二十七年、西周武公二十四年、東周嗣君二十年（前 288）；周最離魏至齊第二年年初。舊或誤繫於周赧王十五年（前 300）、十六年（前 299）、二十二年（前 293），不合周最、韓辰、公叔史事與天下形勢。

去年（前 289）周最在齊策動趙、魏、韓敵秦，繼續「以天下辱秦」；列強合縱連橫，紛擾無定。今年（前 288）年初，秦昭王採納秦相魏冉之

策，遣使通報天下諸侯，宣布秦昭王將於十月一日在宜陽稱「帝」，命令諸侯前往宜陽帝宮朝秦稱臣，不朝者伐；以此辨明敵我，結束紛擾無定的合縱連橫。

由於「帝」為天神之號，人王不可僭竊，所以秦使一出，原本合縱連橫不定的稱「王」諸侯，立刻一致反秦。趙相李兌在為燕反間於齊的燕相蘇秦推助之下，立刻策動合縱伐秦。韓襄王立刻加盟，於是親秦的韓辰罷相，反秦的公叔復相。

呂禮為秦反間於齊，於是向秦昭王通報：齊湣王因為伐楚伐秦大勝，自居天下最強，不願屈居秦下。秦相魏冉於是獻策秦昭王：放棄單獨稱「帝」，改為秦昭王稱「西帝」，邀約齊湣王稱「東帝」，以此破壞李兌策動的合縱伐秦。齊湣王大喜，為使天下諸侯不反對秦、齊稱帝，於是派遣周最使韓，要求韓襄王「立韓辰而廢公叔」。

周最奉齊湣王之命使韓，要求韓襄王罷免反秦的公叔，大違己願，因而「患之」。周最所言「公叔之與周君，交也」，即指五六年前（前294－前293）西周武公救韓伊闕，幫助韓相公叔抗秦的同一戰壕友誼。伊闕敗後，公叔罷相而韓辰相韓，也違周最之願；如今秦「王」僭「帝」惹怒天下而形勢反轉，韓辰罷相而公叔相韓，符合周最之願，所以周最不願為齊使韓。周最認為，自己為齊使韓，公叔固然不滿強齊，卻「無奈何」，必將與「周君（西周武公）」絕交而「深怨」周最，因為周最是西周武公之子。

西周武公儘管前年（前290）被迫入秦請罪，同樣不願秦王稱「帝」。因為諸侯稱「王」，僅是名號同於周「王」，周「王」還能名存實亡，周「王」寄居的西周國仍能苟延殘喘；一旦秦王稱「帝」，就會名號高於周「王」，周「王」連名存實亡也無可能，西周國必將危在旦夕。

　　透過門客史舍巧妙周旋，周最得到公叔諒解，並且故意使韓失敗。但也因此得罪齊湣王，埋下了稍後被逐的前因。

　　史舍當為東周朝史官，先隨周赧王遷至西周國，後隨周最而忠周反秦，又隨最離周往魏，離魏往齊。上文多策為周最出謀劃策者，可能均為史舍。

　　史料 81，《戰國策・東周策》九：

　　周最謂呂禮曰：「子何不以秦攻齊？臣請令齊（湣王）相子。子以齊事秦，必無處矣。子因令最居魏以共之，是天下制於子也。子東重於齊，西貴於秦，秦、齊合，則子常重矣。」

　　—— 事在秦昭王十九年、齊湣王十三年，即周赧王二十七年、西周武公二十四年、東周嗣君二十年（前 288）；周最為齊使韓故意失敗之後，緊接上文。劉向不知周最是西周國公子，誤編於〈東周策〉，應編入〈西周策〉。舊多誤繫此策於周赧王二十二年（前 293），即秦伐伊闕第二年，其時周最仍在西周，尚未至魏，更未至齊。

　　周最為齊使韓，故意失敗而返齊，繼續反對秦、齊稱「帝」，於是向叛秦仕齊、深得齊湣王信任的呂禮進言，勸其推助秦、齊相攻；同時承諾，自己將會勸說齊湣王罷免親秦的韓珉，讓呂禮相齊。

　　周最的理由是，呂禮「以齊事秦，必無處矣」。因為齊湣王如果聽從呂禮而事秦，就不會讓秦國叛臣呂禮相齊，只會讓親秦的韓珉繼續相齊；呂禮只有促成秦、齊相攻，齊湣王才會聽從周最，罷免親秦的韓珉，讓秦國叛臣呂禮相齊。呂禮相齊以後，可派周最「居魏以共之」，周最承諾說服魏昭王叛秦親齊，幫助呂禮「東重於齊，西貴於秦」。

　　周最不知呂禮是假裝叛秦事齊，才會如此與虎謀皮。呂禮既不可能聽

從周最而推助秦、齊相攻，也不可能反對秦、齊稱「帝」。

此時齊臣，分為三派：一是假裝叛秦事齊的呂禮，既贊成秦、齊稱「帝」，又贊成秦、齊聯合伐趙；得到祝弗（可能被秦收買）支持。二是堅決反秦的周最，反對秦、齊稱「帝」，主張齊、趙聯合伐秦。三是親秦的齊相韓珉，反對秦、齊稱「帝」，主張秦、齊聯合伐趙。

齊湣王難以抉擇，最為倚重的蘇秦又恰好返燕參加歲首朝會，不在齊國，於是「聽祝弗，逐周最，罷韓珉，相呂禮」。準備與秦共同稱「帝」，然後秦、齊聯合伐趙。

史料 82，《戰國策・東周策》十六：

〔蘇秦〕謂（魏相）薛公（孟嘗君）曰：「周最於齊（湣）王，厚也。而（齊湣王）逐之，聽祝弗，相呂禮者，欲取秦。秦、齊合，弗與禮重矣；（弗與禮）有用，齊、秦必輕君。君弗如急北兵，趨趙以和秦、魏，收周最以為後行，且反齊王之信，又禁天下之變。齊無秦，天下果，弗必走，齊王誰與為其國？」（《史記・孟嘗君列傳》略同，但改「蘇秦」為「蘇代」）

——事在秦昭王十九年、齊湣王十三年、燕昭王二十四年，即周赧王二十七年、西周武公二十四年、東周嗣君二十年（前 288），齊湣王聽祝弗、逐周最、罷韓珉、相呂禮之後，緊接上文。劉向不知周最是西周國公子，誤編於〈東周策〉，應編入〈西周策〉。舊或誤繫於周赧王二十二年（前 293）、二十九年（前 286），不合蘇秦、孟嘗君史事與天下形勢。

蘇秦為燕反間於齊多年，深得燕昭王信任而為燕相，年初必須返燕參加歲首朝會（藉機與燕昭王商議，調整反間方略）。此時在燕得知秦、齊即將稱「帝」，決定利用這一事件挑動秦、齊對立，為燕破齊創造條件。

蘇秦是賈誼所言戰國四大謀士之一，實為深謀遠慮、空前絕後的戰國第一策士，所有策略都是曲線進行，布置周密，連環相應，因而動必成功。所以他沒有直接離燕至齊諫阻齊湣王稱「帝」，而是先離燕往魏晉見魏相孟嘗君。

蘇秦深知，孟嘗君被齊湣王罷相之後「背故主」，從敵秦轉為敵齊，一心圖謀返齊復相。於是投其所好，勸說孟嘗君運用其影響力，說服魏昭王、韓釐王響應趙相李兌，三晉共同反對秦、齊稱「帝」，迫使齊湣王不敢與秦昭王共同稱「帝」，從而罷免呂禮，驅逐祝弗；造成「齊王誰與為其國」的困局，孟嘗君就能返齊復相。

孟嘗君聞言心動，均從蘇秦之策，渾然不知蘇秦的真實意圖。

史料 83，《戰國策・東周策》十七：

齊（湣王）聽祝弗，外周最。

〔蘇秦〕謂齊（湣）王曰：「（王）逐周最、聽祝弗、相呂禮者，欲深取秦也。秦得天下，則伐齊深矣。夫〔秦〕、齊合，則趙恐伐，故急兵（攻齊）以示秦。秦以趙攻〔齊〕，與之（秦以）齊伐趙，其實同理，（齊）必不處矣。故（王）用祝弗，即天下之理也。」（〈齊策四〉十、十一略同）

——事在秦昭王十九年、齊湣王十三年，即周赧王二十七年、西周武公二十四年、東周嗣君二十年（前 288）；緊接上文，蘇秦離燕至魏面見孟嘗君、再由魏返齊之後。舊多誤繫於周赧王二十二年（前 293）、二十九年（前 286），不合蘇秦史事與天下形勢。劉向不知周最是西周國公子，誤編於〈東周策〉，應編入〈西周策〉。

蘇秦說服魏相孟嘗君，借用其巨大影響力，營造了不利於秦、齊稱「帝」的天下輿論，然後離魏返齊，面諫齊湣王。但不直諫，而是婉諫。

　　蘇秦首先點破齊湣王「逐周最、聽祝弗、相呂禮」的意圖，是「深取秦」，即感激秦國不與其他諸侯共同稱「帝」，獨與齊王共同稱「帝」。進而點破此中大害，秦邀齊稱「帝」，秦得實利，齊得虛名，結果必將「秦得天下，則伐齊深矣」。因為秦、齊共同稱「帝」之後，秦昭王無論是聯齊伐趙，還是聯趙伐齊，全都不利齊國。欲免此禍，唯有呂禮、周最、韓珉三策之外的蘇秦之策才是上策：齊不稱「帝」，聯趙伐秦。

　　齊湣王心悅誠服，於是罷免呂禮，驅逐歸秦；不讓韓珉復相，而讓燕相蘇秦兼任齊相。齊湣王、齊相蘇秦與趙惠文王、趙相李兌，在齊地阿邑（山東陽穀）會盟，商定趙、齊二強聯合諸侯「伐秦去帝」[112]。具體分工是：趙國負責策動合縱伐秦，齊國負責伐滅長期與秦結盟的宋國。

　　周最被齊湣王驅逐以後，或至魏國，或歸西周。與周最相關的二十多條史料俱見上引，此後再無史蹟。

　　史料84，《戰國策·韓策三》二：

　　周佼以西周善於秦，而封於（趙地）梗陽；周啟以東周善於秦，而封於（趙地）平原。

　　附《史記·趙世家》：

　　（趙惠文王）十一年（前288），秦取梗陽。

　　── 事在秦昭王十九年、趙惠文王十一年，即周赧王二十七年、西周武公二十四年、東周嗣君二十年（前288）；與上同年，秦昭王十月一日宜陽稱「帝」稍後。這一史料隱於〈韓策三〉二之中，學者鮮有留意，均未繫年。

---

[112]　《戰國縱橫家書》有「蘇秦自齊獻書燕王」：「齊、趙遇於阿，王憂之。臣與於遇，約攻秦去帝。」

　　秦昭王於年初宣布將於十月一日在宜陽稱「帝」，由於趙相李兌策動天下反對秦王稱「帝」，被迫邀請齊湣王稱「東帝」。齊湣王先聽呂禮、祝弗而答應，後聽蘇秦而撤銷，與趙相約「伐秦去帝」。儘管天下輿論對秦稱「帝」極其不利，然而秦昭王箭在弦上，不得不發，仍於十月一日（秦曆歲首）在宜陽僭稱「西帝」。

　　由於強趙、強齊共同策動「伐秦去帝」，因此天下諸侯不懼秦伐，均不遣使參加宜陽「西帝」大典[113]。僅有弱小的二周畏懼秦伐，遣使參加宜陽「西帝」大典：東周國之使是公子周啟，西周國之使是公子周佼（當為西周武公五庶子之一）。

　　宜陽「西帝」大典冷冷清清，秦昭王最怒首先反對稱帝的趙相李兌，於是按照「來朝者賞，不朝者伐」的事先恐嚇，發兵攻取趙地梗陽，立刻封給西周國公子周佼；西周原先敵秦，故實賞。又把尚未攻取的趙地平原，預封給東周國公子周啟。「平原」（山東平原縣西南）是趙惠文王之弟平原君趙勝之封地，此時尚非秦地；東周一向親秦，故虛賞。

　　李兌大怒，加緊籌備合縱伐秦。燕、魏、韓紛紛加盟，五國「伐秦去帝」在即。

　　秦昭王眼看伐取趙地梗陽，不能嚇退李兌和諸侯，為使諸侯失去伐秦理由，在稱「帝」兩個多月之後的十二月，被迫宣布取消「西帝」僭號。[114]

---

[113]　《呂氏春秋‧應言》：「秦（昭）王立帝宜陽，許綰誕魏王，魏王將入秦。魏敬謂王曰：『以河內孰與梁重？』王曰：『梁重。』又曰：『梁孰與身重？』王曰：『身重。』又曰：『若使秦求河內，則王將與之乎？』王曰：『弗與也。』魏敬曰：『河內，三論之下也；身，三論之上也。秦索其下而王弗聽，索其上而王聽之，臣竊不取也。』王曰：『甚然。』乃輟行。」

[114]　《史記‧六國年表》秦昭王十九年（前288）：「十月為帝，十二月復為王。」《史記‧樂毅列傳》：「齊湣王……與秦昭王爭重為帝，已而復歸之，諸侯皆欲背秦而服於齊。」《韓非子‧內儲說下》：「穰侯相秦而齊強，穰侯欲立秦為帝，而齊不聽，因請立齊為東帝，而不能成也。」

周赧王寄居的西周國，先從抗秦轉為臣秦，至此又與東周國一樣，不奉「周王」而轉奉「秦帝」。秦滅二周已如探囊取物，只待排上日程。

六　秦昭王滅西周國、東周朝，秦莊襄王滅東周國

周赧王寄居西周國的第二階段，也是東周朝的最後階段，即西周國、東周朝從臣秦到被秦伐滅的最後三十二年（前 287 －前 256）；兼及東周國七年後（前 249）被秦伐滅。

二周臣秦之後，已非天下中樞，因而最後階段僅有史料十條（85 － 94）。平均四年一條，與東周國開國前的西周威公時期相當（在位四十八年，史料十二條），少於二周史料的平均數。二周史一百九十一年（前 439 －前 249），史料九十四條，平均兩年一條。其他朝代的滅亡期，都是史料集中期。歷時最長的周朝，滅亡期史料卻最少。主要原因是秦火漢黜，次要原因是衰亡期太長，死而不僵數百年，最後階段已經無足輕重，唯一的懸念是誰將代周為王。

史料 85，《史記·楚世家》：

（楚頃襄王）十八年……楚欲與（齊）〔魏〕、韓連和伐秦，因欲圖（西）周。

周王赧使（西周）武公謂楚相昭子曰：「三國以兵割周郊地以便輸，而南器以尊楚，臣以為不然。夫弒共主（周赧王），臣世君（西周君），大國不親；以眾脅寡，小國不附。大國不親，小國不附，不可以致名實。名實不得，不足以（傷）〔飾〕民。夫有圖（西）周之聲，非所以為號也。」

昭子曰：「乃圖（西）周則無之。雖然，（西）周何故不可圖也？」

　　對曰：「軍不五不攻，城不十不圍。夫一周為二十晉，公之所知也。韓嘗以二十萬之眾辱於晉之城下，銳士死，中士傷，而晉不拔。公之無百韓以圖周，此天下之所知也。夫怨結兩周以塞鄒魯之心，交絕於齊，聲失天下，其為事危矣。夫危兩周以厚三川，方城之外必為韓弱矣。何以知其然也？西周之地，絕長補短，不過百里。名為天下共主，裂其地不足以肥國，得其眾不足以勁兵。雖無攻之，名為弒君。然而好事之君，喜攻之臣，發號用兵，未嘗不以周為終始。是何也？見祭器在焉，欲器之至而忘弒君之亂。今韓以器之在楚，臣恐天下以器仇楚也。臣請譬之。夫虎肉臊，其兵利身，人猶攻之也。若使澤中之麋蒙虎之皮，人之攻之必萬於虎矣。裂楚之地，足以肥國；詘楚之名，足以尊主。今子將以欲誅殘天下之共主居三代之傳器，吞三翮六翼，以高世主，非貪而何？《周書》曰『欲起無先』，故器南則兵至矣。」

　　於是楚計輟不行。（按：「傷民」不通，當為「飭民」之訛）

　　——事在秦昭王二十六年、楚頃襄王十八年、魏昭王十五年、韓釐王十五年、齊襄王三年，即周赧王三十四年、西周武公三十一年、東周嗣君二十七年（前281）；秦昭王稱帝失敗後七年。

　　秦昭王稱帝失敗後二年（前286），齊湣王聽從為燕反間於齊的蘇秦，滅宋。秦昭王稱帝失敗後四年（前284），燕將樂毅得到蘇秦在齊反間之內應，弱燕擊破強齊，攻取七十餘城，齊地僅剩莒邑、即墨兩座孤城；齊湣王車裂蘇秦，逃到莒邑死去，其子齊襄王困守莒邑，宗室田單困守即墨。秦昭王稱帝失敗後九年（前279），燕昭王死，其子燕襄王以騎劫替換樂毅，田單擊敗騎劫，收復齊地，齊襄王從莒邑返回臨淄，齊復國。

　　今年（前281）是秦昭王稱帝失敗後七年，齊襄王困守莒邑，尚未復國，不可能與楚、韓聯合伐秦。因此《史記·楚世家》「楚欲與齊、韓連和

伐秦」，「齊」當作「魏」。

楚頃襄王鑑於強齊已破，楚國又成秦軍首伐目標，打算聯合魏、韓伐秦。合縱伐秦之前，準備先滅西周國、東周朝，「弒共主」周赧王，「臣世君」西周武公，南運九鼎至楚，楚國代周為王，然後號令天下諸侯共同伐秦。

寄居西周國的周赧王，於是派遣西周武公使楚阻止。

西周武公臣秦以後，如今面對楚相昭子，也不稱孤道寡，竟也稱「臣」，不過仍然成功阻止了楚頃襄王滅周。因為周朝已有七百餘年，近乎永恆存在，儘管周平王以降積弱五百年，周顯王以降三代周王寄居二周百年，但是「弒共主」仍屬冒天下之大不韙，楚頃襄王難下決心。

史料 86，《戰國策‧西周策》六：

蘇厲謂（東）周（嗣）君曰：「敗韓、魏，殺犀武（公孫喜）；攻趙，取藺、離石、祁者，皆白起；是善用兵，又有天命也。今攻梁，梁必破，破則（東）周危，君不若止之。（使人）謂白起曰：『楚有養由基者，善射；去柳葉者百步而射之，百發百中。左右皆曰善。有一人過曰：「善射！可教射也矣。」養由基曰：「人皆善，子乃曰可教射，子何不代我射之也？」客曰：「我不能教子支左屈右。夫射柳葉者，百發百中，而不已善息，少焉氣力倦，弓撥矢鉤，一發不中，前功盡矣。」今公破韓、魏，殺犀武，而北攻趙，取藺、離石、祁者，公也。公之功甚多。今公又以秦兵出塞，過兩周，踐韓而以攻梁，一攻而不得，前功盡滅，公不若稱病不出也。』」（《史記‧周本紀》書於三十四年，略同）

── 事在秦昭王二十六年，即周赧王三十四年、西周武公三十一年、東周嗣君二十七年（前 281）；與上同年。蘇厲為東周國人，三年前

（前 284）與兄蘇秦共同助燕破齊，蘇秦被齊湣王車裂，蘇厲返回東周國。劉向誤編於〈西周策〉，應編入〈東周策〉。《史記・周本紀》書於周赧王三十四年，不誤；舊多不明秦取趙藺、離石共有兩次 [115]，妄疑有誤。

　　秦昭王在孟嘗君破秦（前 296）之後，重用秦相魏冉提拔的平民白起，贏得伊闕大勝（前 293），重新捲土東來。魏冉後來獻策稱帝失敗（前 288），又貪取宋地定陶為己封地，支持齊湣王滅宋（前 286），為了保住齊封定陶，又消極參與五國伐齊，導致燕國獨占齊地（前 284），被秦昭王罷相（前 283），連累白起不受重用。今年（前 281）魏冉復相，重新啟用白起攻魏，危及東周。

　　蘇厲於是向東周嗣君進言。先言舊事，即相差十年的白起二事：十二年前（前 293）白起敗公孫喜於伊闕，為其首功；兩年前（前 283）白起攻趙取藺、離石，為其新功。後獻新策，即白起「今攻梁，梁必破，破則（東）周危，君不若止之」，建議東周嗣君派人以養由基之事諷喻白起，勸其「稱病不出」。

　　東周嗣君可能採納了蘇厲之策，雖未立刻奏效，然而埋下了白起結局的伏筆（見下史料 91）。

　　史料 87，《戰國策・西周策》十：

　　秦（昭王）召（西）周（武）君，（西）周（武）君難往。

　　或為（西）周（武）君謂魏（昭）王曰：「秦召（西）周（武）君，將以使攻魏之南陽。王何不出兵於河南？（西）周（武）君聞之，將以為辭於秦而不往。（西）周（武）君不入秦，秦必不敢越河而攻南陽。」

---

[115]　秦第一次攻取趙之藺、離石，已於趙助孟嘗君伐秦之時收復。秦第二次攻取趙之藺、離石，正是白起。

史料 88，《史記‧周本紀》：

（周赧王）八年（當作三十七年），秦召西周君，西周君惡往，故令人謂韓（釐）王曰：「秦召西周君，將以使攻王之南陽也，王何不出兵於南陽？周君將以為辭於秦。周君不入秦，秦必不敢逾河而攻南陽矣。」

史料 89，《史記‧秦本紀》：

（秦昭王）二十九年，（西）周（武）君來。

—— 根據〈秦本紀〉，事在秦昭王二十九年，即周赧王三十七年、西周武公三十四年、東周嗣君三十年（前 278）；秦昭王稱帝失敗後十年。〈周本紀〉誤書於周赧王八年（前 307，秦武王四年），誤前二十九年；其時西周武公聽從周最，敵秦甚堅，遠未臣秦（詳上），不可能應秦武王之召入秦。

〈秦本紀〉記載西周武公入秦三次，均在秦昭王時。其一，秦昭王十七年（前 290），西周武公扣留然後釋放入秦獻地的韓相韓辰，被迫入秦請罪（見上史料 72），為西周臣秦之始，並非秦昭王召見。其二，秦昭王二十九年（前 278），西周武公入秦朝拜，亦即此處所言，才是秦昭王召見。其三，秦昭王五十一年（前 256），西周武公入秦獻地，西周國亡（見下史料 92）。

西周武公十二年前（前 290）首次入秦，被迫臣秦，仍不甘心事秦。今年（前 278）被秦召見，大概聽從自齊歸周的周最（〈西周策〉十「或為周君謂魏王」、〈周本紀〉「人謂韓王」可能均為周最），不願入秦，所以「難往」、「惡往」，希望憑藉魏、韓而拒絕入秦，但是魏、韓今非昔比而不敢抗秦，最終只能應召入秦。

秦昭王對待西周武公已如臣僕，隨時可滅二周。

史料 90，《史記・周本紀》：

（周赧王）四十二年，秦破華陽約。

馬犯謂（西）周（武）君曰：「請令梁城周。」

（馬犯為西周使魏，）乃謂梁（安釐）王曰：「周（赧）王病若死，則犯必死矣。犯請以九鼎自入於王，王受九鼎而圖犯。」

梁王曰：「善。」遂與之卒，言戍周。

（馬犯）因謂秦（昭）王曰：「梁非戍周也，將伐周也。王試出兵，境以觀之。」

秦果出兵。

（馬犯）又謂梁王曰：「周（赧）王病甚矣，犯請後可而復之。今王使卒之周，諸侯皆生心，後舉事且不信。不若令卒為周城，以匿事端。」

梁王曰：「善。」遂使城周。

──　事在秦昭王三十四年、魏安釐王四年，即周赧王四十二年、西周武公三十九年、東周嗣君三十五年（前 273）；秦昭王召見西周武公後五年。

今年秦將白起敗魏於華陽，斬首十五萬。[116]

西周武公擔心秦軍敗魏之後移師滅周。馬犯於是請命使魏，對魏安釐

---

[116]　《史記・秦本紀》：「（秦昭王）三十三年（前 274），客卿胡陽攻魏卷、蔡陽、長社，取之。[三十四年，白起] 擊芒卯華陽，破之，斬首十五萬（前 273）。」《史記・白起王翦列傳》：「昭王三十四年（前 273），白起攻魏，拔華陽，走芒卯，而虜三晉將，斬首十（三）[五] 萬。」《史記・魏世家》：「（安釐王）四年（前 273），秦破我及韓、趙，殺十五萬人，走我將芒卯。」《史記・韓世家》：「（韓釐王）二十三年（前 273），趙、魏攻我華陽。韓告急於秦……（白起）敗趙、魏於華陽之下。」《史記・趙世家》：「（趙惠文王）二十五年（前 273），燕周將，攻昌城、高唐，取之。與魏共擊秦。秦將白起破我華陽，得一將軍。」《史記・穰侯列傳》：「穰侯與白起、客卿胡陽復攻趙、韓、魏，破芒卯於華陽下，斬首十 [五] 萬，取魏之卷、蔡陽、長社，趙氏觀津。」

王聲稱「周（赧）王病若死」，誘其出兵西周，奪取九鼎。

魏安釐王不知是計，發兵西周，聲稱助其防秦。

馬犯隨即使秦，告訴秦昭王：魏軍前往西周，並非助其防秦，而是欲取九鼎。請秦出兵。

秦昭王不願九鼎歸魏，立刻發兵。

馬犯再次使魏，告訴魏安釐王：奪取九鼎，必將激怒秦國。不如改為幫助西周築城，掩蓋欲取九鼎之心。

魏安釐王無奈，改命魏軍為西周築城。

馬犯兩面使詐，借力打力，推遲了秦滅西周的日程。

馬犯雖然對魏使詐，但其所言「周（赧）王病若死」「周（赧）王病甚矣」，當屬實情，因為周赧王已經在位四十二年。不過周赧王儘管年老病重，又苟延殘喘了十七年，東周朝、西周國亦然。

史料 91，《史記・周本紀》：

（周赧王）五十九年，於是秦取韓陽城、負黍，西周恐，倍秦，與諸侯約從，將天下銳師出伊闕攻秦，令秦無得通陽城。秦昭王怒，使將軍摎攻西周。西周（武）君奔秦，頓首受罪，盡獻其邑三十六，口三萬。秦（昭王）受其獻，歸其君於（西）周。（西）周君、王赧卒[117]，（西）周民遂東亡。秦取九鼎寶器，而遷西周公於憚狐。

史料 92，《史記・秦本紀》：

（秦昭王）五十一年……於是秦使將軍摎攻西周。西周君走來自歸，

---

[117] 舊或不明二周史，不明王赧居西周，故而不明此處「周君、王赧」分指二人，遂以「君」為衍文而刪之，「周君、王赧」變成「周王赧」。《史記・周本紀・索隱》：「此周君，即西周武公也。」可證唐時尚作「周君、王赧」，且知「周君」非「王赧」。

頓首受罪，盡獻其邑三十六城，口三萬。秦（昭）王受獻，歸其君於（西）周。五十二年，周民東亡，其器九鼎入秦。周初亡。

　　—— 事在秦昭王五十一年，即周赧王五十九年、西周武公五十六年、東周嗣君五十二年（前256）；秦昭王召見西周武公後二十二年，馬犯詐魏後十七年。此為西周國、東周朝的最後史料。

　　前年（前258）秦將白起在長平大敗強趙，坑殺四十五萬趙軍降卒，秦滅六國已無逆轉可能。去年（前257）秦昭王命令白起領兵滅趙，白起「稱病不出」（蘇厲伏筆生效，見上史料86），秦昭王被迫另命秦將進圍趙都邯鄲。

　　今年（前256）魏信陵君、楚春申君應趙平原君之請，共同救趙擊秦。秦圍邯鄲失敗，秦昭王怒殺白起。

　　西周武公大概又聽從自齊歸周的周最，趁機背叛秦國，再次成為諸侯合縱抗秦的「謀主」（〈西周策〉十一，見上史料66），「與諸侯約縱，將天下銳師出伊闕攻秦」。秦昭王於是決意伐滅西周國、東周朝，徹底斬斷六國抗秦的神經中樞。白起已被賜死，遂命將軍摎伐滅西周。

　　西周武公不得不第三次（最後一次）入秦，納土降秦。所獻三十六邑其實極小，人口僅有三萬，因為「西周之地，絕長補短，不過百里」（《史記·楚世家》，見上史料85）。

　　納土降秦不久，西周武公、周赧王同時死去。二人同年同時而死，必非正常死亡，或是同被秦昭王賜死，或是羞為秦臣而同時自殺。

　　《史記·周本紀》「周民遂東亡」，乃指不願臣秦、羞為秦民的三萬西周國民眾，東逃至東周國。

　　《史記·周本紀》「秦取九鼎寶器」，《史記·秦本紀》「九鼎入秦」，當

屬虛語[118]，否則秦始皇後來不必再去泗水尋找過宋沉沒的運齊之鼎。沉沒之鼎，加上秦武王所舉龍紋赤鼎，僅知東周朝二鼎，而且必非大禹所鑄九鼎。後來劉邦滅秦，項羽入咸陽，均未發現九鼎。因此秦昭王雖滅西周國、東周朝，實未得到九鼎，對外聲稱「九鼎入秦」，意在誇示天命歸秦，消解列強抗秦意志。司馬遷輕信秦之虛言，採入《史記》。後來秦始皇伐滅六國，收聚天下兵器，熔為九大金人，意在遮掩未得九鼎（暗示九鼎熔為金人）。深究其實，「禹鑄九鼎」僅是傳說，並無史證；「商滅夏而九鼎歸商，周滅商而九鼎歸周，秦滅周而九鼎歸秦」，或許都是「君權神授」的愚民謊言。

《史記・周本紀》「秦遷西周公於狐」，這是西周武公死後的「西周公」，當指西周武公的太子姬咎，然而不應再稱「西周公」。《史記・周本紀・索隱》曰：「西周，蓋武公之太子文公也；武公卒而立，為秦所遷，而東周亦不知其名號。《戰國策》雖有周文君，亦不知滅時定當何主。蓋周室衰微，略無紀錄，故太史公雖考眾書以卒其事，然二國代系甚不分明。」所注均為不明二周史之妄言。西周武公卒前，西周國已滅，太子姬咎被秦遷至狐，廢為庶民，怎能再「立」？《戰國策》之「周文君」，乃是已死甚久的東周國昭文君，怎能變成西周國「武公之太子文公」？「蓋周室衰微」以下四句評論，則是實情。

《史記・秦本紀》「周初亡」，乃是不明二周史的誤書，暗示七年後「秦莊襄王滅東周」是「周再亡」。

秦昭王五十一年，西周國納土降秦；在位五十六年（前 311 －前 256）

---

[118]　《史記・秦本紀・正義》：「禹貢金九牧，鑄鼎於荊山下，各象九州之物，故言九鼎。歷殷至周赧王［五］十九年，秦昭王取九鼎，其一飛入泗水，餘八入於秦中。」甚謬。「其一飛入泗水」，事在八十年前的秦惠王二年（前 336，見上史料 26）。「餘八入於秦中」，並無實證。

的西周武公，寄居西周國五十二年（前 307 － 前 256）、在位五十九年（前 314 － 前 256）的末代天子周赧王同年同時而死。西周國、東周朝，同年同時滅亡。西周國之滅，即東周朝之滅。

史料 93，《史記・周本紀》：

（周赧王五十九年）後七歲，秦莊襄王滅東周（國）。東、西周皆入於秦，周既不祀。

史料 94，《史記・秦本紀》：

（秦）莊襄王元年，大赦罪人，修先王功臣，施德厚骨肉而布惠於民。東周（嗣）君與諸侯謀秦，秦使相國呂不韋誅之，盡入其國。秦不絕其祀，以陽人地賜（東）周（嗣）君（之子），奉其祭祀。

　　—— 事在秦莊襄王元年，即東周嗣君五十九年（前 249）；秦昭王滅西周國、東周朝後七年。此為東周國的最後史料。

秦莊襄王滅東周國，《史記・秦本紀》書於「（秦）莊襄王元年」，《史記・周本紀》不書東周朝紀年，而書秦昭王滅東周朝「後七歲」，乃因七年前末代天子周赧王死後，東周朝已無紀年。

《史記・周本紀》「秦莊襄王滅東周」，乃是秦滅東周國，並非秦滅東周朝，也非七年前「周初亡」之後的「周再亡」。

《史記・周本紀》「東、西周皆入於秦，周既不祀」，也是不明二周史的誤書，因為東周朝七年前已經絕祀。西周國、東周國與七雄一樣，都是周封諸侯國，其祀不能等同於周祀。東周國七年來所奉之祀，並非東周朝歷代先王，而是東周國兩位先君東周惠公、昭文君，此後所奉之祀亦然。

《史記・秦本紀》「秦不絕其祀，以陽人地賜（東）周君（之子），奉其祭

祀」，並非不絕東周朝之祀，而是不絕東周國之祀。《史記‧秦本紀》明言秦相呂不韋誅殺東周嗣君，因此奉祀者必非東周嗣君，而是東周嗣君之子。

秦滅東周國，晚於秦滅西周國七年，而且秦絕西周國、東周朝之祀，不絕東周國之祀。一是因為秦惠王、秦武王、秦昭王三世，東周國長期親秦、臣秦，從未叛秦。二是因為西周國長期敵秦、抗秦，周赧王從東周國遷至西周國之後，西周武公成為諸侯抗秦的「謀主」，其子周最成為首屈一指的「以天下辱秦者」，被迫臣秦之後，又策動諸侯合縱抗秦。

二周對秦態度儘管截然不同，但都無法避免被秦伐滅，僅是善後處置小異。

結語　西周國、東周國世系及其國祚

西周朝從周武王滅商之年（周武王十一年）至周幽王十一年，共計二百七十六年（前 1046 － 前 771）；東周朝從周平王元年至周赧王五十九年，共計五百十五年（前 770 － 前 256）；合計七百九十一年。

後人常稱「八百年」，一是為了方便，泛言整數；二是計入周武王在位的最初十年（前 1056 － 前 1047），即為八百零一年；三是再計入周文王在位的五十年（前 1106 － 前 1057），即為八百五十一年；四是不明二周史，把東周國滅亡之年（前 249）誤視為東周朝滅亡之年，誤多七年，即為七百九十八年。

西周國於周考王元年（前 440）受封開國，翌年（前 439）始計元年，周赧王五十九年（前 256）被秦昭王伐滅，共歷四君（或五君）：第一君，

西周桓公姬揭，在位二十五年（前439－前415）。第二君，西周威公姬竈，在位四十八年（前414－前367）。第三君，西周惠公姬朝，元年確定，卒年推定，在位五十五年（前366－前312）。第四君，西周武公姬某，其名不詳，元年推定，卒年確定，在位五十六年（前311－前256），國滅身死。國祚一百八十四年（前439－前256）。

　　君主晚年愛其幼子，廢長立幼乃是常事，但是西周威公、西周惠公、西周武公三世合計在位一百五十九年，全都在位五十年上下，不太合於常理。由於西周威公的年數、其長子為西周惠公均可確定，而西周惠公的年數、西周武公是否西周惠公幼子、西周武公的年數均難確定，所以西周惠公、西周武公之間，很有可能脫漏一君，史闕其文，姑且存疑。

　　東周國於周顯王二年（前367）受封開國，翌年（前366）始計元年，周赧王五十九年後七年（前249）被秦莊襄王伐滅，共歷三君（或四君）：第一君，東周惠公姬根，在位七年（前366－前360）。第二君，東周昭文君姬傑，元年確定，卒年推定，在位五十二年（前359－前308）。第三君，東周嗣君姬某，其名不詳，元年推定，卒年確定，在位五十九年（前307－前249），國滅身死。國祚一百十八年（前366－前249），開國比西周國晚七十三年，亡國比西周國晚七年，國祚比西周國短六十六年，國君比西周國少一代（或二代）。東周昭文君、東周嗣君在位也都超過五十年，前者卒年、後者元年均難確定，所以兩者之間也有可能脫漏一君，史闕其文，姑且存疑。

　　周顯王二年「周分為二」之後，最後三王已無寸地，寄居二周一百十二年（前367－前256）[119]，，列強紛紛叛周稱王，秦昭王甚至僭

---

[119]　《東周西周兩國史研究》：「從二周分立到西周為秦所滅，共經歷一百一十二年。」（吳榮曾：《先秦兩漢史研究》，中華書局，1995年，第137頁）

號稱帝，東周朝早已名存實亡。因而孔子曾往洛陽問禮，自明「為東周（朝）」之志。自命孔子私淑弟子的孟子（前 369 －前 287），卻因三歲之時「周分為二」（前 367），一生歷仕齊、宋、滕、魏，從未前往洛陽。《孟子・公孫丑》明言：「五百年必有王者興，其間必有名世者。由周而來，七百有餘歲矣，以其數則過矣。」認為東周朝早該滅亡了。《韓非子・備內》則如此評論已成傀儡的周天子：「有主名而無實，臣專法而行之，周天子是也。」

以「王」僭「帝」的秦漢祕史

—— 辛亥革命百年祭

弁言　宗教演進與哲學突破

人類宗教演進，分為三大階段：植根於泛靈崇拜的多神教，植根於日月崇拜的二神教，植根於太陽崇拜的一神教；均以人格神的主觀意志，解釋世界形成和萬物變化的偶然原因和非規律性。

人類哲學演進，也分三大階段：脫胎於多神教的多元論，脫胎於二神教的二元論，脫胎於一神教的一元論；均以非人格的客觀力量，解釋世界形成和萬物變化的必然原因和客觀規律。

多數民族對宇宙客觀規律的認知，訴諸感性直觀，囿於萬物表象，未達萬物本質，知識零散多元，把尚未認知其規律性的廣大領域讓渡給宗教，因而止步於宗教，未能實現哲學突破。個別民族對宇宙客觀規律的認知，訴諸理性邏輯，超越萬物表象，抵達萬物本質，知識系統一元，把尚未認知其規律性的廣大領域留存於哲學，堅信一元論之「道」總攝已知、未知的一切規律，因而超越宗教，實現哲學突破。哲學突破是信仰、探索、認知、發現宇宙客觀規律的前提。沒有哲學突破，就沒有哲學信仰。沒有哲學信仰，就不會堅信宇宙萬物均有客觀規律。不堅信宇宙萬物均有客觀規律，就不可能有意識地探索、認知、發現宇宙客觀規律。軸心時代的中國、希臘、印度全都實現了哲學突破，成為人類認知宇宙客觀規律的三大源頭。然而希臘、印度的宗教演進、文化傳統、政治制度，全都不利於哲學突破，哲學突破很快就被宗教收復了失地。

從泰勒斯到蘇格拉底，希臘實現一元論的哲學突破。然而希臘的宗教演進滯後，止步於多神教的希臘神話；希臘的文化傳統斷裂，傳統的自然哲學與蘇格拉底的精神哲學不能相續；雅典的政治制度極端，直接民主極

端平等。蘇格拉底同時攻擊希臘多神教、前蘇格拉底哲學、雅典直接民主制，革命性太強，力量對比懸殊，尤其是蘇格拉底的一元論與希臘神話的多神教勢不兩立，因此在少數服從多數的直接民主制下，被信仰多神教的雅典民眾以「侮慢眾神，毒害青年」的罪名處死，希臘多神教收復一半失地。蘇格拉底死後，古羅馬征服古希臘，繼承其三大遺產，即宗教層面的多神教，哲學層面的一元論，政治層面的民主制。古羅馬從共和制退回君主制，從多神教進至一神教，為一元論的希臘哲學披上一神教的基督教外衣，希臘哲學千年雪藏於基督教神學，基督教收復全部失地。

　　從沙門思潮到釋迦牟尼，印度實現一元論的哲學突破。然而印度的宗教演進滯後，止步於多神教的婆羅門教；印度的文化傳統斷裂，傳統吠陀哲學與釋迦牟尼佛學不能相續；印度的政治制度極端，四大種姓極不平等。釋迦牟尼同時攻擊婆羅門教、外道哲學、種姓制度，革命性太強，力量對比懸殊，尤其是「眾生平等」的佛學宗旨與極不平等的種姓制度勢不兩立，因此釋迦牟尼不得不吸納婆羅門教安慰低等種姓的「六道輪迴」，為一元論的佛學披上多神教的佛教外衣，婆羅門教收復一半失地。釋迦牟尼死後，佛教雖對婆羅門教、外道哲學、種姓制度不斷妥協，仍然無法在印度扎根，婆羅門教收復全部失地。

　　從伏羲到老聃，中國實現一元論的哲學突破。由於中國的宗教演進與哲學演進基本同步，伏羲易道與道家哲學能夠相續，溫和君主制度與道家哲學成果能夠相容，所以哲學突破未被先秦宗教收復失地，但被秦漢政治葬送了碩果。秦漢以後的悖道君主，利用哲學層面的以「道」代「帝」，轉向政治層面的以「王」僭「帝」，迫使以「道」代「帝」的哲學信仰成為祕密信仰，迫使崇拜「上帝」的宗教信仰轉向以「佛」代「帝」的佛教和以「真」代「帝」的道教，直到辛亥革命終結「帝」制。

一　以「道」代「帝」的哲學突破

　　先秦宗教遵循宗教演進的客觀規律，從多神教演進至二神教，又從二神教演進至一神教。人文古史「黃帝與炎帝戰於阪泉之野」，原屬多神教的「五帝」神話。商代《歸藏》的初文是「黃神與炎神戰於涿鹿之野」，炎、黃二族的祖先均被升格為「神」。稍後轉寫為「黃神與炎帝戰於涿鹿之野」，二「神」變成了一「神」一「帝」。再後轉寫為「黃帝與炎帝戰於涿鹿之野」[120]，二「神」變成了二「帝」，抵達二神教。二神教的二「神」必須一善一惡，而把戰敗一族的祖先神「炎帝」視為惡神不利於炎、黃二族融合，於是用炎帝族的「蚩尤」替代「炎帝」，轉寫為二神教的標準神話「黃帝與蚩尤戰於涿鹿之野」（《史記・五帝本紀》），「黃帝」遂成二神教的「善神」，「蚩尤」遂成二神教的「惡神」；同時改寫黃帝、炎帝所戰之地，定格於後世熟知的人文古史「黃帝與炎帝戰於阪泉之野」（《史記・五帝本紀》）。西周抵達一神教，於是又用黃帝族的「顓頊」替代「黃帝」，又用炎帝族的「共工」替代「蚩尤」，把二神教的標準神話「黃帝與蚩尤戰於涿鹿之野」，改寫為一神教的標準神話「共工與顓頊爭為帝」（《淮南子・天文訓》），「顓頊」遂成一神教的「上帝」，「共工」遂成一神教的「魔鬼」。

　　先秦哲學遵循哲學演進的客觀規律，從多元論演進至二元論，又從二元論演進至一元論。夏、商以前多神教的「五帝」，被商代先哲轉化為多元論的「五行」。商、周時代二神教的「黃帝」、「蚩尤」，被商、周先哲轉化為二元論的「陰」、「陽」。西周抵達一神教之「帝」，被東周先哲轉化為一元論之「道」。道家祖師老聃認為，道「象帝之先」。道家集大成者莊

---

[120]　馬國翰輯《歸藏・鄭母經》十一（《御覽》七九引）：「昔黃神與炎神爭鬥涿鹿之野。」嚴可均輯《歸藏・鄭母經》（《路史・前紀三》〈後紀四〉注引）：「黃神與炎帝戰於涿鹿。」1993 年湖北荊州秦墓出土的王家臺《歸藏・同人》：「黃啻與炎啻戰於涿鹿之野。」

子認為，道「神鬼神帝」。道家以東周一元論之「道」取代西周一神教之「帝」，實現了以「道」代「帝」的哲學突破。

「帝」、「蒂」的形義，也證明商代多神教的祖先「神」，先演進至西周一神教之「帝」，再轉化為東周一元論之「道」。「帝」字原是焚柴祭神之象形，由於祖先「神」無形，故以祭神儀式名之，祭儀之名另加「示」作「禘」。「禘」、「帝」音同易混，又把「禘祭」轉寫為「柴祭」，復歸本義焚柴祭神。「帝」又通「蒂」（王國維），「蒂」、「根」義近，祖先是子孫之「根」、「蒂」，子孫是祖先之「花」、「果」。商代多神教的祖先「神」，演進至西周一神教之「帝」，「帝」就成為宇宙萬物之「根」、「蒂」。東周一元論之「道」取代西周一神教之「帝」以後，「道」就成為宇宙萬物之「根」、「蒂」，《老子》遂言「深根固蒂之道」。

華夏文明始祖伏羲，創造了獨一無二的伏羲六十四卦。夏有《連山》，商有《歸藏》，周有《周易》，均為六十四[121]。

儘管六十四卦爻變之「道」不盡符合現代科學，但在很多民族尚以人格神的主觀意志解釋未知規律之時，中華先哲就用不被人、神意志左右的自然力量，解釋已知、未知的一切規律。以「陰陽訊息」為變化規律的六十四卦爻變之「道」，正是東周一元論之「道」的源頭。道家繼承易道又不囿於易道，把六十四卦爻變之「道」提煉為一元論之「道」，總攝二元論的陰陽之「氣」多元論的萬物殊「理」。《老子》的終極表述是：「道生一，一生二，二生三，三生萬物。」《莊子》的簡明表述是：「萬物一氣，同道

---

[121]　夏代《連山》久佚。商代《歸藏》於秦漢亡佚，西晉太康年間汲塚魏襄王墓出土；唐宋以後再佚，清代馬國翰、嚴可均均輯有佚文。1993 年湖北王家臺秦墓重新出土《歸藏》簡。《周易》流傳至今，但是漢後《易傳》混入《易經》，導致《經》、《傳》不分，鮮有人知《易傳》大悖《易經》。

殊理。」[122]

先秦中國的君主制度較為溫和，上下分層的等級差別也較為溫和，既不像希臘民主制度那樣極端平等，也不像印度種姓制度那樣極不平等，因此中華先哲既沒有被難以教化的下層民眾以「瀆神」罪名處死的希臘式危險，也沒有被難以改變的政治制度逐出本土的印度式危險，終將哲學成果普及到上層士人，形成上下分層的信仰格局：身為周代貴族的上層士人，信仰西周一神教之「帝」和東周一元論之「道」；身為商代遺民的下層民眾，信仰商代多神教之「五帝」和初民薩滿教之迷信。儒家祖師孔子因而推崇「君仁─臣忠」的溫和君主制度與「君子─小人」的溫和等級差別，儒家集大成者荀況因而推崇「君子以為文，百姓以為神」的上下分層信仰格局。

希臘和印度，宗教演進滯後，文化傳統斷裂，政治制度極端，因而哲學突破是火溫驟升的突變式爆破，由於敵對力量強大，變成自殺性爆炸，只開花不結果即已夭折，未能推進文明，宗教收復失地以後，反而文明衰退。唯有中國，宗教演進同步，文化傳統相續，政治制度溫和，因而哲學突破是水溫漸升的漸變式煮沸，由於敵對力量微弱，成為建設性改良，既開花又結果得到普及，有力推進了文明，未被宗教收復失地。

二 稱「王」為「帝」的先秦詭典

秦漢君主利用哲學層面的以「道」代「帝」，轉向政治層面的以「王」僭「帝」，辛亥革命以前兩千兩百年，辛亥革命至今一百年，中國人全都

---

[122] 參看《莊子‧大宗師》：「天地之一氣。」《莊子‧知北遊》：「通天下一氣。」《莊子‧齊物論》：「物之所同是。」《莊子‧大宗師》：「託於同體」、「同於大通」，《莊子‧則陽》：「萬物殊理。」

不以為非。主要原因是秦始皇的「焚書坑儒」和漢武帝的「罷黜百家」，逐步剷滅了先秦常識，徹底遮蔽了秦漢祕史。次要原因是後人以為先秦已有稱「王」為「帝」的諸多先例，不知所有先例均屬似是而非的訛典。

先秦訛典之一：堯、舜、禹禪讓，堯、舜的名號為「帝」，禹的名號為「王」。

一切民族的初民口傳文化，均以多神教的敘事方式，把遠古祖先升格為眾神，把近古酋長升格為英雄。文明民族發明文字以後，倘若止步於宗教信仰，被升格的眾神、英雄就無望還原為遠古、近古的祖先。唯有實現哲學突破以後，被升格的眾神、英雄才有望還原為遠古、近古的祖先。

希臘初民的遠古祖先神話、近古酋長神話，保留於盲詩人荷馬的口傳史詩。荷馬史詩共有三層敘事：一是遠古的祖先神話，祖先被神化為保佑子孫的天庭眾神。二是中古的酋長神話，酋長被神化為半人半神、上天入地的英雄。三是近古的人間歷史，如希臘、特洛伊之戰。所謂「史詩」，就是把原本按時間先後排列的歷時性敘事，即屬於「詩」的遠古祖先神話、中古酋長神話，屬於「史」的近古民族歷史，按多神教的敘事方式，轉換為按空間上下並置的共時性敘事。這一轉換經不起哲學質疑，因此蘇格拉底實現哲學突破以後，弟子柏拉圖就對荷馬史詩啟動了哲學質疑。然而不久古希臘亡於古羅馬，希臘哲學來不及把多神教的神話還原為人類文化的祖先史。

中華初民的口傳史詩，同樣按多神教的敘事方式，把遠古祖先升格為「三皇」神話，把中古酋長升格為「五帝」神話，與近古「三王」歷史並置為共時性敘事。漢字發明以後，「三皇五帝」神話仍然長期口傳，但是實錄商、周王室文告的《尚書‧商周書》從不提及。

　　西周抵達一神教，東周抵達一元論，道家祖師老聃實現哲學突破。其後儒家祖師孔子反對春秋「五霸之道」，推崇近古「三王之道」，「子不語怪力亂神」，所以不言「三皇五帝」神話。其後墨家祖師墨子反對儒家「三王之道」，推崇中古「五帝之道」，把「五帝」神話還原為中古酋長史。其後道家後學反對儒家「三王之道」和墨家「五帝之道」，推崇遠古「三皇之道」，把「三皇」神話還原為遠古祖先史。西周以前按空間上下並置的共時性多神教神話敘事，東周以後遂被還原為按時間先後排列的歷時性一元論人文敘事。中國因而沒有「史詩」，僅有時間最長的不間斷編年史。

　　顧頡剛認為，「三皇五帝」古史是「層累疊加」的「造偽」。「層累疊加」確切，就是「三皇五帝」的口傳神話在先，文字古史在後，墨家把「五帝」疊加在「三王」以前，道家又把「三皇」疊加在「五帝」以前。「造偽」不確，文字古史均非憑空杜撰，均以口傳神話為據。只不過道家「以道代帝」，對「三皇」神話的人文還原非常徹底。墨家「崇信鬼神」，對「五帝」神話的人文還原不夠徹底，殘存「五後」曾被升格為「五帝」的神話遺跡，仍稱「五後」為「五帝」。

　　墨家反對儒家推崇的「三王」，是因為「三王」開啟了君主世襲、卿相世襲，導致君主非聖、卿相非賢而天下大亂，所以推崇「五帝」（實為「五後」）的君主禪聖、卿相讓賢而天下大治，核心敘事是「堯、舜、禹禪讓」（《墨子・尚賢上》）。君主世襲始於禹之子啟，可見墨家所言「禪讓」必非造偽。禪讓既禪其位，又讓其號，然而墨家卻稱堯、舜的名號為「帝」，禹的名號為「王」，可見墨家所稱堯、舜、禹名號必非史實。堯、舜非「帝」，禹也非「王」，三者的名號均為「後」。部落酋長謂之「後」，眾多部落酋長謂之「群後」，部落聯盟領袖謂之「元後」。《尚書・虞夏書・大禹謨》明確記載，舜命禹繼任「元後」，領袖「群後」。夏後啟以降，夏

代君主的名號仍均為「後」[123]，商代君主的名號才升格為「王」[124]，周代君主襲之。商、周追稱禹和夏代君主為「王」，以便統稱夏、商、周為「三王」。墨家既沿襲「五帝」神話，把堯、舜的名號升格二級，稱之為「帝」，又沿襲商、周傳統，把禹的名號升格一級，稱之為「王」，成為「五帝禪讓」（實為「五後禪讓」）的破綻。

先秦訛典之二：「王」死稱「帝」。

《禮記・曲禮》：「（王）崩，曰『天王崩』。……措之廟，立之主，曰『帝』。」所言「王」死稱「帝」，僅為商代史實。夏代君主生前無一稱「王」，全都稱「後」。周代君主死後無一稱「帝」，全都稱諡。唯有商代君主生前稱「王」，死後稱「帝」。

商代崇信鬼神，信仰作為祖先神的多神教「五帝」，認為「人——鬼——神」相通，庶「人」死而為「鬼」，君「王」死而為「神」，因此商「王」死後成「神」而稱「帝」，一如信仰多神教的羅馬君主死後即入萬神殿。但是商代多神教只許「王」死稱「帝」，不許活「王」稱「帝」。妄稱活「王」為「帝」，乃是咒「王」速死。活「王」自僭「帝」號，則是自咒速死。商代「王死稱帝」的另一原因是，尚多母權制遺風，尚未確立父權制和嫡長子繼承制，宗法尚「舅」，《歸藏》首「坤」（次「乾」）[125]，母權、女權頗尊。所以商王繼承，常常兄終弟及。商高宗武丁的王后婦好，掛帥出征。出土最大商代青銅器，是后母戊鼎。

---

[123]　即時實錄的《今文尚書・商書・湯誓》：「我後不恤我眾」，商湯稱夏桀為「後」。後世偽撰的《古文尚書・商書・湯誥》（《今文尚書》無）「夏王滅德作威」，商湯稱夏桀為「夏王」。

[124]　《尚書・商書・盤庚》盤庚稱商代先君為「古我前後」、「古我先後」、「我先神後」、「古後」、「高後」，可證商代君主稱「王」不早於盤庚。參看《莊子・讓王》稱堯、舜、禹、湯為「後」。

[125]　《歸藏》首「坤」次「乾」，孔子稱為〈坤乾〉。《禮記・禮運》：「孔子曰：『我欲觀殷道，吾得〈坤乾〉焉。』」孔子死後，子夏攜帶〈坤乾〉至魏，鈔本之一葬入汲塚魏襄王墓，西晉太康年間與《竹書紀年》、《穆天子傳》等同時出土。

　　周代崇尚人文，信仰並非祖先神的一神教「上帝」，認為「人 ——
鬼」相通，「人 —— 神」不相通，「人」死只可為「鬼」，不能成「神」稱
「帝」。此義著於《尚書・周書・呂刑》：「絕地天通，罔有降格。群后之逮
在下，明明棐常，鰥寡無蓋。」孔傳：「人神不擾，各得其序，天神無有降
地。」周人貶斥商人植根於多神教信仰的「王」死稱「帝」，導致地、天相
通，人、神相擾，天「帝」降格於人「王」。西周一神教之「帝」，是唯一至
高之神，人「王」不可僭竊天「帝」之號，因此周「王」死後無一稱「帝」，
全部稱諡。周代「王不僭帝」的另一原因是，肅清了母權制遺風，確立了
父權制和嫡長子繼承制，宗法尚「父」，《周易》首「乾」（次「坤」），天
「帝」對應於「乾」之至高爻「上九」，即「天父」，人「王」對應於「乾」之
次高爻「九五」，即「天子」，「帝」權既尊，「王」權遂卑，父權既尊，子權
遂卑，母權、女權亦卑，所以周武王伐商以「牝雞司晨」為罪名（《尚書・
周書・牧誓》）。「王不僭帝」是周禮的根本基石，侯不僭王，下不僭上，
禮、樂規格不可逾制等等，無不從中推衍而出。

　　商「王」死後稱「帝」，模糊人、神界線，人文義涵全無。周「王」死
後稱諡，劃清人、神界線，人文義涵強烈。西周一神教的人文化轉向，開
啟了東周一元論的人文化思潮，直到東周一元論之「道」取代西周一神教
之「帝」，實現以「道」代「帝」的哲學突破。

　　先秦訛典之三：《尚書・虞夏書・堯典》有「帝堯」、「帝舜」。

　　古今學者舉證無數，早已證明《尚書・虞夏書》並非即時實錄，而是
後世追述。《尚書・虞夏書・堯典》撰者根據《禮記・曲禮》所言「王」死稱
「帝」，遂稱早已死去的堯、舜為「帝堯」、「帝舜」。儘管撰者不知「王」死
稱「帝」始於商代，但是「帝堯」、「帝舜」之「帝」屬於死稱則無可疑。《尚
書・虞夏書・大禹謨》明確區分了生稱、死稱：禹對舜言，對舜用生稱，

稱舜為「後」；客觀敘述，對舜用死稱，稱舜為「帝」。[126]

後人或是不知《虞夏書》並非堯、舜時代的即時實錄，或是雖知《虞夏書》出於後世追述，卻不知《堯典》「帝堯」、「帝舜」之「帝」屬於死稱，又受初民「五帝」神話、墨家「五帝」（五後）古史的雙重誤導，誤以為堯、舜生前均已稱「帝」。

至此已明，初民「五帝」神話，商代「王」死稱「帝」，《堯典》「帝堯」、「帝舜」，其「帝」均為死稱[127]，均非秦始皇活「王」僭「帝」的可據先例。

三　使「王」稱「帝」的商鞅變法

秦始皇活「王」僭「帝」，源於五世祖秦孝公的商鞅變法（西元前359）。

商鞅（前390－前338）是法家，法家乃從儒家分出。孔子是儒家祖師，弟子子夏是法家始祖。孔子死後，子夏從魯至魏，為魏文侯師。魏文侯以子夏弟子李悝為相，在戰國初期率先變法。衛人吳起從衛至魯，師從曾參之孫曾西，先為魯將，後被棄用；於是從魯至魏，師從子夏弟子，為魏文侯將；因被魏武侯棄用，又從魏至楚，為楚悼王相，實行變法。衛人商鞅從衛至魏，師從子夏弟子；因被魏惠王棄用，於是攜帶李悝《法經》從魏至秦，為秦孝公相，實行變法。

---

[126]　《古文尚書·商書·說命》（《今文尚書》無）「厥後唯堯、舜」，傅說（商高宗武丁之相）對堯、舜均用生稱，均稱為「後」。

[127]　越王勾踐的死稱是「菼執」，越王不壽的死稱是「盲姑」，越王無餘之的死稱是「菼安」，越王無顓的死稱是「菼蠋卯」（陳夢家：《六國紀年》，中華書局，2005 年，第 156 頁）。庶人沒有專用死稱，僅有通用死稱，父死稱「考」，母死稱「妣」。

　　商鞅遊說秦孝公，既非先言法家「霸道」，也非先言儒家「王道」，而是冒著不再有第二次第三次進言機會的危險，先言墨家「帝道」，次言儒家「王道」，後言法家「霸道」，這是何故？因為商鞅既想迎合秦孝公好惡，又無法預知秦孝公好惡，於是遵循經其修正的中原主流價值，依次進言「三道」。

　　有操守的中原士人，均有中原文明優越感，固守「夷夏之辨」，獨善其身，兼濟天下，首先求仕於母邦之君，其次求仕於中原之君，決不求仕於夷狄之君。即使求仕於母邦和中原之君，也持道甚堅，決不迎合君主，僅言自家之道，不言別家之道，君主願聞則仕，厭聞則去。

　　商鞅是全無操守的中原無行士人，既無獨善其身之德，又無兼濟天下之志，僅求一己功名，求仕於母邦之君、中原之君失敗，不顧「夷夏之辨」，轉而求仕於夷狄之君，成為主動仕秦為相的首位中原無行士人。不僅求仕於夷狄之君，而且持道不堅，主動迎合夷狄之君，僅因無法盡知秦孝公好惡，於是遵循經其修正的中原主流價值，依次進言「三道」，任憑秦孝公選擇，然後貫徹實行。

　　商鞅據以進言的中原主流價值「三皇（道家）↘五帝（墨家）↘三王（儒家）↘五霸（法家）」，是東周哲學突破的重要成果，其中居於首位的道家「三皇之道」，獨屬形上層面的哲學之「道」；居於第二至第四位的墨家「五帝之道」、儒家「三王之道」、法家「五霸之道」，均屬形下層面的政治之「術」。這一中原主流價值，產生於百家爭鳴互動，成形於齊國稷下學派，結晶於齊國稷下眾多中原士人託名齊相管仲而集體編纂的《管子》。齊國稷下學宮延續百年，聚散無數中原士人，把中原主流價值傳播四方，普及天下。不屬一家而有操守的中原士人，無不遵循中原主流價值。專屬一家而有操守的中原士人，把自家之道視為至高，遂不遵循中

原主流價值。商鞅專屬一家卻無操守，因而修正中原主流價值，迎合秦孝公。

　　商鞅對中原主流價值的根本修正，就是不言居於中原主流價值首位的道家「三皇之道」。因為道家主張「虛君」（老子），「無君」（莊子），推崇尚無君主的「三皇之道」，主張「無君於上，無臣於下」（《莊子‧馬蹄》），「知天子之與己，皆天之所子」（《莊子‧人間世》），「天子不得臣，諸侯不得友」（《莊子‧讓王》）。商鞅無須試探，即可預知秦孝公厭聞。

　　商鞅首言居於中原主流價值次位的墨家「五帝之道」，乃因墨家祖師墨子是宋人，宋國是商代遺邦，秦國則野蠻落後，所以墨家、宋國、秦國共同信仰商代「五帝」多神教。儘管先秦中國的信仰格局是上下分層，但是先秦「中國」僅指中原，戰國後期則指與秦對言的「山東六國」，包括春秋以降中原化程度漸高的楚國。秦國直到戰國後期仍然野蠻落後，中原化程度極低，沒有士人群體，沒有信仰分層，上下一心共同信仰商代「五帝」多神教，所以僅有秦國以「五時」分祭「五帝」（《史記‧封禪書》）。宋人墨子反對「崇周道，尚人文」的儒家，創立「背周道，崇鬼神」的墨家，鄙棄西周一神教，復興商代多神教。所以墨家總部儘管因應時勢而不斷轉移，但是從不設在信仰西周一神教且儒家勢力強大的周室嫡系諸侯國，始終設在信仰商代多神教且儒家勢力微弱的周室非嫡系諸侯國。墨子生時設在宋國，墨子死後移至中原以南、商代多神教遺風尚存的楚國，楚國吳起變法進一步中原化以後再次移回宋國，最後移至中原以西、上下一心信仰商代「五帝」多神教的秦國[128]，與迎合秦孝公而首言墨家「五帝之道」的商鞅殊途同歸。

---

[128]　第一任鉅子（墨子繼承人）禽滑釐居宋，參看《墨子‧公輸》。第二任鉅子孟勝居楚，第三任鉅子田襄子居宋，參看《呂氏春秋‧上德》。第四任鉅子腹䵍居秦，與秦惠王同時，參看《呂氏春秋‧去私》。此後雖有獨立墨者之記載，然而墨家鉅子無考。

　　商鞅為了迎合秦孝公而首言墨家「五帝之道」，結果秦孝公厭聞，原因有三：一是墨家既復興商代多神教，又受西周一神教影響而改革商代多神教，所以《墨子‧尚賢中》引用了《尚書‧周書‧呂刑》「群後之肆在下，明明不常，鰥寡不蓋」，贊成西周一神教的「王不僭帝」教義，反對商代多神教的「王死稱帝」教義。二是墨家主張「君主禪讓」，嚴厲批判君主世襲。三是墨家集團「以武犯禁」，嚴重威脅君主專制。

　　商鞅迎合未成，只好改言居於中原主流價值第三、法家從中分出的儒家「三王之道」，亦即導致西周以降中原文明領先周邊夷狄的溫和君主制度，結果只想強化君主專制制度的秦孝公仍然厭聞，於是商鞅最後才言居於中原主流價值最末、自己術業專攻的法家「五霸之道」。

　　東周「王道」式微，齊相管仲開創「尊王攘夷」的「霸道」，作為「王道」的輔助。子夏開創的法家「霸道」，仍是儒家「王道」的輔助，宗旨仍是「尊王攘夷」。所以固守「夷夏之辨」的中原士人，拒絕履足夷狄之秦。商鞅的「霸道」，異於管仲、子夏的「霸道」，迎合夷狄之君好惡，僅言「霸道」之「尊王」，不言「霸道」之「攘夷」，反對道家、墨家、儒家的「法先王」（道家法三皇、墨家法五帝、儒家法三王），變成法家的「法後王」（法五霸），又將儒家的相對「尊君」，變成法家的絕對「尊君」，於是秦孝公一聞「霸道」立刻大悅。

　　儘管商鞅既求仕於夷狄之君，又迎合夷狄之君，但是初入秦國之時，中原文明烙印尚在，不僅遵循經其修正的中原主流價值之高低順序，依次進言居後的「三道」，而且服膺中原主流價值的高低順序，對秦孝公選擇法家「霸道」予以負面評價，認為法家「五霸之道」僅是「強國之術」，預言秦國必將「難以比德於殷周」（《史記‧商君列傳》）。商鞅擔任秦相以後，官至極品，爵至封君，食君之祿，忠君之事，居移其體，養移其氣，

中原其身，夷狄其心，鄙棄中原價值，敵視中原文明，踏上了「用夷變夏」的不歸之路。

戰國七雄無不變法，共同傾向是軍國主義化，但是由於宗教信仰、哲學基礎、君主制度、社會結構不同，變法以後的戰國七雄，軍國主義程度差別極大。

東方六國變法以後，保留溫和君主制度，固守中原文明底線，遵循中原主流價值，以法家「五霸之道」為末，僅僅相對軍國主義化，比如僅以割敵之耳作為計功方式，所以與秦交戰喪師失地，節節敗退。

秦國在商鞅變法以後，鄙棄溫和君主制度，強化君主專制制度，無視中原主流價值，純用法家「五霸之道」，實行絕對軍國主義化，成為全民皆兵的戰爭機器。古樸一如兵馬俑的秦國下層民眾，只會商鞅允許的耕、戰兩件事，又憑藉商鞅「二十等爵」制度，以割敵一首、晉爵一級的計功方式，不斷躋身上層成為軍功貴族，進一步弱化了原本極低的中原化程度，進一步縮短了上層貴族、下層民眾的信仰差異。秦相商鞅領兵攻魏，欺騙誘殺遊魏之時的故友魏將公子卬。秦將白起領兵攻趙，活埋坑殺趙軍降卒四十五萬。秦昭王以會晤為名誘捕劫持楚懷王，勒索未成扣押至死等等。無恥程度，殘忍程度，失信程度，一再突破中原文明底線，被東方六國共同視為「虎狼之秦」。[129]

東方六國信仰「王不僭帝」的西周一神教、「以道代帝」的東周一元論，其「王」即使統一天下，也不可能僭竊「帝」號。秦國信仰「王死稱

---

[129]　《史記》記秦國戰勝均有「斬首」紀錄，記東方六國戰勝均無「斬首」紀錄。乃因東方六國信仰西周一神教，戰爭方式較文明，殺敵僅割左耳計功，謂之「馘」；士兵死僅失耳，得存全屍，無礙為「鬼」為「考」，子孫尚可祭祀，所以六國互戰，士兵怯逃者少。秦國信仰商代多神教，戰爭方式極野蠻，殺敵則斬首計功，謂之「馘」（首級）；士兵死即失首，不存全屍，不能為「鬼」為「考」，子孫無法祭祀，而六國下層民眾同樣信仰商代多神教，所以每與秦戰，士兵怯逃者眾。

帝」的商代多神教，秦「王」一旦統一天下，就有可能僭竊「帝」號。商鞅變法以後，秦滅六國和秦「王」僭「帝」，已非可能問題，僅是時間問題。

《史記》言及「帝王術」和「帝王之術」各僅一次，〈商君列傳〉言及「商君欲干孝公以帝王術」，〈李斯列傳〉言及「李斯從荀卿學帝王之術」，極具深意。

「帝王術」的創立者並非商鞅，而是比商鞅小七十餘歲的荀況，但是荀況被迫專為秦國設計「帝王術」（意為「使王稱帝之術」，見下五使「王」稱「帝」的儒法方「術」），原因正是商鞅主動迎合夷狄之君秦孝公，不言道家「三皇之道」，僅言墨家「五帝之道」、儒家「三王之道」、法家「五霸之道」，為秦國設定了征服中原、「用夷變夏」的未來進路：

由「霸」而「王」，由「王」而「帝」。

四　秦「王」僭「帝」的失敗預演

秦孝公之子秦惠王繼位以後，出於私怨立刻車裂商鞅，但是雖殺商鞅之身，不廢商鞅之法。商鞅變法以後百餘年間，秦國七位君主秦孝公、秦惠王、秦武王、秦昭王、秦孝文王、秦莊襄王、秦始皇，堅定不移地遵循商鞅設定的「霸↗王↗帝」進路。

商鞅變法以後十六年（前 343），秦孝公稱「霸」。「霸」即「伯」，意為「諸侯之長」，是諸侯可有的頂級名號。春秋秦穆公稱「霸」，戰國秦孝公稱「霸」，性質完全不同。秦穆公雖是夷狄之君，然而夷狄其身，中原其心，懷有文化自卑，慕效中原文明，用五張羊皮買來楚人百里奚，拜為秦相。從奴隸變成秦相的百里奚，熱愛中原文明，忠於中原價值。秦穆公以

有操守的中原士人百里奚為相，遵循管仲開創的「霸道」，扶助周室的「王道」，繼齊桓公、晉文公以後成為春秋第三「霸」，啟動秦國的中原化進程，然而秦國後無賢君賢相，復歸野蠻。秦孝公以無操守的中原士人商鞅為相，遵循商鞅修正的法家「霸道」，背叛孔子開創的儒家「王道」，敵視中原文明，鄙棄中原價值，拒絕中原化、文明化，更加夷狄化、野蠻化。

商鞅變法以後三十四年（前 325），秦惠王叛周稱「王」。「王」為「溝通天地人」之象形，是君主可有的頂級名號。夏商周僅有一王，唯有改朝換代，方可後王替代前王。西周滅亡、平王東遷（前 770）以後，東周王權日衰，於是西元前 704 年楚武王率先叛周稱「王」。其後楚莊王問鼎輕重，公開了替代周「王」之志，引發齊、晉、秦三「霸」的「尊（周）王，攘（楚）夷」。其後孔子推崇「禮樂征伐自天子出」的西周「王道」，貶斥「禮樂征伐自諸侯出」的東周「霸道」。其後吳、越二「霸」不再「尊（周）王，攘（楚）夷」，而是效法楚王，索性因「霸」而「王」。諸侯稱「霸」並未僭越，周「王」無不予以承認。諸侯稱「王」則是僭越，周「王」從不予以承認。春秋時代僅有南方夷狄楚、吳、越三國叛周稱「王」，中原諸侯無一叛周稱「王」。戰國時代列國「變法」（變革王法）以後，三十年間（前 353－前 323）中原內外的齊、魏、宋、秦、韓、趙、燕、中山八國先後叛周稱「王」。春秋、戰國之異，就是春秋諸侯尊周稱「霸」，戰國諸侯叛周稱「王」。戰國中期以後諸「王」並立，乃是改朝換代的正常過渡。按照夏商周傳統，逐鹿中原一旦塵埃落定，天下仍將歸於一「王」。

商鞅變法以後五十二年（前 307），秦武王前往周都洛陽，試舉龍文赤鼎，絕臏而死。試鼎輕重，公開了替代周「王」僭稱秦「帝」之志。

商鞅變法以後七十一年（前 288），秦昭王僭稱「西帝」，同時拉上齊湣王僭稱「東帝」。名號取自秦人多神教的五方天帝「東帝」、「西帝」、

「南帝」、「北帝」、「中帝」。主謀者是秦昭王之相，楚人魏冉。楚人春秋時代仍屬夷狄，戰國以降中原化程度漸高，拋棄商代多神教，皈依西周一神教，所以楚武王以後數百年，楚「王」死後無一遵循商代多神教之禮稱「帝」，仍然遵循西周一神教之禮稱「諡」；楚人屈原的〈九歌〉，把象徵太陽的「東皇泰一」，尊為唯一至高之「神」，遵循的正是植根於太陽崇拜的西周一神教。秦昭王、魏冉即使不知東周一元論的「以道代帝」，但是秦昭王至少知道商代多神教的「王死稱帝」，魏冉至少知道西周一神教的「王不僭帝」，所以秦惠王叛周稱「王」無須心虛，不拉異國諸侯共同稱「王」，秦昭王僭用「帝」號極其心虛，拉上齊湣王同時僭竊「帝」號。

為燕昭王出使齊國充當間諜的蘇秦（前 350 －前 284），是周都洛陽人，深知東方六國共同信仰「王不僭帝」的西周一神教、「以道代帝」的東周一元論，看破秦昭王意在試探東方六國的信仰強度，又不敢獨冒天下之大不韙，欲與齊湣王分擔悖道惡名。於是蘇秦假裝忠心，勸諫齊湣王主動撤銷了「東帝」僭號。秦昭王不願獨負悖道惡名，也被迫撤銷了「西帝」僭號 [130]。魏冉導演的二「王」僭稱二「帝」鬧劇，月餘即告失敗 [131]。然而秦「王」欲僭「帝」號，從此天下皆知，所以另有兩次動機不同的迎合秦昭王之餘波。

西元前 286 年，齊滅宋。全無操守、僅求功名的縱橫家蘇秦，明知故

---

[130]　《史記‧敬仲完世家》：「（齊湣）王為東帝，秦昭王為西帝。蘇代自燕來……齊王曰：『秦使魏冉致帝，子以為何如？』對曰：『……與秦為帝，而天下獨尊秦而輕齊；釋帝，則天下愛齊而憎秦。……』於是齊去帝，復為王，秦亦去帝位。」「蘇代」為蘇秦之誤，《戰國策‧齊策四》十〈蘇秦自燕之齊章〉不誤。參看馬王堆帛書《戰國縱橫家書》第四章〈蘇秦自齊獻書燕王〉：「齊、趙遇於阿……臣與於遇，約攻秦去帝。」

[131]　《史記‧秦本紀》：「（秦昭王）十九年，王為西帝，齊為東帝，皆復去之。」《史記‧穰侯列傳》：「（秦）昭王十九年，秦稱西帝，齊稱東帝。月餘，呂禮來，而齊、秦各復歸帝為王。」《史記‧魏世家》：「（魏昭王）八年，秦昭王為西帝，齊湣王為東帝，月餘，皆復稱王歸帝。」《史記‧楚世家》：「（楚頃襄王）十一年，齊、秦各自稱為帝；月餘，復歸帝為王。」

犯地向欲報齊仇的燕昭王獻策，鼓動秦昭王再次僭稱「西帝」，同時趙惠文王僭稱「中帝」，燕昭王僭稱「北帝」。名號仍然取自秦人多神教的五方天帝，所以燕、趙陪秦僭「帝」實為障眼法，以秦昭王所好為餌，誘其同意組建伐齊聯盟才是目的[132]。西元前284年，燕將樂毅率領燕、趙、秦、魏、韓五國聯軍伐齊，齊湣王終於醒悟，蘇秦乃是燕國間諜，立刻車裂蘇秦。五國伐齊成功以後，虛懸三「王」僭稱三「帝」的主謀者蘇秦已死，趙惠文王、燕昭王均無背叛西周一神教信仰、僭竊「帝」號之意，秦昭王手持蘇秦所開空頭支票而無法兌現。

西元前257年，秦軍攜長平之戰坑殺四十五萬趙軍降卒之餘威，進圍趙都邯鄲。趙相平原君趙勝（前307－前252）向楚、魏求救。魏安釐王既不願出兵救趙，又憂慮秦滅趙後移師滅魏，於是派遣新垣衍出使趙國，以「秦王意欲復求為帝」為由，勸說平原君向秦昭王再進「帝」號，以解邯鄲之圍。平原君同樣深知東方六國共同信仰「王不僭帝」的西周一神教、「以道代帝」的東周一元論，不願成為遺臭萬年的秦「王」僭「帝」主謀者，但也不願直接拒絕魏安釐王，以免斷絕魏軍救趙之可能，於是把不該外洩的魏王密議，告知其時正在邯鄲的齊人魯仲連（前305－前245）。魯仲連同樣深知東方六國共同信仰「王不僭帝」的西周一神教、「以道代帝」的東周一元論，一聞便知平原君欲其代為拒絕魏使新垣衍，當即表示「吾請為君責而歸之」。由於平原君已洩魏王密議，新垣衍被迫會見原本無緣置喙的局外人魯仲連，並被魯仲連所言之「義」折服，立刻擅自違背君命，信從「天下之士」：「吾乃今日知先生為天下之士也。吾請出，不敢復言帝秦。」

---

[132] 馬王堆帛書《戰國縱橫家書》第二十章〈為燕反間於齊的蘇秦自齊致燕昭王祕信〉：「謂燕王曰：……秦為西帝，燕為北帝，趙為中帝……。秦王聞若說，必如刺心。……然則王何不使辯士以如說說秦？秦必取，齊必伐矣。」《史記·蘇秦列傳》、《戰國策·燕策一》第十三章〈齊伐宋宋急〉略同，但均誤為「蘇代」。

魏安釐王出於自保的秦「王」獨僭「帝」號密議，就此胎死腹中。[133]

秦昭王僭竊「帝」號三次失敗，平原君寧可滅國拒絕「帝秦」，新垣衍違背君命放棄「帝秦」，魯仲連布衣片言制止「帝秦」，唯一的原因是「天下之士」共知之「義」。由於漢承秦制，同樣活「王」僭「帝」，司馬遷不能在〈魯仲連鄒陽列傳〉明言「天下之士」共知之「義」，只能晦藏於別篇，此篇僅用諸多曲筆加以暗示。比如魯仲連痛斥秦國野蠻殘忍，「棄禮義而上首功」（背棄禮義而斬首計功），「權使其士，虜使其民」，強硬表示一旦秦「王」僭「帝」，自己必將「蹈東海而死」，「不忍為之民」。

又如魏信陵君竊符救趙，楚春申君發兵救趙，東方六國聯合擊退秦兵以後，平原君以封君、千金重謝別無寸功的魯仲連，遭到堅拒[134]。更為重要的是，《史記》不為無數王侯將相、宗師鉅子特設專傳，卻為別無大事的一介布衣魯仲連特設專傳，乃因「義不帝秦」茲事體大。

商鞅變法以後一百零三年（前256），秦昭王滅周，五年後死去。秦昭王西元前288年僭稱「西帝」，前251年死去，三十七年間秦兵東進節節勝利，終結八百年周祚更是重大勝利，儘管底氣越來越足，實力越來越強，然而秦昭王再也不敢挑戰東方六國的共同信仰，再也不敢主動僭竊「帝」號。

---

[133]　《史記‧魯仲連鄒陽列傳》：「平原君遂見新垣衍曰：『東國有魯仲連先生者，今其人在此，勝請為紹介，交之於將軍。』新垣衍曰：『吾聞魯仲連先生，齊國之高士也。衍人臣也，使事有職，吾不願見魯仲連先生。』平原君曰：『勝既已洩之矣。』新垣衍許諾。」

[134]　《史記‧魯仲連鄒陽列傳》：「平原君欲封魯連，魯連辭讓者三，終不肯受。平原君乃置酒，酒酣起前，以千金為魯連壽。魯連笑曰：『所貴於天下之士者，為人排患釋難解紛亂而無取也。即有取者，是商賈之事也，而連不忍為也。』遂辭平原君而去，終身不復見。」參看《戰國策‧趙策三》十三章〈秦圍趙之邯鄲〉。

五　使「王」稱「帝」的儒、法方「術」

道家集大成者莊子（前 369 － 前 286），親歷秦昭王僭竊「帝」號的首次失敗，預見秦「王」僭「帝」很快就會成功，於是預斥其終極悖道。莊子的預見預斥，在其死後六十五年應驗於秦王嬴政。

儒家集大成者荀況（前 313 － 前 238），親歷秦昭王僭竊「帝」號的三次失敗，預見秦「王」僭「帝」很快就會成功，為了挽救中原文明，被迫專為秦國創立了「帝王術」。「帝王術」的「帝王」二字，自古以來均被錯誤連讀成詞，那就意味著荀況創立「帝王術」，荀況弟子韓非、李斯和後世士人王闓運、楊度研治「帝王術」，全都志在「自為帝王」。其實研治「帝王術」的古今士人無一志在「自為帝王」，無不進獻尚未稱「帝」之「王」。錯誤連讀「帝王術」的「帝王」二字，乃是用秦「王」僭「帝」成功以後的史實，謬解秦「王」僭「帝」成功以前的名相。秦「王」僭「帝」成功以前，「帝王」二字不具備連讀成詞的現實條件 [135]。魯仲連「義不帝秦」，「帝」是動詞，「義不帝秦」意為「捍衛王不僭帝、以道代帝的天下共知之義，不許秦王僭竊帝號」。荀況「帝王術」，「帝」也是動詞，「帝王術」意為「使王稱帝之術」；「王」則是名詞，現實指向正是秦「王」。

荀況創立「帝王術」以前，不僅考察了母邦趙國，而且遍遊天下，考察了有望統一天下的齊、楚、秦列強。荀況早年思想立足於儒家「三王之道」，晚年思想吸收了法家「五霸之道」，轉捩點正是中年遊秦 [136]。《荀子 · 強國》記載其事如下：

---

[135]　莊子先於魯仲連、荀況，《莊子 · 應帝王》「帝王」二字同樣不可連讀。參看拙著《莊子奧義》、《莊子復原本注釋》。

[136]　范雎西元前 266 年至前 255 年任秦相，荀況時年 47 歲至 58 歲。

應侯問孫卿子曰：「入秦何見？」

孫卿子曰：「其固塞險，形勢便，山林川谷美，天材之利多，是形勝也。入境，觀其風俗，其百姓樸，其聲樂不流汙，其服不佻，甚畏有司而順，古之民也。及都邑官府，其百吏肅然，莫不恭儉、敦敬、忠信而不楛，古之吏也。入其國，觀其士大夫，出於其門，入於公門，出於公門，歸於其家，無有私事也；不比周，不朋黨，偶然莫不明通而公也，古之士大夫也。觀其朝廷，其朝閒，聽決百事不留，恬然如無治者，古之朝也。故四世有勝，非幸也，數也。是所見也。故曰：佚而治，約而詳，不煩而功，治之至也，秦類之矣。雖然，則有其諰矣。兼是數具者而盡有之，然而縣之以王者之功名，則倜倜然其不及遠矣！是何也？則其殆無儒邪？故曰：粹而王，駁而霸，無一焉而亡。此亦秦之所短也。」

魏人范雎（前266－前255相秦），在楚人魏冉以後成為秦昭王之相，提出「遠交近攻」策略，秦軍東進急遽加速，因功封為應侯。荀言「四世有勝」，即秦孝公、秦惠王、秦武王、秦昭王四世。

荀況回答范雎之問，一方面盛讚商鞅變法以降秦國「四世有勝」的諸多成就，另一方面批評秦國僅行法家「霸道」，不行儒家「王道」，「秦之所短」在於「無儒」。

秦國「無儒」，可舉八證：

其一，秦國上下一心共同信仰商代多神教，沒有上下分層的信仰格局，原因正是「無儒」，即沒有信仰西周一神教之「帝」、也無信仰東周一元論之「道」的士人階層。

其二，春秋時代的秦穆公之所以能夠成為秦國唯一賢君，原因正是以楚國士人百里奚為相。

其三，秦穆公、百里奚以後秦國終止中原化，復歸野蠻化，原因仍是「無儒」。

其四，戰國中後期的齊國稷下學宮匯聚無數士人，均為中原士人，仍然無一秦人。

其五，商鞅變法以後，嬴政稱「帝」以前，秦相均為中原士人，仍然無一秦人。唯一曾任右丞相的秦國貴族樗里疾（秦惠王弟），被秦人極譽為「智囊」，卻無智言智行流傳後世。

其六，無論西周、東周，春秋、戰國，秦國以外的列國之相，既有母邦士人，也有異邦士人，然而均為中原士人，同樣無一秦人。

其七，中原的諸子百家燦若繁星，學派、大師出現的密度之高，數量之多，超過此後兩千年總和，然而秦人從立國至滅亡五百餘年，沒有出過一家一子。

其八，秦國擊敗六國，僅僅憑藉斬首計功的野蠻威懾力，所以也未出過一位兵家、一部兵法。

先秦三大儒宗孔子、孟子、荀子，均有中原文明優越感，無不固守「夷夏之辨」。

孔子所處春秋末期，列國尚未「變革王法」，孟子所處戰國中期，列國正在「變革王法」，其時夷狄之秦尚無威脅，無須擔憂「用夷變夏」。孔、孟周遊列國求仕，均不履足野蠻落後的夷狄之秦。孔子十分自豪：「夷狄之有君，不如諸夏之亡（無）也。」（《論語‧八佾》）孟子仍然樂觀：「吾聞用夏變夷者，未聞變於夷者。」（《孟子‧滕文公上》）

荀況所處戰國末期，列國「變革王法」已畢，他仍求仕於中原之趙、齊、楚，不求仕於夷狄之秦，但是鑑於秦國「四世有勝」，「用夷變夏」日

益逼近，被迫前往夷狄之秦考察，以便知己知彼，尋找對策。實地考察以後，荀況已知秦國必滅六國，秦「王」必欲稱「帝」，於是不再死守孔子的儒家「王道」，轉而吸收並且修正商鞅的法家「霸道」，為秦國重新設計了「王霸兼用，禮法並重」的未來進路；同時因材施教，對症下藥，把晚年思想命名為「帝王術」，以「使（秦）王稱帝」為餌，行「用夏變夷」之實。因此荀況弟子李斯「從荀卿學帝王之術」，學畢不赴母邦楚國，立刻前往秦國。

　　李斯（前 280 － 前 208）告別荀況之言「秦王欲吞天下，稱帝而治」（《史記‧李斯列傳》），不僅挑明了荀況「帝王術」意為「使王稱帝之術」，而且揭示了荀況專為秦國創立「帝王術」的良苦用心：既然秦「王」僭「帝」難以阻止，只能因勢利導挽救中原文明。

　　仕秦為相的中原士人大多遵循商鞅的法家「霸道」，推助秦國「用夷變夏」；唯有衛人呂不韋（前 290 － 前 235）貶抑商鞅的法家「霸道」，不願看到秦國「用夷變夏」。

　　呂不韋的見解與荀況相同，同樣深知秦國必滅六國，秦「王」必欲稱「帝」，「秦之所短」在於「無儒」且純用法家「霸道」。

　　呂不韋的目標也與荀況相同，同樣希望「用夏變夷」，挽救中原文明。

　　但是呂不韋的方法，與荀況不同 ——

　　荀況派弟子李斯孤身入秦為相，與此前孤身仕秦為相的中原士人商鞅、張儀、魏冉、范雎一樣，未能改變秦國「無儒」且純用法家「霸道」的百年格局。

　　呂不韋先居趙經商，後棄商從政，輔佐在邯鄲做人質的秦昭王之孫子楚成為秦莊襄王，自己成為秦相，隨後招致三千中原士人作為門客，全面

滲透秦廷擔任客卿，秦國從此不再「無儒」。

呂不韋的立場，也與荀況不同——

荀況是儒家集大成者，認為秦「王」僭「帝」難以阻止，而予因勢利導，欲以儒家「王道」之長，補法家「霸道」之短。

呂不韋是普通中原士人，信仰「王不僭帝」的西周一神教、「以道代帝」的東周一元論，認為秦「王」僭「帝」必須阻止，秦國「霸道」必須貶抑，於是組織門客編纂「黃老學派」晚期代表作《呂氏春秋》，與「黃老學派」早期代表作《管子》一樣，遵循中原主流價值「道家（三皇）↘墨家（五帝）↘儒家（王道）↘法家（霸道）」，欲以道家、墨家之長，補儒家、法家之短。

荀、呂方法、立場之不同，決定了長遠結果之不同——呂不韋的「黃老學派」方案，被漢初君主採納而暫行數十年。

荀況的「王霸雜用」方案，經過董仲舒轉換，被漢武帝採納而沿用兩千年。

荀、呂見解、目標之相同，決定了暫時結果之相同——荀況暫時敗於弟子韓非，呂不韋暫時敗於門客李斯。

韓非（前 280－前 233）對「儒」的看法與師相反，認為「以文亂法」的「儒」是「五蠹」之一，東方六國敗於秦國，正是因為有儒；「無儒」並非「秦之所短」，實為秦之所長；秦「王」稱「帝」失敗，正是因為懷有文化自卑，未能徹底發揮「無儒」之長。於是韓非顛覆了荀況「使王稱帝之術」的內涵。

荀況版「使王稱帝之術」，貶抑法家「霸道」，主張「王霸兼用，禮法並重」，「使（秦）王稱帝」僅是手段，挽救中原文明才是目標。

　　韓非版「使王稱帝之術」，極化法家「霸道」，主張「以法為教，以吏為師」(《韓非子‧五蠹》)，「使(秦)王稱帝」也是手段，消滅中原文明才是目標。

　　李斯告別老師荀況和師兄韓非，身懷荀、韓兩種「使王稱帝之術」入秦。入秦之初，李斯忠於荀況版「使王稱帝之術」，投靠秦相呂不韋，得到賞識，任為郎官，參與編纂《呂氏春秋》。秦王嬴政不能容忍《呂氏春秋》遵循中原主流價值「三皇(道家)↘五帝(墨家)↘三王(儒家)↘五霸(法家)」，把商鞅以降七世有勝的法家「霸道」貶抑至末，竟敢阻止秦「王」僭「帝」，於是黜退呂不韋逼其自殺，同時頒布「逐客令」，驅逐呂氏門客和中原士人。

　　全無操守、僅求功名的李斯，立刻無恥變節，背叛呂不韋，上〈諫逐客書〉，逃脫了對呂氏門客的清洗，阻止了對中原士人的驅逐，從清洗對象變成了嬴政寵臣。

　　嬴政讀畢《韓非子》，對韓非版「使王稱帝之術」心悅誠服[137]，立刻攻韓，韓王安求和，嬴政點名要求韓非出使。韓非出使秦國，嬴政大悅，未及重用，誤信李斯讒言而將韓非下獄，嫉妒師兄高才的李斯立刻毒死了韓非。李斯既知荀況像呂不韋一樣反對法家「霸道」而為嬴政不喜，韓非像商鞅一樣極化法家「霸道」而為嬴政所喜，於是拋棄荀況版「使王稱帝之術」，轉向韓非版「使王稱帝之術」，雖殺韓非之身，仍用韓非之術，成為嬴政實踐韓非版終極「霸道」的強力推手。

---

[137]　《韓非子》五見「帝王」，「帝」字均為動詞，義同荀況、李斯，無一例外。〈和氏〉「特帝王之璞未獻耳」，意為「只是使王稱帝之璞未獻而已」。〈定法〉「皆帝王之具也」，意為「都是使王稱帝的工具」；又「數十年而不至於帝王」，意為「數十年而不能抵達使王稱帝」。〈六反〉「此帝王之政也」，意為「這是使王稱帝的政策」。〈外儲說右下〉「致帝王之功也」，意為「達至使王稱帝之功」。

秦「王」僭「帝」三次失敗以後，荀況創立儒家版「使王稱帝之術」，弟子韓非顛覆為法家版「使王稱帝之術」，弟子李斯實踐韓非版「使王稱帝之術」。秦「王」僭「帝」具備了從理論到實踐的充分條件，迅速走向成功。

六　秦「王」僭「帝」的最後障礙

秦昭王在位五十六年（前306－前251），其子秦孝文王在位一年（前250）死去，其孫秦莊襄王在位三年（前249－前247）死去。曾孫嬴政繼位，二十六年後（前221），實現了曾祖活「王」僭「帝」的遺志。

商鞅變法以後一百三十八年（前221），實行君主專制制度的虎狼之秦，盡滅實行溫和君主制度的東方六國。嬴政認為「名號不更，無以稱成功」，命令群臣另擬尊號。秦廷群臣無人不知「秦王意欲復求為帝」（新垣衍），但是仍以「古有天皇，有地皇，有泰皇，泰皇最貴」為據，僅進尊號「泰皇」，不進四世秦「王」朝思暮想的「帝」號。

秦廷群臣所言「天皇」、「地皇」、「泰皇」，即居中原主流價值首位的道家「三皇之道」。百餘年前商鞅為了迎合秦孝公而故意不言，百餘年後秦廷群臣為了阻止秦「王」僭「帝」而特予補言。

道家「三皇之道」，正是《老子》一元論之道：「道生一，一生二，二生三，三生萬物；萬物負陰而抱陽，衝氣以為和。」

「道」，即「泰道」（○）。

「一」，即「泰一」（☯）。

「二」，即「陰」（坤☷，天之質，地之位）＋「陽」（乾☰，地之質，天之位）。

「三」，即「陰」（坤 ☷，天皇）＋「陽」（乾 ☰，地皇）＝「陰＋陽」（泰 ䷊，泰皇）。

「萬物負陰而抱陽」，即泰卦之象；「衝氣以為和」，即泰卦之義。

與泰卦對立的是否卦：「陽」（乾 ☰）＋「陰」（坤 ☷）＝「陽＋陰」（否 ䷋）。

《老子》五千言，字字句句緊扣揚「泰」抑「否」之宗旨。「柔弱勝剛強」、「知雄守雌」、「重為輕根」等等，無不褒揚「泰道」。「堅強者，死之徒」等等，無不貶斥「否術」。

為何坤是天之質，地之位？為何乾是天之位，地之質？為何《歸藏》、《周易》都把泰卦視為揭示天地本質的至吉之卦？為何《歸藏》、《周易》都把否卦視為囿於天地表象的至凶之卦？[138]

因為天之質唯有柔弱輕清，天之位方能居上而覆蓋萬物。倘若天之質剛強重濁，天之位必將下墜，無法覆蓋萬物。地之質唯有剛強重濁，地之位方能居下而承載萬物。倘若地之質柔弱輕清，地之位必將下陷，無法承載萬物。

天之位屬陽而居上，地之位屬陰而居下，僅是天地表象；無須哲學智慧，古今愚人盡知。天之質屬陰而為柔，地之質屬陽而為剛，才是天地本質；哲學突破以後，中國先哲始知。

天地表象非道，天地本質乃道。

「上坤下乾」的泰卦，象徵「天柔地剛，君柔民剛」的「泰道」：「上」合天之位，「坤」合天之質；「下」合地之位，「乾」合地之質。天之質，陰

---

[138]　《歸藏》（馬國翰輯本、嚴可均輯本、王家臺簡本）和《周易》均有六十四卦，卦序全異，卦名全同。舊說周文王疊八經卦為六十四卦，甚誤。近人高亨認為周文王時六十四卦尚無卦名，西周中後期據卦爻辭擬定，亦誤。

而柔，陰氣柔而下行；地之質，陽而剛，陽氣剛而上行；天氣下行，地氣上行，方能天地相交，陰陽相和，剛柔相濟，萬物得生。所以《泰卦・象傳》說：「天地交，泰。」《老子》說：「萬物負陰而抱陽，衝氣以為和。」順道君主對應於「上坤」，效天之位而居上，效天之質而陰柔。順道民眾對應於「下乾」，效地之位而居下，效地之質而陽剛。泰卦的陽位陰質，陰位陽質，君位民質，民位君質，符合天地之道，符合物無純陰、物無純陽的宇宙之道，是夏商周兩千年一貫的泰皇式溫和君主制度的終極依據。

「上乾下坤」的否卦，象徵「天尊地卑，君尊臣卑」的「否術」：「上」合天之位，「乾」悖天之質；「下」合地之位，「坤」悖地之質。天地之位雖合，天地之質均悖。天悖其質則陽剛，陽氣剛而上行；地悖其質則陰柔，陰氣柔而下行；天氣上行，地氣下行，必將天地不交，陰陽不和，剛柔不濟，萬物得死。所以《否卦・象傳》說：「天地不交，否。」《老子》說：「堅強者，死之徒。」悖道君主對應於「上乾」，效天之位而居上，悖天之質而陽剛。悖道民眾對應於「下坤」，效地之位而居下，悖地之質而陰柔。否卦的陽位陽質，陰位陰質，君位君質，民位民質，違背天地之道，違背物無純陰、物無純陽的宇宙之道，是秦漢以後兩千年一貫的否王式君主專制制度的悖道實質。

道家集大成之作《莊子》，發掘《老子》揚「泰」抑「否」之宗旨，如〈應帝王〉「有虞氏（「五帝」之虞舜）不及泰氏（「三皇」之伏羲）」，〈徐無鬼〉黃帝稱「泰隗（伏羲）」為「天師」，〈田子方〉以「至陰肅肅出乎天，至陽赫赫發乎地」闡發泰卦的卦象、卦義。

道家後學之作《文子・上德》，也發掘《老子》揚「泰」抑「否」之宗旨：「天氣下，地氣上（泰卦之象）；陰陽交通，萬物齊同；君子用事，小人消亡，天地之道也（泰卦之義）。天氣不下，地氣不上（否卦之象）；陰

陽不通，萬物不昌；小人得勢，君子消亡，五穀不植，道德內藏（否卦之義）。」[139]

揚「泰」抑「否」是東周哲學突破的核心成果，是《歸藏》、《周易》、《老子》、《莊子》道家後學一脈相承的共同宗旨，且非道家獨有，而是東周哲學突破以後中原士人共有的普通常識。

比如儒家經典《禮記‧樂記》也推崇「泰道」：「地氣上齊，天氣下降（泰卦之象），陰陽相摩，天地相蕩，鼓之以雷霆，奮之以風雨，動之以四時，暖之以日月，而百化興焉（泰卦之義）。」

又如黃老學派晚期代表作《呂氏春秋》卷一〈孟春紀〉也推崇「泰道」：「天氣下降，地氣上騰（泰卦之象），天地和同，草木繁動……無變天之道，無絕地之理，無亂人之紀（泰卦之義）。」

先秦宗教演進，同樣留有揚「泰」抑「否」的鮮明烙印。商代多神教在「五嶽」分祭「五帝」，把象徵「東皇泰一」的東嶽命名為「泰山」。西周一神教不在「五嶽」分祭「五帝」，僅在東嶽「泰山」祭祀「泰一」上帝。東嶽「泰山」，商代多神教「東皇泰一」，西周一神教「泰一」上帝，東周一元論「泰道」，無不植根於「泰卦」，因此道家又稱中華文明始祖伏羲為「泰氏」、「泰隗」、「泰皇」。

至此已明，秦廷群臣為了阻止秦「王」僭「帝」，根據揚「泰」抑「否」的東周哲學突破核心成果，特地補言商鞅故意不言的道家「三皇之道」，強調「泰皇最貴」，其義有四：

其一，規勸秦王嬴政放棄商鞅以降的法家「五霸之道」，改行東方六

---

[139] 《老子》初始本「德經」在前，「道經」在後。馬王堆帛書甲本、乙本，首句均為「上德不德，是以有德」。《文子‧上德》以《老子》開篇二字名篇，以泰、否二卦總釋《老子》揚「泰」抑「否」之宗旨。詳見即出拙著《老子奧義》。

國視為至高的道家「三皇之道」，遵循中原士人共同信仰的東周一元論之「道」，亦即「泰道」。

其二，規勸秦王嬴政放棄秦人信仰的商代多神教之「五帝」，皈依東方六國共同信仰的西周一神教之「帝」，亦即「泰一」。

其三，規勸秦王嬴政放棄秦國的君主專制制度，改行東方六國的溫和君主制度，亦即放棄「君剛民柔」的「否術」，改行「君柔民剛」的「泰道」。

其四，規勸秦「王」更名「泰皇」，然後祭祀「泰山」，舉行就職儀式，宣誓遵循「泰道」。

秦廷群臣膽敢阻止嬴政成為「千古一帝」，原因有五：

其一，呂氏門客和中原士人曾因呂案而被驅逐，又因嬴政採納李斯〈諫逐客書〉而留仕秦廷，其中七十人成了秦國出於文化自卑而特設的博士。這些倖免被逐的呂氏門客和中原士人，如今成了嬴政僭竊「帝」號的最後障礙。

其二，眾多仕秦中原士人不會集體放棄自幼信仰的西周一神教、東周一元論和中原主流價值。正如商鞅儘管信奉法家「霸道」，仍然遵循經其修正的中原主流價值，依次進言「三道」。

其三，眾多仕秦中原士人不會集體放棄中原文明優越感，東方六國儘管在戰場上徹底失敗，仍想在文化上贏得最終勝利。正如荀況儘管專為秦國設計「使王稱帝之術」，目標卻是挽救中原文明。

其四，秦國貴族不會集體放棄自幼信仰的商代多神教之「王死稱帝」教義，同時懷有文化自卑，對於眾多中原客卿的集體公議，或不願阻止，或不敢阻止，或無法阻止。正如新垣衍一聞魯仲連所言「天下之士」共知之「義」，立刻違背君命而放棄「帝秦」。

其五，唯有全無操守、僅求功名的李斯，堅定支持「秦王欲吞天下，稱帝而治」，竭力推行韓非版「使王稱帝之術」，只是孤掌難鳴。

在實行溫和君主制度的東方六國，一位中原士人就足以制止君主的嚴重悖道。然而在實行君主專制制度的秦國，眾多中原士人卻無法阻止君主的終極悖道。嬴政不為「泰皇最貴」所動，去「泰」，留「皇」，加「帝」，自加尊號「皇帝」，越過人神鴻溝，不顧生死大限，開啟了活「王」僭「帝」的兩千年中國偽「帝」史。

「王」為政治領袖，「巫」為宗教領袖。遠古政教合一，「王」必兼「巫」，君主必兼祭司，所以「王」、「巫」形義皆通，均訓「溝通天地人」，上通神意，下達民意，僅是神意、民意的溝通者，絕非神靈本身。嬴政開啟的以「王」僭「帝」，導致祭祀者變成祭祀對象，是人類決不可有的終極僭越，莫此為甚的終極悖道。

嬴政即使不知東周一元論的「以道代帝」，但是必知商代多神教的「王死稱帝」，而且必知商代多神教的「王死稱帝」已被西周一神教的「王死稱諡」徹底否定，因此僭竊「帝」號之時，立刻廢除了秦莊公（前821－前778）以降秦君業已遵循五百餘年的周禮諡法。

嬴政或是不知，或未想到，《詩經》僅言「王天下」，不言「帝天下」，《尚書》宣布「絕地天通，罔有降格」，東周百家均言「王死稱帝」、「王不僭帝」、「以道代帝」，先秦古籍全都不利於「活王僭帝」；經由唯一支持活「王」僭「帝」而晉升秦帝國首任丞相的李斯提醒，才回過神來，於是頒布「焚書令」：「天下敢有藏《詩》、《書》、百家語者，悉詣守尉雜燒之。有敢偶語《詩》、《書》者棄市，以古非今者族。」（《史記‧秦始皇本紀》）所謂「以古非今」，即以古之「王死稱帝」（商代）、「王不僭帝」（西周）、「以道

代帝」（東周），非議今之「活王僭帝」。

嬴政僭竊「帝」號以後，又對秦廷群臣所言「泰道」買櫝還珠，皮相模仿中原「泰道」傳統，裝模作樣祭祀「泰山」。司馬遷斥為「無其德而用事」（《史記·封禪書》），言其毫無遵循「泰道」之德，卻有祭祀「泰山」之事。

嬴政純用法家「霸道」打天下，純用否王「否術」治天下，應驗了道家「泰道」的哲學洞見：天剛則不覆萬物而墜，地柔則不載萬物而陷；君剛則不覆其民而崩，民柔則不載其君而叛。

秦「王」僭「帝」十一年，僥倖躲過荊軻劍刺、張良椎擊的嬴政暴死，年僅五十一歲（前 260 －前 210），應驗了活「王」僭「帝」，自速其死的商代多神教教義。

李斯受到趙高脅迫，再次無恥變節，背叛秦始皇，矯詔賜死太子扶蘇。少子胡亥篡位，殺盡兄弟姊妹。李斯腰斬滅族，陳勝吳廣起義[140]。趙高指鹿為馬，逼迫胡亥自殺。嬴政骨血盡滅，僅遺萬世屍臭。

秦「王」僭「帝」十四年（前 207），劉邦入咸陽，秦帝國崩潰，應驗了「堅強者，死之徒」的東周一元論預見。

七　活「王」僭「帝」的漢後延續

劉邦漢承秦制，繼續活「王」僭「帝」。齊王田橫及其五百壯士，共赴東海自殺，為「東皇泰一」集體殉道[141]。一如齊人魯仲連所言，「蹈東海

---

[140]　陳勝、吳廣雖處活「王」僭「帝」之世，但其造反口號「王侯將相，寧有種乎」，植根於先秦之順道常識，故言「王侯將相」，異於後世之悖道常言「帝王將相」。

[141]　《史記·田儋列傳》：「漢王立為皇帝……田橫懼誅，而與其徒屬五百餘人入海，居島中。……（田橫）遂自剄……『吾聞其餘尚五百人在海中』，使使召之。至則聞田橫死，亦皆自殺。」

而死」，「不忍為之民」。

劉邦渾然不知嬴政廢除諡法的原因，一方面漢承秦制，活「王」僭「帝」，另一方面漢革秦制，恢復諡法。自相牴牾，不通之至！「帝」是神，不可批評褒貶。「王」是人，可以批評褒貶。諡法之善諡、惡諡，原本用於對君主一生善惡，進行蓋棺論定，以便後世君主以史為鑑；然而秦漢君主僭竊「帝」號以後，不許臣民批評褒貶，只許臣民盲目崇拜，諡號的褒貶矯正功能全廢。劉邦不廢「帝」號而恢復諡法，導致漢代以後對於本朝君主，只許善諡，不許惡諡，惡諡僅用於前朝末代君主。周代諡法原是批評君主的利器，漢後諡法淪為諂媚君主的工具。

劉邦不廢「帝」號，原因有三：

一是無限企羨嬴政活「王」僭「帝」的否王威儀，久有「大丈夫當如此」的痞民俗志。

二是並非出身於信仰西周一神教、東周一元論的上層士人，而是出身於信仰商代多神教的下層民眾。

三是並非順應天道的天民，僅是粗鄙無文的痞民。因此否王前車雖覆，痞民後志不改。

《史記‧封禪書》先言秦以「五時」分祭「五帝」，後言劉邦信仰「五帝」：

漢興，高祖之微時，嘗殺大蛇。有物曰：「蛇，白帝子也，而殺者赤帝子。」高祖……與諸侯平咸陽，立為漢王。……二年，東擊項籍而還入關，問：「故秦時上帝祠何帝也？」對曰：「四帝，有白、青、黃、赤帝之祠。」高祖曰：「吾聞天有五帝，而有四，何也？」莫知其說。於是高祖曰：「吾知之矣，乃待我而具五也。」乃立黑帝祠，命曰北時。

劉邦先據商代多神教的「黃帝與炎帝戰」神話，偽造「赤帝子殺白帝子」神話；後據商代多神教的「五帝」之數，妄減秦國「五時」為「四時」，另立「北時」祭祀黑帝，以此自詡漢「帝」替代秦「帝」上應天命。前一謊言自居「赤帝」之子，後一謊言自居「黑帝」之子，自曝謊言，破綻百出。

劉邦出身下層民眾，所以信仰商代多神教。劉邦的子孫已非出身下層民眾，而且秦祚僅有短短十四年，戰國士人遠未死絕，先秦古籍大量重出，士人群體不斷言及先秦文明常識和中原主流價值，因此劉邦之子漢文帝，漢文帝之妻竇太后，漢文帝之子漢景帝，均已拋棄下層民眾信仰的商代多神教，皈依上層士人信仰的西周一神教、東周一元論，信仰層次迅速提升；同時鑑於秦代迅速崩潰，因而拋棄法家「五霸之道」，轉向道家「三皇之道」，拋棄否王「否術」，轉向泰皇「泰道」，遂有與民休息、無為而治的「文景之治」，成為呂不韋「黃老」方案的短暫迴光返照。

但是漢武帝在崇信「黃老」的祖母竇太后死後，再次轉回法家「霸道」，再次轉回否王「否術」，於是重新面對兩大難題：如何既實行法家「霸道」、否王「否術」，又免於像秦代一樣迅速崩潰？如何避免秦後重出的先秦古籍，再次成為活「王」僭「帝」難以踰越的觀念障礙？

漢代新儒家董仲舒（前 179 － 前 104）提供了解決兩大難題的統包方案，專為漢武帝設計了終極版「使王稱帝之術」。「罷黜百家」，專用於避免秦後重出的先秦古籍再次成為活「王」僭「帝」的觀念障礙；「獨尊儒術」，專用於對法家「霸道」、否王「否術」進行意識形態包裝。董仲舒《春秋繁露‧基義》鼓吹「陽為陰綱之謂道」，前承《易傳‧繫辭》鼓吹「天尊地卑」，後啟《白虎通‧三綱六紀》鼓吹「君為臣綱，父為子綱，夫為妻綱」，表面是儒家，實質是法家。漢代新儒家像法家一樣，僅僅鼓吹植根於天地表象「天尊地卑」的「君尊民卑」否術，竭力遮蔽植根於天地本質「天柔地

剛」的「君柔民剛」泰道，既違背中國原典《歸藏》、《周易》，又違背道家經典《老子》、《莊子》，更違背先秦舊儒家經典《禮記‧樂記》。董仲舒所謂「道之大原出於天，天不變，道亦不變」，意為「君尊臣卑出於天尊地卑，天尊地卑不變，君尊臣卑亦不變」。因此董仲舒的終極版「使王稱帝之術」，被悖道君主「獨尊」兩千年，成為帝國的永恆意識形態。

秦始皇「焚書坑儒」，漢武帝「獨尊儒術」，表面相反，實質相同。秦始皇「坑儒」是消滅反對活「王」僭「帝」的中原士人之肉身，僅用法家刑教治身，不用儒家名教治心，因其「霸王硬上弓」而失敗。漢武帝「尊儒」是改造反對活「王」僭「帝」的上層士人之思想，既用法家刑教治身，又用儒家名教治心，因其「溫柔敦厚」而成功。經過秦始皇治標和漢武帝治本，反對活「王」僭「帝」的先秦舊儒家，變成了擁護活「王」僭「帝」的漢代新儒家。

然而漢武帝對於同時代的司馬遷（前 145 －前 90），來得及閹割其肉身，來不及改造其思想。司馬遷熟讀百家古籍，通曉先秦常識，盡知秦漢祕史，深知活「王」僭「帝」違背「王死稱帝」的商代多神教、「王不僭帝」的西周一神教、「以道代帝」的東周一元論，僅因漢承秦制仍然活「王」僭「帝」，不能於〈秦始皇本紀〉明斥，只能在〈太史公自序〉隱斥秦始皇「尊號稱帝」是「擅其號」，隱晦點破〈魯仲連鄒陽列傳〉無法明言的「義不帝秦」之「義」。

《史記‧孝武本紀》對後人（比如班固《漢書‧武帝紀》）津津樂道、大書特書的漢武帝之文治武功，一字不書，僅僅詳錄漢武帝像秦始皇一樣信仰商代多神教及其「神仙」迷信，以及漢武帝效法秦始皇祭祀「泰山」的本末細節。

漢武帝信仰的多神教，與秦始皇信仰的多神教略有不同。

一是漢武帝受到漢代新儒家董仲舒影響，把初民薩滿教的「天人感應」迷信，摻入商代多神教。

二是漢武帝受到祖父漢文帝、祖母竇太后、父親漢景帝、士人群體綜合影響，把西周一神教的「泰一」上帝，加在商代多神教的「五帝」之上。

薄誘忌等眾多士人不斷上書進言，貶斥秦人信仰的商代多神教之「五帝」，捍衛中原信仰的西周一神教之「泰一」：「天神貴者泰一，泰一佐曰五帝」，「五帝，泰一之佐也，宜立泰一而上親郊之」，「天一，地一，泰一」（天皇、地皇、泰皇）。

漢武帝迫於眾議，不得不在「五帝」壇之上，增立「泰一」壇。

傳承伏羲「泰道」、道家「天道」的司馬遷之父司馬談，又與士人寬舒共同進言為「泰一」另建專時。

漢武帝迫於眾議，又不得不在象徵「五帝」的秦代「五時」之上，增立象徵「泰一」的漢代「泰時」。

秦始皇拒絕「泰皇」名號，漢武帝增立「泰一」、「泰時」，仍是表面相反，實質相同，兩者同樣毫無遵循「泰道」之德，卻有祭祀「泰山」之事。

司馬遷所言「無其德而用事」，「尊號稱帝」是「擅其號」，均為明斥秦始皇，隱斥漢武帝。

司馬遷忍恥以腐刑免死，而撰著《史記》，正是為了完成司馬談的文化託命，祕傳伏羲「泰道」、道家「天道」，隱斥活「王」僭「帝」否王「否術」，「悉論先人所次舊聞」，以供後世掘隱發微。[142]

---

[142]　《史記‧太史公自序》：「天子始建漢家之封，而太史公留滯周南，不得與從事，故發憤且卒。……太史公執遷手而泣曰：『……餘死，汝必為太史；為太史，無忘吾所欲論著矣。……』遷俯首流涕曰：『小子不敏，請悉論先人所次舊聞，弗敢闕。』」

因此思想已被改造、擁護活「王」僭「帝」、臣服否王「否術」的西漢新儒家揚雄，直斥《史記》「不與聖人同，是非頗謬於經」(《漢書・揚雄傳》)。東漢新儒家王允，痛斥《史記》為「謗書」(《後漢書・蔡邕傳》)。東漢明帝，怒斥《史記》「微文刺譏，貶損當世」(班固〈典引序〉)。

秦滅六國，是中原大地首次野蠻征服文明的「用夷變夏」。

漢承秦制，是秦國「用夷變夏」的完成。

「百代都行秦政法」，是秦國「用夷變夏」的延續。

活「王」僭「帝」的悖道政體，由信仰多神教的秦始皇開啟，由信仰多神教的漢武帝奠定，兩者合力遮蔽了伏羲「泰道」的「君柔民剛」，商代多神教的「王死稱帝」，西周一神教的「王不僭帝」，東周一元論的「以道代帝」，成功抹去了先秦中國兩千年的歷史記憶，迫使人民陷入秦漢以後兩千年的失憶失語。

八　以「王」僭「帝」的邏輯後果

戰國儒宗荀況專為秦始皇設計的「使王稱帝之術」，內涵是「王霸兼用，禮法並重」。

西漢儒宗董仲舒專為漢武帝設計的「使王稱帝之術」，內涵是「王霸雜用，外儒內法」。

後者實為前者之變體，因而譚嗣同認為「兩千年國學皆荀學」(《仁學》)。

秦始皇採納韓非版「使王稱帝之術」，不僅導致秦代迅速崩潰，而且導致荀況版「使王稱帝之術」延遲百年以後，轉換為董仲舒版「使王稱帝之術」。

　　這一費時百年的歷史繞道，不僅沒能改變活「王」僭「帝」的終極悖道，而且額外支付了其他層面的諸多代價，因為荀況是儒家集大成者，韓非是法家集大成者，兩者差異極大；荀況是先秦舊儒家，董仲舒是漢代新儒家，兩者差異也極大。

　　歷史繞道的代價之一，是韓非為「兩千年國學皆荀學」打下了君主專制、法家「霸道」、否王「否術」的底色。

　　歷史繞道的代價之二，是董仲舒為「兩千年國學皆荀學」染上了「天人感應」的巫術迷信色彩和意識形態包裝。

　　歷史繞道的代價之三，是荀況、韓非信仰東周一元論，信仰層次高於西周一神教，而董仲舒信仰商代多神教、初民薩滿教，信仰層次低於西周一神教、東周一元論。

　　秦漢之際三位士人的個體信仰差異，造成了秦漢前後兩大時代的整體信仰差異，導致了中國文化的整體信仰降格，成為歷史繞道的最大代價，因為信仰降格是野蠻征服文明的根本表現。

　　秦漢中國是先秦中國的降格性延續，秦漢信仰也是先秦信仰的降格性延續，先秦中國上下分層的信仰格局，也降格性延續到秦漢以後，只不過秦漢之際信仰格局的上下分層略有模糊：原本擁有哲學信仰的上層士人，原本擁有宗教信仰的下層民眾，全體降格，上下一心，把信奉僭主偽「帝」的政治偽信仰，作為哲學信仰、宗教信仰的代用品。

　　由於僭主偽「帝」並非高於人類的超越性存在，信奉僭主偽「帝」不具精神超拔作用；由於漢代新儒家仍以先秦舊儒家祖師孔子為名義祖師，而「天人感應」與孔子「不語怪力亂神」牴牾，消解了漢代新儒家的正統性，彰顯了「獨尊儒術」的欺騙性；由於上層廟堂的「天人感應」，東漢以後進

一步降至初民薩滿教的讖緯巫蠱，與下層民眾自古以來的巫術迷信難分高下，動搖了社會結構按照「君子 —— 小人」上下分層的合理性；因此政治偽信仰的代用品效應，東漢以後日漸消失，信仰真空急需填補，信仰分層急需重建。然而以「王」僭「帝」霸占了宗教信仰的觀念空間，禁絕了哲學信仰的公開傳播，東漢以後的社會被迫選擇了另外三條信仰路徑。

第一條信仰路徑，是祕密信仰作為先秦至高信仰的道家哲學。

先秦道家把哲學信仰傳播、普及到全體上層士人，成為百家士人的普遍信仰。經過秦始皇「焚書坑儒」治標和漢武帝「獨尊儒術」治本，百家士人基本剿滅，唯有擁有至高信仰的道家士人無法剿滅。但是悖道君主的以「王」僭「帝」，迫使秦漢以後的道家士人只能祕密信仰以「道」代「帝」。公開信仰道家的嵇康遭到誅殺，祕密信仰道家的陶淵明終其天年，成為道家只能祕密信仰的示範性代表。或隱於江湖、或寄身廟堂的道家士人，各守祕密而無法交流，不能結成公開合法的信仰團體，因而跳出了上下分層的信仰格局。

第二條信仰路徑，是公開信仰印度輸入中國的佛教。

先秦信仰抵達一神教、一元論，證明人民信仰不可能止步於多神教、薩滿教。秦漢廟堂迫使信仰降至多神教、薩滿教，只能是暫時現象。社會必然從多神教、薩滿教重新起步，再次向更高的信仰層次演進。西漢把「泰一」加於「五帝」之上，業已顯露多神教再次向一神教演進的先兆。東漢以後，信仰層次高於多神教、薩滿教的眾多外來宗教，如二神教的祆教（拜火教）、摩尼教（明教），一神教的猶太教、基督教（景教）、伊斯蘭教（回教），先後輸入中國，但是傳播廣度遠遜佛教。佛教的以「佛」代「帝」，自然避開了君主的以「王」僭「帝」，既有「為上根說法」的一元論

哲學成分，又有「為下根說法」的多神教宗教成分，既能規避上層士人的政治禁忌，又能滿足下層民眾的精神需求，上層士人、下層民眾可以各取所需，因此在印度本土無法扎根的佛教，東漢以後憑藉天然的名相優勢成功移植中國，迅速普及朝野上下，經過六朝數百年磨合，唐宋以後本土化，並且順勢兩分，融入中國固有的上下分層信仰格局。

上層士人信仰的禪宗，正是一元論的哲學性佛學，同時又是一元論的本土道家哲學披上印度佛教外衣的變體。佛家哲學與道家哲學極易相通，因此佛學觀念只能用道家名相對譯和格義。信仰禪宗的上層士人知「佛」非「神」，僅是人之「覺者」。只要「明心見性」，即可「頓悟成佛」。「菩薩」自覺兼覺人，「羅漢」自覺不覺人。覺者以「道」代「帝」，必然「沙門不敬王者」（東晉慧遠），承認君主為「王」，否定君主為「帝」。

下層民眾信仰的淨土宗，正是多神教的宗教性佛教。「佛」、「菩薩」、「羅漢」，僅被視為等第有差的「眾神」，不知其為心性有差的「覺者」。多神教的「眾神」，與人同形同性，因而崇拜人形偶像。一神教的「上帝」，非人而且無形，因而拒絕崇拜人形偶像。先秦中國抵達一神教，早已拒絕偶像崇拜。秦漢以後降至多神教，因而淨土宗的偶像崇拜席捲中國。禪師和信仰禪宗的上層士人對下層民眾拜「佛」為「神」不以為然，遂有「呵佛罵祖」的「狂禪」。「狂禪」為中國禪宗獨有，印度禪宗所無，乃因主要哲學成分取自先秦道家。

第三條信仰路徑，是公開信仰作為道家變體的道教。

佛教大舉輸入，激起不同層次的本土信仰之反抗。信仰層次低於佛教的秦漢多神教毫無競爭力，唯有信仰層次高於佛教的道家一元論獨具競爭力。若非佛教東來，秦漢以後的道家很有可能長期固守祕密信仰。

既然佛教東來，若無恰當因應，祕密信仰也難固守。悖道君主的以「王」僭「帝」，迫使道家無法用哲學層面的以「道」代「帝」與佛教競爭，於是道家披上宗教外衣，變成以「真」代「帝」、以「清」代「帝」、以「尊」代「帝」、以「仙」代「帝」的道教。東漢道教儘管創立於佛教傳入以後，又出於競爭需求而大量模仿佛教表象，但其近源是印度佛教創立以前的東周道家，其遠源是夏商周以前的伏羲易道。道教的「真」、「清」、「尊」、「仙」名相，避開了悖道君主僭竊的「帝」號，既有披上道教外衣的道家哲學成分，又有秦漢多神教和初民薩滿教成分，既能規避上層士人的政治禁忌，又能滿足下層民眾的精神需求，上層士人、下層民眾可以各取所需，因此成為唯一可與佛教競爭的本土宗教，東漢以後發展壯大，並且順勢兩分，融入中國固有的上下分層信仰格局。

上層士人信仰的道教，早期是天師道，後期是全真教。所拜之「神」，不稱「帝」而稱「真君」。修成正果，不稱「聖」而稱「真人」。「真君」、「真人」無不取自《莊子》。先秦道家集大成者莊子，以「無君於上，無臣於下」的「真君」，諷刺僭竊「帝」號、代大匠斲的否王「假君」，以「不臣天子，不友諸侯」的「真人」，諷刺全無「操守」、臣服僭主的痞民「假人」。東晉道家傳人陶淵明，以天師道的宗教信仰，掩護道家的哲學信仰，像莊子、司馬遷一樣不能明斥以「王」僭「帝」，只能像莊子、司馬遷一樣支離其言，晦藏其旨，嚮往「避秦」隱居的「桃花源」，主張「不知有漢，無論魏晉」，暗示「此中有真意，欲辨已忘言」。

下層民眾信仰的道教，早期是五斗米道，後期是正一教。所拜之「神」，不稱「帝」而稱「三清」（玉清、上清、太清）、「三尊」（元始天尊、靈寶天尊、道德天尊），均為「三皇」之變體。所拜「八仙」，則是「八卦」之變體。下層民眾信仰的道教，盲從廟堂偽道，迎合悖道君主，鼓吹秦

始皇、漢武帝痴迷的「神仙」迷信，不知其違背已用「氣之聚散」解釋「生死物化」的先秦道家哲學。西漢加於「五帝」之上的「泰一」，則被改寫為「太乙」，再無《易經》「泰卦」、西周一神教「泰一」、東周一元論「泰道」的影子。至高無上的「泰一」上帝，變成了不入流品的「太乙真人」，俯首稱臣於「元始天尊」。「元始天尊」的名號，取自《易傳》「大哉乾元，萬物資始」、「天尊地卑」，鼓吹「天尊地卑，君尊臣卑」的「否術」。信仰者渾然不知《易傳》「否術」違背《易經》「泰道」，渾然不知道教外衣之下的道家哲學，渾然不知《莊子》頌揚的「兀者」乃因反抗偽道而被刖足，渾然不知「鐵枴李」是「兀者」之變體，渾然不知天道「真君」、人道「假君」不能共用「帝」號，仍稱所拜「玉清」為「玉皇大帝」。上層士人對下層民眾混淆「上帝」、「下帝」同樣不以為然，因此《西遊記》戲稱「玉皇大帝」為「玉帝老兒」。先秦中國實行「王不僭帝」的溫和君主制度，可以不敬國王，不能輕慢上帝。秦漢以後實行「以王僭帝」的君主專制制度，可以不敬「玉帝」，不能輕慢「皇帝」。

佛教、道教影響日益深廣，融入民族血脈，不斷成為農民起義的造反旗幟和組織形式，悖道君主多次闢佛、滅道，仍然難以剿滅。唐宋以後的悖道君主不得不修正漢武帝的「獨尊儒術」，鼓吹儒、釋、道「三教合一」的廟堂意識形態，迫使佛教、道教的宗教真信仰，支持御用儒家的政治偽信仰。以「王」僭「帝」導致偽信仰僭居真信仰之上，不僅信仰層次大為降格，而且精神信仰毫無強度。信仰層次的高低，決定文明層次的高低。精神信仰的強弱，決定民族性格的強弱。因此秦漢君主的以「王」僭「帝」，是中國歷史的根本拐點，導致中原文明全面衰落，民族整體虛弱。略舉其要如下。

其一，先秦「以道代帝」的哲學突破以後，形成中原主流價值「三

皇（道家）↘五帝（墨家）↘三王（儒家）↘五霸（法家）」。秦漢「以王僭帝」的政治悖道以後，悖道君主竊取道家「三皇」之「皇」、墨家「五帝」之「帝」，以儒家「王道」之名，行法家「霸道」之實。

其二，推崇「三皇之道」的先秦道家，秦漢以後被悖道君主嚴厲打壓。散人隱士遠離廟堂，逍遙江湖，以文化託命的方式，祕密傳承道家哲學，「一氣化三清」地化為祕密信仰，化入佛教禪宗，化入本土道教。道家哲學僅對祕密信仰者具有精神超拔作用，對渾然不知者不具精神超拔作用，只能阻止秦漢以後墜至徹底野蠻，無法阻止秦漢以後退至半文明半野蠻。

其三，推崇「五帝之道」的先秦墨家，秦漢以後被悖道君主殘酷剿滅。墨家雖與秦國一樣信仰商代「五帝」多神教，但其初衷並非希望野蠻的秦國征服文明的中原。墨家作為哲學突破以後的先秦重要學派之一，不僅贊成西周一神教的「王不僭帝」教義，反對商代多神教的「王死稱帝」教義；而且遵循東周一元論的「以道代帝」宗旨，探索科學規律，建構邏輯體系。僅因墨家反對「活王僭帝」，主張「君主禪讓」，同時「以武犯禁」，對君主世襲的專制政體形成公然挑戰，構成最大威脅，秦漢以後遂被殘酷剿滅。

其四，秦漢以後道家隱遁，墨家剿滅，導致先秦已露端倪的科學萌芽和邏輯萌芽中絕，無法演進為現代科學。先秦中國「天柔地剛，君柔民剛」的泰皇「泰道」，已使中國宇宙論從「天圓地方」的「蓋天說」，演進至「天地渾沌如雞子」的「渾天說」。秦漢以後「天尊地卑，君尊臣卑」的否王「否術」，迫使中國宇宙論從「渾天說」退回「蓋天說」。中世紀歐洲的基督教，由於囿於人類中心主義，僅是不許錯誤的「地心說」演進至正確的「日心說」。中原帝國的偽信仰，由於陷溺僭主中心主義，則是不許錯誤的

「蓋天說」演進至正確的「渾天說」，因此中原文明不可能從「渾天說」演進至「地心說」，遑論演進至「日心說」和現代科學。

其五，秦漢以後儒家變質，法家獨霸，導致先秦真道徹底遮蔽。戰國中期儒、法一家分為兩宗，秦漢之際儒、法兩宗合為一家，變成名為儒家、實為法家的御用儒家。秦始皇「焚書坑儒」治標、漢武帝「獨尊儒術」治本以後，御用儒家繼續遮蔽難以剿滅的易學「泰道」、道家「天道」，亦即遮蔽《易》、《老》、《莊》「三玄」一脈相承的中華道術。先是西漢末年的御用儒家揚雄採用「棄象」方式，拋棄《易經》泰、否之象，另造偽經《太玄》。隨後三國時代的御用儒家王弼主張「得意忘象」，亦即得《易傳》「天尊地卑」之意，忘《易經》泰、否之象；竄改反注《老子》，妄言《老子》宗旨是「名教本於自然」，亦即鼓吹「君尊臣卑」本於「天尊地卑」。稍後西晉初年的御用儒家郭象又竄改反注《莊子》，妄言《莊子》宗旨是「名教即自然」，亦即鼓吹「君尊臣卑」即「天尊地卑」。此後上層士人、下層民眾盲信「君尊臣卑」植根於「天尊地卑」，盲信「天尊地卑」植根於「天圓地方」（蓋天說），奉為天經地義，視為永恆真理，無限臣服僭主，不知其為僭主，不知「以王僭帝」之非。

其六，秦漢以後延續「君子以為文，百姓以為神」的上下分層信仰格局，然而信仰層次整體降格。自居「君子」的上層痞士信奉政治偽信仰，鼓吹「天尊地卑，君尊臣卑」的偽真理，宣揚「人性本善」、「人皆堯舜」、「仁義道德」的偽道學。自居「小人」的下層痞民一方面盲從政治偽信仰，偽裝相信「人性本善」而無惡不作，偽裝相信「人皆堯舜」而為桀為紂，偽裝相信「仁義道德」而不仁不義；另一方面沉溺於多神教、薩滿教迷信，又毫無虔誠性和堅定性，抱持「寧可信其有，不可疑其無」的疑神疑鬼態度，採取「平時不燒香，臨時抱佛腳」的實用態度。

其七，秦漢以後信仰層次降格，導致民族性格虛弱。

有信仰者必有人格操守，有至高信仰者必有至高人格操守，既謀求個體利益，又追求群體利益，更嚮往超越價值，因此擁有至高信仰的先秦中國人和秦漢中國人，大多個性勇毅，人格偉岸，精神剽悍，大度淡定，極有操守。順道人物遍布朝野，悖道人物屈指可數。文明發展強健，文化元氣磅礡。士有士氣，民有民氣。君有君樣，人有人樣。中原哲學教化周邊民族。

無信仰者必無人格操守，無至高信仰者必無至高人格操守，僅謀求個體利益，不顧及群體利益，更鄙棄超越價值，因此失去至高信仰的秦漢以後中國人，大多個性卑怯，人格萎縮，精神孱弱，虛浮刁滑，全無操守。悖道人物充斥朝野，順道人物陸沉潛隱。文明發展停滯，文化元氣耗散。士無士氣，民無民氣。君無君樣，人無人樣。虎狼之秦衍生虎狼之族。

其八，秦漢君主以「王」僭「帝」，導致此後兩千年的中國臣服於大一統的政治偽信仰，不再知道先秦中國曾經抵達一神教的宗教真信仰、一元論的哲學真信仰，不再了解先秦中國的溫和君主制度植根於「君柔民剛」的泰皇「泰道」，不再明白秦漢以後的君主專制制度植根於「君尊臣卑」的否王「否術」。以「王」僭「帝」的終極悖道和終極失範，導致中國社會一切層面的嚴重悖道，一切領域的嚴重失範，不再是偶然意外，而是覆巢之下必無完卵的邏輯必然。

結語　拜「帝」稱「王」與廢「帝」

以「王」僭「帝」的兩千年中華帝國，失去宗教信仰、哲學信仰的雙重制衡，君主專制日益強化，逐漸走向政治末日。與此同時，歐洲的宗教形態已從希臘、羅馬的多神教，演進至普及全歐的基督教，歐洲的政治形態已從希臘民主制退回羅馬共和制，退回溫和君主制，政治「王」權受到宗教「帝」權強力制衡，從未出現以「王」僭「帝」的終極悖道。

歐洲的信仰演進之路，異於中國的信仰演進之路：中華帝國是先秦中國的降格性延續，信仰格局始終一成不變，上下始終信仰分層，上層之信仰層次始終高於下層之信仰層次，因而社會格局也一成不變。然而近代歐洲則是羅馬帝國的提升性轉型，因為居於上層的羅馬征服者信仰「希臘——羅馬」多神教，居於下層的異族被征服者信仰「猶太——基督」一神教（上下之信仰分層與中國相似），前者信仰層次較低，後者信仰層次較高（上下之信仰高低與中國相反），因而按照宗教演進的客觀規律，前者皈依了後者，信仰格局遂從上下分層，提升性轉型為上下一心。由於信仰層次決定文明層次，信仰格局決定社會格局，因而隨著信仰格局的提升性轉型，歐洲的文明層次、社會格局同樣產生了提升性轉型。其提升性轉型的大要為二：較為次要的是政治層面，古代的溫和君主制度，文藝復興以後轉型為現代的憲政民主制度。至關重要的是哲學層面，中世紀雪藏於基督教的希臘哲學，披著宗教外衣普及歐洲全境，經過千年退火不再具有爆破性，文藝復興以後脫下宗教外衣，以「日心說」取代「地心說」為突破口，演進為探索宇宙之「道」的現代科學。[143]

---

[143] 政治形態、宗教形態、科學形態，乃至人類文化各個領域、各個層面的一切形態，無不取決於哲學視野。

　　大一統的秦漢帝國一成不變地延續兩千年以後，脫胎於羅馬帝國又分裂為民族國家的歐洲列強，用現代科學、洋槍洋炮攻破中國大門，基督教傳教士隨之大量湧入，向退回多神教的中華偽「帝」及其臣民，大力傳播一神教真「帝」，成為終結中華帝國的重要外力。

　　西元 1851 年，「拜上帝會」在「天高皇帝遠」的廣西金田發動起義。1853 年，「拜上帝會」攻占南京，建立太平天國，重建悖道政體，仍以商鞅、韓非的法家「霸道」為實質，以荀況、董仲舒的儒家「王道」為表象，像歷代農民起義一樣毫無新意。但是中華帝國的最後一次農民起義，有史以來第一次以「拜上帝」為造反旗幟和組織形式，終於不再以「王」僭「帝」，洪秀全不稱「天帝」，僅稱「天王」[144]。拜「帝」稱「王」的太平天國，遂成以「王」僭「帝」的中華帝國掘墓者，辛亥革命廢「帝」共和的先聲。

　　中國編年史，始於西元前 841 年周、召共和。中國新紀元，始於西元後 1911 年辛亥革命。天道原始返終，歷史無往不復。此後王闓運、楊度師徒，效法荀況、韓非、李斯師徒，研治「使王稱帝之術」，導演袁世凱稱「帝」鬧劇，妄想重建悖道政體，獻醜百日即告散場，因為中國已與僭主偽「帝」永別。

　　辛亥革命廢「帝」共和，使中國社會有望恢復先秦至高信仰：普通民眾有望擺脫政治偽信仰，皈依一神教的宗教至高信仰，有助於超越自我中心主義，熱愛全體人類，避免戕害同類，預防人道主義災難；知識階層有望擺脫政治偽信仰，抵達一元論的哲學至高信仰，有助於超越人類中心主

---

[144]　《天父天兄聖旨》：「天兄基督又諭天王云：『洪秀全胞弟，凡天兵天將砍妖魔頭，亦要奉天父上主皇上帝命，奉救世主基督命，奉天王大道君王全命。但爾稱王，不得稱帝，天父才是帝也。』天王曰：『遵天兄命。小弟作《黜邪崇正書》，亦辨唯天父稱帝；天父之外，皆不得僭稱帝也。』」（王慶成編注，遼寧人民出版社，1986 年，第 9 — 10 頁）

義，熱愛宇宙萬物，避免毀滅異類，預防生態環境災難。

辛亥革命以前兩千兩百年，「王」不僭「帝」、以「道」代「帝」、道家「泰道」的先秦常識，秦漢先哲狙擊以「王」僭「帝」、貶斥否王「否術」的秦漢祕史，不能言說，言必滅族。辛亥革命至今一百年，先秦常識仍然無人道破，秦漢祕史仍然不為人知，以致廟堂偽號雖除，僭主心態未去，江湖民眾雖立，臣民心態未盡，模糊了辛亥革命的斷代意義，增加了廢「帝」共和的歷史曲折。

值此辛亥革命百年之際，謹以本文祭奠秦漢前後傳承真道、狙擊偽道的中華先哲，致敬辛亥前後傳承真道、狙擊偽道的中華後賢，寄望至高信仰重新引領民族精神超拔，遵循「負陰抱陽」的泰道，走向「衝氣為和」的人民安和。

參考文獻

一、古籍和出土簡帛

[01]《尚書》。

[02]《春秋》。

[03]《左傳》。

[04]《禮記》。

[05] 戰國魏簡《竹書紀年》。

[06] 戰國楚簡《繫年》。

[07]《世本》。

[08]《史記》。

[09]《戰國策》。

[10] 馬王堆帛書《戰國縱橫家書》。

[11]《國語》。

[12]《管子》。

[13]《老子》。

[14]《論語》。

[15]《墨子》。

[16]《莊子》。

[17]《荀子》。

[18]《韓非子》。

[19]《文子》。

[20]《呂氏春秋》。

[21]《淮南子》。

[22]《韓詩外傳》。

[23]《說苑》。

[24]《新序》。

[25]《逸周書》。

[26]《漢書》。

[27]《列子》。

[28]《水經注》。

[29]《潛夫論》。

[30]《太平寰宇記》。

[31]《路史》。

[32] 王家臺秦簡《歸藏》。

[33]《資治通鑑》。

[34] 馬國翰輯《歸藏·鄭母經》。

[35] 嚴可均輯《歸藏·鄭母經》。

[36]《天父天兄聖旨》。

二、學術著作

[01] 雷學淇：《竹書紀年義證》，藝文印書館，1977 年。

[02] 朱右曾、王國維等：《竹書紀年古本輯證》，遼寧教育出版社，1997 年。

[03] 范祥雍：《竹書紀年古本輯校訂補》，上海人民出版社，1957 年。

[04] 方詩銘、王修齡：《古本竹書紀年輯證》，上海古籍出版社，1981 年。

[05] 錢穆：《先秦諸子繫年》，商務印書館，1935 年。

[06] 陳夢家：《六國紀年》，上海人民出版社，1956 年。

[07] 楊伯峻：《春秋左傳注》，中華書局，1981 年。

[08] 程恩澤：《國策地名考》，中華書局，1991 年。

[09] ［清］蘇時學：《墨子刊誤》，中華書局，1928 年。

[10] ［清］沈欽韓等：《漢書疏證》，上海古籍出版社，2006 年。

[11] 楊寬：《戰國史料編年輯證》，上海人民出版社，2001 年。

[12] 楊寬：《戰國史》，上海人民出版社，1998 年。

[13] 王先謙撰，呂蘇生補釋《鮮虞中山國事表、疆域圖說補釋》，上海古籍出版社，1993 年。

[14] 段連勤：《北狄族與中山國》，河北人民出版社，1982 年。

[15] 何豔傑：《中山國社會生活研究》，中國社會科學出版社，2009 年。

[16] 吳榮曾：《先秦兩漢史研究》，中華書局，1995 年。

[17] 李學勤：《新出青銅器研究》，文物出版社，1990 年。

[18] 張守中：《中山王器文字編》，中華書局，1981 年。

[19] 蒙文通：《蒙文通文集》，巴蜀書社，1993 年。

[20] 蒙文通：《蒙文通中國古代民族史講義》，天津古籍出版社，2008 年。

[21] 沈長雲等：《趙國史稿》，中華書局，2000 年。

[22] 諸祖耿：《戰國策集注匯考》（增訂本），鳳凰出版社，2008 年。

[23] 繆文遠：《戰國策考辨》，中華書局，1984 年。

[24] 繆文遠：《戰國策新校注》，巴蜀書社，1987 年。

附錄一：
白狄中山大事年表

西元前	白狄中山紀年	白狄中山史事
662	開國前一年 周惠王十五年	白狄酋長姮某，伐滅以邢丘為都的邢國 中山亡邢（《呂氏春秋》首言「中山」）
661	開國元年（1 年） 齊桓公二十五年 晉獻公十六年	白狄中山開國於邢，遷都顧邑（河北定縣） 齊桓公救邢，失敗 晉滅霍、耿、魏。耿封趙夙，魏封畢萬
660	開國 2 年 齊桓公二十六年	齊國聯絡諸侯，籌備救邢
659	開國 3 年 齊桓公二十七年	正月，齊、宋、曹聯軍次於聶北，救邢 六月，齊桓公遷邢人於夷儀（山東聊城西南）
658	開國 4 年	
657	開國 5 年	
656	開國 6 年	
655	開國 7 年 晉獻公二十二年	晉獻公殺太子申生，白狄女狐季姬所生晉公子重耳出奔母國白狄中山。同行五賢：狐偃、趙衰、賈佗、先軫、魏武子

西元前	白狄中山紀年	白狄中山史事
654	開國 8 年 晉獻公二十三年	重耳居白狄中山第二年，白狄女狐氏所生晉公子夷吾出奔梁邑
653	開國 9 年 晉獻公二十四年	重耳居白狄中山第三年 白狄中山伐廧咎如（赤狄），獲其二女叔隗、季隗 重耳娶赤狄女季隗，生伯儵、叔劉趙衰娶赤狄女叔隗，生趙盾
652	開國 10 年 晉獻公二十五年	重耳居白狄中山第四年 春，晉卿里克敗白狄中山於採桑 夏，白狄中山以重耳故，擊晉於齧桑，晉兵解而去
651	開國 11 年 晉獻公二十六年 （卒）	重耳居白狄中山第五年，晉獻公卒 晉卿里克誅殺赤狄女驪姬所生晉太子奚其，先迎白狄女狐季姬所生晉公子重耳於白狄中山未果，再迎白狄女狐氏所生晉公子夷吾於梁邑
650	開國 12 年 晉惠公元年	重耳居白狄中山第六年 白狄女狐氏所生晉公子夷吾返晉繼位，即晉惠公
649	開國 13 年 晉惠公二年	重耳居白狄中山第七年
648	開國 14 年 晉惠公三年 齊桓公三十八年	重耳居白狄中山第八年齊相管仲死

西元前	白狄中山紀年	白狄中山史事
647	開國 15 年 晉惠公四年	重耳居白狄中山第九年
646	開國 16 年 晉惠公五年	重耳居白狄中山第十年
645	開國 17 年 晉惠公六年	重耳居白狄中山第十一年
644	開國 18 年 晉惠公七年 衛文公十六年 齊桓公四十二年	重耳居白狄中山十二年，晉惠公派履鞮刺殺重耳，未遂重耳避禍往齊，臨別謂赤狄女季隗：「待我二十五年，不來而後嫁。」重耳過衛，衛文公不禮。至齊，齊桓公禮之，娶齊女。白狄中山以重耳故，伐晉，取狐、廚、受鐸、涉汾及昆都
643	開國 19 年 齊 桓 公 四 十 三 年 （卒）	重耳居齊第二年，齊桓公卒
642	開國 20 年 齊孝公元年	重耳居齊第三年
641	開國 21 年 齊孝公二年	重耳居齊第四年
640	開國 22 年 齊孝公三年	重耳居齊第五年，離齊

西元前	白狄中山紀年	白狄中山史事
639	開國 23 年 曹共公十四年 宋襄公十二年 鄭文公三十四年 楚成王三十三年 秦穆公二十一年	重耳過曹，曹共公不禮 重耳過宋，宋襄公禮之 重耳過鄭，鄭文公禮之 重耳過楚，楚成王禮之 重耳至秦，秦穆公禮之
638	開國 24 年 秦穆公二十二年	重耳居秦第一年，取秦女懷嬴，生公子雍
637	開國 25 年 晉惠公十四年 （卒） 秦穆公二十三年	重耳居秦第二年，晉惠公卒 晉惠公太子圉繼位為晉懷公，誅殺重耳外公、白狄中山人狐突，三月被廢
636	開國 26 年 晉文公元年 秦穆公二十四年	秦穆公護送重耳返晉繼位，即晉文公 白狄中山遣使祝賀，進獻封狐、文豹之皮 趙衰任晉國執政
635	開國 27 年 晉文公二年	晉文公重用生母狐季姬之弟，白狄中山人狐毛、狐偃，晉國、白狄中山結盟
634	開國 28 年 晉文公三年	

西元前	白狄中山紀年	白狄中山史事
633	開國 29 年 晉文公四年 楚成王三十九年 宋成公四年 齊孝公十年（卒） 秦穆公二十七年 曹共公二十年 衛成公二年	楚成王伐宋 晉率齊、秦伐曹、衛以救宋
632	開國 30 年 晉文公五年 楚成王四十年 齊昭公元年 宋成公五年 秦穆公二十八年 周襄王二十年	夏四月己巳，晉、楚城濮之戰晉國、中山（中山之盜、群戎之師）聯軍（狐毛、狐偃領上軍），得齊軍、宋軍、秦軍之助，在城濮擊敗楚軍 晉文公召來周襄王，舉行踐土之盟，晉、齊、宋、蔡、鄭、陳、莒、邾、秦與會
631	開國 31 年 晉文公六年	
630	開國 32 年 晉文公七年	
629	開國 33 年 晉文公八年	
628	開國 34 年 晉文公九年（卒）	晉文公姬重耳卒，晉人立齊女所生少子姬歡，即晉襄公

西元前	白狄中山紀年	白狄中山史事
627	開國 35 年 晉襄公元年	白狄中山送歸白狄女所生公子樂爭位，到達箕地受阻於晉師，晉將先軫戰死
626	開國 36 年 晉襄公二年	
625	開國 37 年 晉襄公三年	
624	開國 38 年 晉襄公四年	
623	開國 39 年 晉襄公五年	晉國執政趙衰卒，齊子趙盾繼任晉國執政
622	開國 40 年 晉襄公六年	
621	開國 41 年 晉襄公七年（卒）	晉襄公姬歡卒，太子夷皋年少，議立長君 趙盾欲立晉文公與秦女懷嬴所生公子雍 狐射姑欲立晉文公與白狄女所生公子樂 白狄中山送歸公子樂至陳，被趙盾誅殺 狐射姑逃歸白狄中山，白狄中山怒而伐晉
620	開國 42 年 晉靈公元年	晉襄公太子夷皋繼位，即晉靈公
619	開國 43 年 晉靈公二年	

西元前	白狄中山紀年	白狄中山史事
618	開國 44 年 晉靈公三年	
617	開國 45 年 晉靈公四年	
616	開國 46 年 晉靈公五年	
615	開國 47 年 晉靈公六年	
614	開國 48 年 晉靈公七年	
613	開國 49 年 晉靈公八年	
612	開國 50 年 晉靈公九年	
611	開國 51 年 晉靈公十年	
610	開國 52 年 晉靈公十一年	
609	開國 53 年 晉靈公十二年	
608	開國 54 年 晉靈公十三年	

西元前	白狄中山紀年	白狄中山史事
607	開國 55 年 晉靈公十四年 （弒）	趙盾出奔，堂弟趙穿弒殺晉靈公姬夷皋 趙盾立晉文公與周女所生少子姬黑臀， 及晉成公
606	開國 56 年 晉成公元年	晉成公與白狄中山續盟，又與赤狄聯 姻，嫁其長女於赤狄潞氏 晉師與白狄中山聯合伐秦，擒秦將赤
605	開國 57 年 晉成公二年	
604	開國 58 年 晉成公三年	
603	開國 59 年 晉成公四年	
602	開國 60 年 晉成公五年	
601	開國 61 年 晉成公六年	
600	開國 62 年 晉成公七年（卒）	晉成公姬黑臀卒，太子姬據繼位，即晉 景公
599	開國 63 年 晉景公元年	
598	開國 64 年 晉景公二年	晉景公與白狄中山之君會於欑函，續盟
597	開國 65 年 晉景公三年	晉司寇屠岸賈誅趙盾

西元前	白狄中山紀年	白狄中山史事
596	開國 66 年 晉景公四年	先縠擅伐赤狄而敗，懼誅，出奔白狄中山
595	開國 67 年 晉景公五年	
594	開國 68 年 晉景公六年	赤狄潞氏之執政酆舒，殺晉成公長女、晉景公之姊晉姬怒而伐滅赤狄潞氏，酆舒奔衛，衛人歸諸晉，晉人殺之
593	開國 69 年 晉景公七年	晉將隨會伐滅赤狄之甲氏、留吁、鐸辰
592	開國 70 年 晉景公八年	
591	開國 71 年 晉景公九年	
590	開國 72 年 晉景公十年	
589	開國 73 年 晉景公十一年	晉作六卿：范氏、中行氏、知氏、韓氏、魏氏、趙氏
588	開國 74 年 晉景公十二年	
587	開國 75 年 晉景公十三年	
586	開國 76 年 晉景公十四年	

西元前	白狄中山紀年	白狄中山史事
585	開國 77 年 晉景公十五年	
584	開國 78 年 晉景公十六年	
583	開國 79 年 晉景公十七年	
582	開國 80 年 晉景公十八年	白狄中山與秦聯合伐晉
581	開國 81 年 晉景公十九年 （卒）	晉景公姬據卒，太子壽曼繼位，即晉厲公
580	開國 82 年 晉厲公元年 秦桓公二十四年	晉厲公與秦桓公夾河而盟，歸而背盟，約白狄中山聯合伐秦
579	開國 83 年 晉厲公二年	
578	開國 84 年 晉厲公三年	
577	開國 85 年 晉厲公四年	
576	開國 86 年 晉厲公五年	
575	開國 87 年 晉厲公六年	

西元前	白狄中山紀年	白狄中山史事
574	開國 88 年 晉厲公七年	
573	開國 89 年 晉厲公八年（弒）	晉大夫欒書弒晉厲公姬壽曼，立公子姬糾，即晉悼公
572	開國 90 年 晉悼公元年	
571	開國 91 年 晉悼公二年	
570	開國 92 年 晉悼公三年	老子約於此年生於陳
569	開國 93 年 晉悼公四年	
568	開國 94 年 晉悼公五年	
567	開國 95 年 晉悼公六年	
566	開國 96 年 晉悼公七年	
565	開國 97 年 晉悼公八年	
564	開國 98 年 晉悼公九年	
563	開國 99 年 晉悼公十年	韓獻子韓厥卒，寒宣子繼任韓氏宗長、晉卿

西元前	白狄中山紀年	白狄中山史事
562	開國 100 年 晉悼公十一年	晉悼公賜魏氏地，魏昭子徙治安邑
561	開國 101 年 晉悼公十二年	
560	開國 102 年 晉悼公十三年	
559	開國 103 年 晉悼公十四年	
558	開國 104 年 晉悼公十五年 （卒）	
557	開國 105 年 晉平公元年	
556	開國 106 年 晉平公二年	
555	開國 107 年 晉平公三年 魯襄公十八年	白狄中山改姓姮為姓姬，自稱與周同宗 遣使朝魯，魯襄公受之
554	開國 108 年 晉平公四年	白狄中山遣使朝晉，晉平公受之
553	開國 109 年 晉平公五年	
552	開國 110 年 晉平公六年	

西元前	白狄中山紀年	白狄中山史事
551	開國 111 年 晉平公七年	孔子生於魯
550	開國 112 年 晉平公八年	
549	開國 113 年 晉平公九年	
548	開國 114 年 晉平公十年	
547	開國 115 年 晉平公十一年	
546	開國 116 年 晉平公十二年	趙盾之孫趙武（趙文子）為晉正卿
545	開國 117 年 晉平公十三年	
544	開國 118 年 晉平公十四年 吳王餘祭四年	吳季札使晉，曰：「晉國之政卒歸於趙武子、韓宣子、魏獻子之後矣。」
543	開國 119 年 晉平公十五年	
542	開國 120 年 晉平公十六年	
541	開國 121 年 晉平公十七年	

西元前	白狄中山紀年	白狄中山史事
540	開國 122 年 晉平公十八年	
539	開國 123 年 晉平公十九年 齊景公九年	齊景公使晏嬰於晉，晏嬰與晉叔向語。晏嬰曰：「齊之政後卒歸田氏。」叔向曰：「晉國之政將歸六卿。六卿侈矣，而吾君不能恤也。」
538	開國 124 年 晉平公二十年	
537	開國 125 年 晉平公二十一年	
536	開國 126 年 晉平公二十二年	鄭相子產頒布刑鼎
535	開國 127 年 晉平公二十三年 齊景公十三年	孫武生於齊
534	開國 128 年 晉平公二十四年	
533	開國 129 年 晉平公二十五年	
532	開國 130 年 晉平公二十六年 （卒）	晉平公姬彪卒，太子姬夷繼位，即晉昭公
531	開國 131 年 晉昭公元年	

西元前	白狄中山紀年	白狄中山史事
530	開國 132 年 晉昭公二年	晉將荀吳（中行穆子）向白狄中山借道，伐滅長狄之肥國（今河北肥鄉）
529	開國 133 年 晉昭公三年	晉將荀吳征伐白狄中山之邊邑中人（今河北唐縣西北），未克
528	開國 134 年 晉昭公四年	
527	開國 135 年 晉昭公五年	晉將荀吳征伐白狄中山之邊邑鼓邑，擒鼓子鳶鞮
526	開國 136 年 晉昭公六年（卒）	晉昭公姬夷卒，太子姬去疾繼位，即晉頃公 昭公卒而六卿強，公室卑
525	開國 137 年 晉頃公元年	
524	開國 138 年 晉頃公二年	
523	開國 139 年 晉頃公三年	
522	開國 140 年 晉頃公四年	鄭相子產卒
521	開國 141 年 晉頃公五年	白狄中山之邊邑鼓邑叛晉，復歸白狄中山

西元前	白狄中山紀年	白狄中山史事
520	開國 142 年 晉頃公六年 周景王二十五年 （卒）	鼓邑又叛白狄中山，復歸晉 周景王姬貴卒，王子姬朝與王子姬匄爭位
519	開國 143 年 晉頃公七年	王子姬朝與王子姬匄爭位戰爭
518	開國 144 年 晉頃公八年	王子姬朝與王子姬匄爭位戰爭
517	開國 145 年 晉頃公九年 趙簡子元年	趙武（趙文子）之孫趙鞅（趙簡子）繼任趙氏宗長、晉卿
516	開國 146 年 晉頃公十年	晉卿趙鞅送王子姬匄入周繼位，即周敬王 王子姬朝奔楚，老子離周返陳
515	開國 147 年 晉頃公十一年 楚昭王元年 吳王僚十二年 （弒）	晉、吳聯合伐楚，吳公子光弒吳王僚自立，即吳王闔閭 晉卿荀吳聯合諸侯征伐白狄中山，大疫且飢，人相食，慘敗 楚史《繫年》此年首言「中山」
514	開國 148 年 晉頃公十二年	韓宣子老，魏獻子任晉國執政晉宗室祁氏、羊舌氏相惡，六卿誅之，盡取其邑為十縣，六卿各令其子為之大夫魏獻子、趙簡子、中行文子、范獻子並為晉卿

西元前	白狄中山紀年	白狄中山史事
513	開國 149 年 晉頃公十三年	
512	開國 150 年 晉頃公十四年 (卒)	晉頃公姬去疾卒，太子姬午繼位，即晉定公
511	開國 151 年 晉定公元年	
510	開國 152 年 晉定公二年	
509	開國 153 年 晉定公三年	
508	開國 154 年 晉定公四年	
507	開國 155 年 晉定公五年	白狄中山伐晉，在平中(今河北唐縣附近)擊敗晉師，擒獲晉將觀虎 孔子弟子，衛人子夏生於衛
506	開國 156 年 晉定公六年 吳王闔閭九年 楚昭王十年	晉卿士鞅(范獻子)、衛卿孔圉聯合征伐白狄中山(《左傳》此年首言「中山」)—— 白狄中山大夫司馬子期奔楚，遊說楚昭王征伐白狄中山，白狄中山之君出亡，後返國 吳王闔閭命伍子胥、孫武伐楚，入郢，楚昭王出亡，後返國

西元前	白狄中山紀年	白狄中山史事
505	開國 157 年 晉定公七年	晉卿士鞅征伐白狄中山
504	開國 158 年 晉定公八年	
503	開國 159 年 晉定公九年	
502	開國 160 年 晉定公十年	
501	開國 161 年 晉定公十一年	鄭人鄧析卒
500	開國 162 年 晉定公十二年	陽虎奔晉，晉卿趙鞅留之。孔子相魯齊相晏嬰卒
499	開國 163 年 晉定公十三年	
498	開國 164 年 晉定公十四年	
497	開國 165 年 晉定公十五年	
496	開國 166 年 晉定公十六年	
495	開國 167 年 晉定公十七年	
494	開國 168 年 晉定公十八年	

西元前	白狄中山紀年	白狄中山史事
493	開國 169 年 晉定公十九年	
492	開國 170 年 晉定公二十年 趙簡子二十六年	晉卿范氏、中行氏與趙氏衝突，知氏、魏氏、韓氏支持趙氏，齊景公聯合魯、衛、白狄中山支持范氏、中行氏，晉六卿爆發全面內戰 《左傳》此年再言「中山」
491	開國 171 年 晉定公二十一年 趙簡子二十七年	晉國六卿內戰
490	開國 172 年 晉定公二十二年 趙簡子二十八年	晉卿趙鞅擊敗范氏、中行氏，荀寅（中行文子）出奔白狄中山
489	開國 173 年 晉定公二十三年 趙簡子二十九年	晉卿趙鞅征伐白狄中山
488	開國 174 年 晉定公二十四年	晉卿趙鞅嫁女於長狄代國之君
487	開國 175 年 晉定公二十五年	
486	開國 176 年 晉定公二十六年	
485	開國 177 年 晉定公二十七年	

西元前	白狄中山紀年	白狄中山史事
484	開國 178 年 晉定公二十八年	吳王夫差誅伍子胥
483	開國 179 年 晉定公二十九年	
482	開國 180 年 晉定公三十年	晉定公、吳王夫差會於皇池，晉卿趙鞅隨行
481	開國 181 年 晉定公三十一年	齊相田常弒齊簡公 《春秋》絕筆此年
480	開國 182 年 晉定公三十二年	老子約於此年卒於秦，遺著《老子》 墨子約於此年生於宋
479	開國 183 年 晉定公三十三年	孔子卒於魯，遺著《春秋》
478	開國 184 年 晉定公三十四年	
477	開國 185 年 晉定公三十五年	
476	開國 186 年 晉定公三十六年	
475	開國 187 年 晉定公三十七年（卒） 趙簡子四十三年（卒）	晉定公姬午卒，太子姬鑿繼位，即晉出公趙簡子趙鞅卒，世子趙毋恤繼位，即趙襄子

西元前	白狄中山紀年	白狄中山史事
474	開國 188 年 晉出公元年 趙襄子二年	趙襄子殺代王，平代地（河北蔚縣周邊），其姊（代王之妻）自殺
473	開國 189 年 晉出公二年 趙襄子三年	趙襄子征伐白狄中山，勝於左人、中人
472	開國 190 年 晉出公三年 趙襄子四年	趙襄子率徒十萬，狩於白狄中山
471	開國 191 年 晉出公四年	
470	開國 192 年 晉出公五年	
469	開國 193 年 晉出公六年	
468	開國 194 年 晉出公七年	
467	開國 195 年 晉出公八年	
466	開國 196 年 晉出公九年	
465	開國 197 年 晉出公十年	

西元前	白狄中山紀年	白狄中山史事
464	開國 198 年 晉出公十一年	
463	開國 199 年 晉出公十二年	
462	開國 200 年 晉出公十三年	
461	開國 201 年 晉出公十四年	
460	開國 202 年 晉出公十五年	
459	開國 203 年 晉出公十六年	
458	開國 204 年 晉出公十七年	晉卿知伯荀瑤與趙襄子、韓康子、魏桓子共分范氏、中行氏之地
457	開國 205 年 晉出公十八年	晉卿知伯荀瑤欲伐白狄中山，道難不通，佯贈仇由以大鐘，仇由之主斬岸、堙溪以迎鐘，知伯大君以送鐘為名進軍，攻取仇由
456	開國 206 年 晉出公十九年 魏簡子卒 韓貞子卒	

西元前	白狄中山紀年	白狄中山史事
455	開國 207 年 晉出公二十年 魏桓子元年 韓康子元年 趙襄子二十一年	晉卿知伯荀瑤向魏、韓、趙索地魏桓子、韓康子獻之，趙襄子拒之晉卿知伯荀瑤聯合魏桓子、韓康子伐趙，圍攻趙都晉陽 李悝（子夏弟子）生於魏
454	開國 208 年 晉出公二十一年 魏桓子二年 韓康子二年 趙襄子二十二年	晉卿知伯荀瑤水灌趙都晉陽
453	開國 209 年 晉出公二十二年 魏桓子三年 韓康子三年 趙襄子二十三年	魏桓子、韓康子倒戈，與趙襄子共滅知氏，三分其地，史稱「三家分晉」
452	開國 210 年 晉出公二十三年（出） 魏桓子四年 韓康子四年 趙襄子二十四年	晉出公怒伐三晉，三晉反攻晉出公，出公奔齊，道死 晉卿魏桓子成為晉國執政，與韓康子、趙襄子共立晉昭公曾孫姬嬌，即晉哀公（《竹書紀年》「晉敬公」）

西元前	白狄中山紀年	白狄中山史事
451	開國 211 年 晉哀（敬）公元年 魏桓子五年 韓康子五年 趙襄子二十五年	
450	開國 212 年 晉哀公二年 魏桓子六年 韓康子六年 趙襄子二十六年	列子（禦寇）約於此年生於鄭
449	開國 213 年 晉哀公三年 魏桓子七年 韓康子七年 趙襄子二十七年	
448	開國 214 年 晉哀公四年 魏桓子八年 韓康子八年 趙襄子二十八年	
447	開國 215 年 晉哀公五年 魏桓子九年 韓康子九年 趙襄子二十九年	

西元前	白狄中山紀年	白狄中山史事
446	開國 216 年 晉哀公六年 魏桓子十年（卒） 韓康子十年 趙襄子三十年	魏桓子卒，其孫魏斯繼任魏氏宗長、晉國執政
445	開國 217 年 晉哀公七年 魏文侯舊元元年 韓康子十一年 趙襄子三十一年	晉卿魏斯（後為魏文侯）起計舊元 二十二年後僭號稱「侯」，起計新元
444	開國 218 年 晉哀公八年 魏文侯舊元二年 韓康子十二年 趙襄子三十二年	
443	開國 219 年 晉哀公九年 魏文侯舊元三年 韓康子十三年 趙襄子三十三年	
442	開國 220 年 晉哀公十年 魏文侯舊元四年 韓康子十四年 趙襄子三十四年	

西元前	白狄中山紀年	白狄中山史事
441	開國 221 年 晉哀公十一年 魏文侯舊元五年 韓康子十五年 趙襄子三十五年	
440	開國 222 年 晉哀公十二年 魏文侯舊元六年 韓康子十六年 趙襄子三十六年	
439	開國 223 年 晉哀公十三年 魏文侯舊元七年 韓康子十七年 趙襄子三十七年	
438	開國 224 年 晉哀公十四年 魏文侯舊元八年 韓康子十八年 趙襄子三十八年	
437	開國 225 年 晉哀公十五年 魏文侯舊元九年 韓康子十九年 趙襄子三十九年	

西元前	白狄中山紀年	白狄中山史事
436	開國 226 年 晉哀公十六年 魏文侯舊元十年 韓康子二十年 趙襄子四十年	
435	開國 227 年 晉哀公十七年 魏文侯舊元十一年 韓康子二十一年 趙襄子四十一年	
434	開國 228 年 晉哀公十八年 魏文侯舊元十二年 韓康子二十二年 趙襄子四十二年	
433	開國 229 年 幽公元年 魏文侯舊元十三年 韓康子二十三年 趙襄子四十三年	晉哀公姬嬌卒，太子姬柳繼位，即晉幽公
432	開國 230 年 晉幽公二年 魏文侯舊元十四年 韓康子二十四年 趙襄子四十四年	

西元前	白狄中山紀年	白狄中山史事
431	開國 231 年 晉幽公三年 魏文侯舊元十五年 韓康子二十五年 趙襄子四十五年	
430	開國 232 年 晉幽公四年 魏文侯舊元十六年 韓康子二十六年 趙襄子四十六年	
429	開國 233 年 晉幽公五年 魏文侯舊元十七年 韓康子二十七年 趙襄子四十七年	
428	開國 234 年 晉幽公六年 魏文侯舊元十八年 韓康子二十八年 趙襄子四十八年	晉幽公之時，反朝韓、趙、魏之君。獨有絳、曲沃，餘皆入三晉
427	開國 235 年 晉幽公七年 魏文侯舊元十九年 韓康子二十九年 趙襄子四十九年	

西元前	白狄中山紀年	白狄中山史事
426	開國 236 年 晉幽公八年 魏文侯舊元二十年 韓康子三十年 趙襄子五十年	
425	開國 237 年 晉幽公九年 魏文侯舊元二十一年 韓康子三十一年（卒） 趙襄子五十一年（卒）	韓康子韓虎卒，世子韓啟章繼任韓氏宗長、晉卿，即韓武子 趙襄子趙毋恤卒，世子趙嘉繼任趙世宗長、晉卿，即趙桓子
424	開國 238 年 晉幽公十年 魏文侯舊元二十二年 韓武子元年 趙桓子元年（卒）	趙桓子趙嘉卒，世子趙浣繼任趙世宗長、晉卿，即趙獻子
423	開國 239 年 晉幽公十一年 魏文侯新元元年 韓武子二年 趙獻侯元年	晉卿魏斯（魏文侯）僭號稱「侯」，起計新元 師子夏，友田子方、段干木

西元前	白狄中山紀年	白狄中山史事
422	開國 240 年 晉幽公十二年 魏文侯新元二年 韓武子三年 趙獻侯二年	
421	開國 241 年 晉幽公十三年 魏文侯新元三年 韓武子四年 趙獻侯三年	
420	開國 242 年 晉幽公十四年 魏文侯新元四年 韓武子五年 趙獻侯四年	孔子弟子、魏文侯師、衛人子夏死於魏
419	開國 243 年 晉幽公十五年 魏文侯新元五年 韓武子六年 趙獻侯五年	
418	開國 244 年 晉幽公十六年 魏文侯新元六年 韓武子七年 趙獻侯六年	

西元前	白狄中山紀年	白狄中山史事
417	開國 245 年 晉幽公十七年 魏文侯新元七年 韓武子八年 趙獻侯七年	
416	開國 246 年 晉幽公十八年（弒） 魏文侯新元八年 韓武子九年 趙獻侯八年	晉幽公半夜出宮，淫於婦人，被其秦國夫人嬴氏弒殺 晉卿魏斯平定晉亂，另立晉烈公，當年改元
415	開國 247 年 晉烈公元年 魏文侯新元九年 韓武子十年 趙獻侯九年	
414	開國 248 年 晉烈公二年 魏文侯新元十年 韓武子十一年 趙獻侯十年 白狄中山武公元年	晉太史屠黍離晉，出奔西周國，對西周威公預言晉國將亡 白狄中山武公初立

西元前	白狄中山紀年	白狄中山史事
413	開國 249 年 晉烈公三年 魏文侯新元十一年 韓武子十二年 趙獻侯十一年 白狄中山武公二年	
412	開國 250 年 晉烈公四年 魏文侯新元十二年 韓武子十三年 趙獻侯十二年 白狄中山武公三年	魏文侯以子夏為師，以李悝為相，實行變法 李悝頒布《法經》，魏國大治
411	開國 251 年 晉烈公五年 魏文侯新元十三年 韓武子十四年 趙獻侯十三年 白狄中山武公四年	屠黍又對西周威公預言白狄中山將亡
410	開國 252 年 晉烈公六年 魏文侯新元十四年 韓武子十五年 趙獻侯十四年 白狄中山武公五年	

西元前	白狄中山紀年	白狄中山史事
409	開國 253 年 晉烈公七年 魏文侯新元十五年 韓武子十六年（卒） 趙獻侯十五年（卒） 白狄中山武公六年	韓武子韓啟章卒，世子韓虔繼位，即韓景侯 趙獻子趙浣卒，世子趙籍繼位，即趙烈侯
408	開國 254 年 晉烈公八年 魏文侯新元十六年 韓景侯元年 趙烈侯元年 白狄中山武公七年	魏文侯以李悝為相，以樂羊為將，借道於趙，征伐白狄中山
407	開國 255 年 晉烈公九年 魏文侯新元十七年 韓景侯二年 趙烈侯二年 白狄中山武公八年	樂羊征伐白狄中山第二年，其子在中山。中山之君烹其子而遺之羹，樂羊坐於幕下啜之，盡一杯

西元前	白狄中山紀年	白狄中山史事
406	開國 256 年 晉烈公十年 魏文侯新元十八年 韓景侯三年 趙烈侯三年 白狄中山武公九年 （滅）	樂羊征伐白狄中山第三年，滅之。 白狄中山國祚 256 年（前 661 —— 前 406） 181 年（前 661 —— 前 481）屬於春秋 75 年（前 480 —— 前 406）屬於戰國

附錄二：

魏屬中山大事年表

西元前	魏屬中山紀年	魏屬中山史事
406	晉烈公十年 魏文侯新元十八年 趙烈侯三年 韓景侯三年 白狄中山武公九年（滅）	白狄中山人樂羊（晉文公與白狄女所生公子樂後裔）擔任魏將，伐滅白狄中山晉卿魏斯親往白狄中山之都顧邑巡視，命令長子魏擊駐守顧邑，然後返回安邑（山西夏縣），田子方同行
405	中山武公元年 魏文侯新元十九年 趙烈侯四年 韓景侯四年 晉烈公十一年	中山武公魏擊駐守白狄中山之都顧邑（河北定縣），趙蒼唐為傅，李悝為相，樂羊為將
404	中山武公二年 魏文侯新元二十年 趙烈侯五年 韓景侯五年 晉烈公十二年	李悝治中山，罷免了搜刮民脂民膏多交賦稅的苦陘縣令 樂羊守中山，剿滅了白狄中山武公之子公子傾圖謀復國的殘部 常莊談建議趙烈侯支持公子傾復國，趙烈侯未允

西元前	魏屬中山紀年	魏屬中山史事
403	中山武公三年 周威烈王二十三年 魏文侯新元二十一年 趙烈侯六年 韓景侯六年 晉烈公十三年	周威烈王策封三晉為諸侯三晉宗長魏斯、韓虔、趙籍，成為魏文侯、韓景侯、趙烈侯中山武公魏擊派遣太傅趙蒼唐使魏，魏文侯召回長子魏擊，立為魏太子，冊封少子魏摯為中山君，即中山桓公
402	中山桓公元年 魏文侯新元二十二年 趙烈侯七年 韓景侯七年 晉烈公十四年	中山桓公魏摯遷都靈壽（河北平山） 鑄中山侯鉞，銘曰：「天子建邦，中山侯謹作茲軍鉞，以警厥眾。」
401	中山桓公二年 魏文侯新元二十三年 趙烈侯八年 韓景侯八年 晉烈公十五年	田悼子卒，田和繼位，即田齊太公
400	中山桓公三年 魏文侯新元二十四年 趙烈侯九年 韓景侯九年（卒） 晉烈公十六年	韓景侯韓虔卒，太子韓取繼位，即韓烈侯魏太子魏擊，生子魏罃（後為魏惠王）

西元前	魏屬中山紀年	魏屬中山史事
399	中山桓公四年 魏文侯新元二十五年 趙烈侯十年 韓烈侯元年 晉烈公十七年	
398	中山桓公五年 魏文侯新元二十六年 趙烈侯十一年 韓烈侯二年 晉烈公十八年	
397	中山桓公六年 魏文侯新元二十七年 趙烈侯十二年 韓烈侯三年 晉烈公十九年	
396	中山桓公七年 魏文侯新元二十八年 （卒） 趙烈侯十三年 韓烈侯四年 晉烈公二十年	魏文侯魏斯卒，太子魏擊繼位，即魏武侯魏屬中山尊魏文侯、魏武侯為「中山文公」、「中山武公」，「皇祖文、武」

西元前	魏屬中山紀年	魏屬中山史事
395	中山桓公八年 魏武侯元年 趙烈侯十四年 韓烈侯五年 晉烈公二十一年	前魏相、前魏屬中山相李悝（子夏弟子）死於魏，遺著《法經》楊朱約於此年生於魏
394	中山桓公九年 魏武侯二年 趙烈侯十五年 韓烈侯六年 晉烈公二十二年	
393	中山桓公十年 魏武侯三年 趙烈侯十六年 韓烈侯七年 晉烈公二十三年	
392	中山桓公十一年 魏武侯四年 趙烈侯十七年 韓烈侯八年 晉烈公二十四年	
391	中山桓公十二年 魏武侯五年 趙烈侯十八年 韓烈侯九年 晉烈公二十五年	

西元前	魏屬中山紀年	魏屬中山史事
390	中山桓公十三年 魏武侯六年 趙烈侯十九年 韓烈侯十年 晉烈公二十六年	
389	中山桓公十四年 魏武侯七年 趙烈侯二十年 韓烈侯十一年 晉烈公二十七年 (卒)	
388	中山桓公十五年 魏武侯八年 趙烈侯二十一年 韓烈侯十二年 晉桓(孝)公元年	
387	中山桓公十六年 魏武侯九年 趙烈侯二十二年 (卒) 韓烈侯十三年(卒) 晉桓公二年	趙烈侯趙籍卒，太子趙章繼位，即趙敬侯韓烈侯卒，太子繼位，即韓文侯

西元前	魏屬中山紀年	魏屬中山史事
386	中山桓公十七年 魏武侯十年 趙敬侯元年 韓文侯元年 晉桓公三年	趙敬侯元年，把趙都從晉陽（山西太原）南遷邯鄲（河北邯鄲）
385	中山桓公十八年 魏武侯十一年 趙敬侯二年 韓文侯二年 晉桓公四年	申不害約於此年生於鄭
384	中山桓公十九年 魏武侯十二年 趙敬侯三年 韓文侯三年 晉桓公五年	
383	中山桓公二十年 魏武侯十三年 趙敬侯四年 韓文侯四年 晉桓公六年	魏武侯伐趙兔台

西元前	魏屬中山紀年	魏屬中山史事
382	中山桓公二十一年 魏武侯十四年 趙敬侯五年 韓文侯五年 晉桓公七年 周安王二十年	周安王策封田齊太公田和為諸侯
381	中山桓公二十二年 魏武侯十五年 趙敬侯六年 韓文侯六年 晉桓公八年	趙敬侯伐魏，取棘蒲 前魏將、前楚相、衛人吳起死於楚
380	中山桓公二十三年 魏武侯十六年 趙敬侯七年 韓文侯七年 晉桓公九年	孫臏約於此年生於齊 惠施約於此年生於宋 張儀約於此年生於魏
379	中山桓公二十四年 魏武侯十七年 趙敬侯八年 韓文侯八年 晉桓公十年	趙敬侯伐魏，拔黃城

西元前	魏屬中山紀年	魏屬中山史事
378	中山桓公二十五年 魏武侯十八年 趙敬侯九年 韓文侯九年 晉桓公十一年	
377	中山桓公二十六年 魏武侯十九年 趙敬侯十年 韓文侯十年（卒） 晉桓公十二年	趙伐中山，戰於房子（河北高邑） 韓文侯卒，太子繼位，即韓哀侯
376	中山桓公二十七年 魏武侯二十年 趙敬侯十一年 韓哀侯元年 晉桓公十三年	趙伐中山，戰於中人（河北唐縣西南） 墨子約於此年死於宋，遺著《墨子》
375	中山桓公二十八年 魏武侯二十一年 趙敬侯十二年 韓哀侯二年 晉桓公十四年	韓哀侯伐鄭，把晉都從平陽遷至鄭 列子（禦寇）約於此年死於鄭，遺著 《列子》

西元前	魏屬中山紀年	魏屬中山史事
374	中山桓公二十九年 魏武侯二十二年 趙敬侯十三年（卒） 趙成侯元年 韓哀侯三年（刺） 韓懿侯元年 晉桓公十五年	趙晉侯趙章卒，太子趙種繼位，即趙成侯，當年改元 聶政刺殺韓相韓傀，兼及韓哀侯，太子韓若山繼位，即韓懿侯，許異相韓
373	中山桓公三十年 魏武侯二十三年 趙成侯二年 韓懿侯二年 晉桓公十六年	
372	中山桓公三十一年 魏武侯二十四年 趙成侯三年 韓懿侯三年 晉桓公十七年	孟軻生於鄭
371	中山桓公三十二年 魏武侯二十五年 趙成侯四年 韓懿侯四年 晉桓公十八年	

西元前	魏屬中山紀年	魏屬中山史事
370	中山桓公三十三年 魏武侯二十六年（卒） 趙成侯五年 韓懿侯五年 晉桓公十九年	魏武侯卒，公子緩與魏惠王爭位 趙成侯、韓懿侯聯合出兵支持公子緩，大敗魏惠王於濁澤，圍之 趙成侯欲殺魏惠王，韓懿侯欲分魏為二，所謀不合，韓懿侯半夜撤兵，魏惠王趁機突圍
369	中山桓公三十四年 魏惠王前元元年 趙成侯六年 韓懿侯六年 晉桓公二十年（遷、卒）	魏惠王平定公子緩爭位之亂 趙成侯、韓懿侯把晉桓公逐出晉都曲沃（山西聞喜），遷至屯留（山西長治） 晉桓公卒，晉悼公繼位，取韓懿侯之女韓姬
368	中山桓公三十五年 魏惠王前元二年 趙成侯七年 韓懿侯七年 晉悼公元年	趙成侯、韓懿侯出兵攻周
367	中山桓公三十六年 魏惠王前元三年 趙成侯八年 韓懿侯八年 晉悼公二年	趙成侯、韓懿侯分周為二 （詳見附錄五〈西周國、東周國大事年表〉）

西元前	魏屬中山紀年	魏屬中山史事
366	中山桓公三十七年 魏惠王前元四年 趙成侯九年 韓懿侯九年 晉悼公三年	
365	中山桓公三十八年 魏惠王前元五年 趙成侯十年 韓懿侯十年 晉悼公四年	
364	中山桓公三十九年 魏惠王前元六年 趙成侯十一年 韓懿侯十一年 晉悼公五年	
363	中山桓公四十年 魏惠王前元七年 趙成侯十二年 韓懿侯十二年（卒） 晉悼公六年	韓懿侯韓若山卒，太子韓武繼位，即韓昭侯
362	中山桓公四十一年 魏惠王前元八年 趙成侯十三年 韓昭侯元年 晉悼公七年	

西元前	魏屬中山紀年	魏屬中山史事
361	中山桓公四十二年 魏惠王前元九年 趙成侯十四年 韓昭侯二年 晉悼公八年 秦孝公元年	魏惠王把魏都從安邑（山西夏縣）東遷大梁（河南開封）
360	中山桓公四十三年 魏惠王前元十年 趙成侯十五年 韓昭侯三年 晉悼公九年（遷） 秦孝公二年 周安王二十二年 田齊太公二十一年	韓昭侯奉魏惠王之命，把晉悼公從屯留（山西長治）遷至端氏（山西沁水） 秦孝公頒布招賢令 周安王冊封田齊太公田和為侯
359	中山桓公四十四年 魏惠王前元十一年 趙成侯十六年 韓昭侯四年 晉悼公十年 秦孝公三年	衛人公孫鞅自魏入秦，說秦孝公 公孫鞅相秦，秦國變法
358	中山桓公四十五年 魏惠王前元十二年 趙成侯十七年 韓昭侯五年 晉悼公十一年	魏將龐涓伐韓，攻取朱邑（今地不詳），圍攻宅陽 韓昭侯命韓相許異之弟許息使魏獻地，龐涓解圍宅陽

西元前	魏屬中山紀年	魏屬中山史事
357	中山桓公四十六年 魏惠王前元十三年 趙成侯十八年 韓昭侯六年 齊威王元年 晉悼公十二年	韓昭侯在巫沙朝拜魏惠王，魏、韓結盟 齊威王弒姜齊幽公，姜齊絕祀
356	中山桓公四十七年 魏惠王前元十四年 趙成侯十九年 韓昭侯七年 晉悼公十三年	韓昭侯、宋桓公、魯恭公、衛成公朝魏
355	中山桓公四十八年 魏惠王前元十五年 趙成侯二十年 韓昭侯八年 晉悼公十四年	
354	中山桓公四十九年 魏惠王前元十六年 趙成侯二十一年 韓昭侯九年 齊威王四年 秦孝公八年 晉悼公十五年	魏將龐涓一圍趙都邯鄲，趙成侯向齊威 王求救

西元前	魏屬中山紀年	魏屬中山史事
353	中山桓公五十年 魏惠王前元十七年 趙成侯二十二年 韓昭侯十年 齊威王五年 晉悼公十六年	魏將龐涓攻克趙都邯鄲，趙成侯出亡 齊將田忌、孫臏圍魏救趙，敗魏桂陵，擒龐涓 齊威王勝魏稱霸，叛周稱「王」
352	中山桓公五十一年 魏惠王前元十八年 趙成侯二十三年 韓昭侯十一年 秦孝公十年 晉悼公十七年	魏敗齊於襄陵，魏、齊和解 秦相公孫鞅伐魏，拔安邑
351	中山桓公五十二年 魏惠王前元十九年 趙成侯二十四年 韓昭侯十二年 晉悼公十八年	魏惠王歸還邯鄲，趙成侯返國 申不害相韓，韓國變法
350	中山桓公五十三年（卒） 魏惠王前元二十年 趙成侯二十五年（卒） 韓昭侯十三年 晉悼公十九年	趙成侯趙種卒，太子趙語繼位，即趙肅侯 蘇秦約於此年生於東周國

西元前	魏屬中山紀年	魏屬中山史事
349	中山成公元年 魏惠王前元二十一年 趙肅侯元年 韓昭侯十四年 晉悼公二十年（弒）	韓姬（韓昭侯之女）弒夫晉悼公於端氏 趙肅侯立晉悼公太子姬俱酒，即晉靜公
348	中山成公二年 魏惠王前元二十二年 趙肅侯二年 韓昭侯十五年 晉靜公元年	趙肅侯把晉靜公遷回屯留
347	中山成公三年 魏惠王前元二十三年 趙肅侯三年 韓昭侯十六年 晉靜公二年（滅）	魏惠王支持趙成侯庶子趙范，與趙肅侯爭位 晉靜公卒於屯留，趙肅侯立晉出公後裔聲氏為晉君 魏惠王出兵屯留，拘捕聲氏，囚禁於銅堤（山西沁縣），晉國絕祀
346	中山成公四年 魏惠王前元二十四年 趙肅侯四年 韓昭侯十七年 周顯王二十三年	趙肅侯朝覲周顯王
345	中山成公五年 魏惠王前元二十五年 趙肅侯五年 韓昭侯十八年	

西元前	魏屬中山紀年	魏屬中山史事
344	中山成公六年 魏惠王前元二十六年 趙肅侯六年 韓昭侯十九年	魏惠王與泗上十二諸侯會於逢澤，朝覲周顯王，僭稱「夏王」
343	中山成公七年 魏惠王前元二十七年 趙肅侯七年 韓昭侯二十年	中山成公相魏 屈原約於此年生於楚
342	中山成公八年 魏惠王前元二十八年 趙肅侯八年 韓昭侯二十一年	魏將龐涓二圍趙都邯鄲，趙肅侯向齊威王求救 秦孝公太子嬴泗率九十二戎狄，朝覲周顯王
341	中山成公九年 魏惠王前元二十九年 趙肅侯九年 韓昭侯二十二年 齊威王十七年	齊將田忌、孫臏救趙，敗魏馬陵，殺魏將龐涓、魏太子申 中山成公罷免魏相，返歸中山，任命樂羊後裔樂池為相，以防趙伐
340	中山成公十年 魏惠王前元三十年 趙肅侯十年 韓昭侯二十三年	宋人惠施相魏，與齊偃兵 秦相公孫鞅伐魏大勝，受封商於，史稱「商鞅」

西元前	魏屬中山紀年	魏屬中山史事
339	中山成公十一年 魏惠王前元三十一年 趙肅侯十一年 韓昭侯二十四年	
338	中山成公十二年 魏惠王前元三十二年 趙肅侯十二年 韓昭侯二十五年 秦孝公二十四年 （卒）	秦孝公嬴渠梁卒，太子嬴駟繼位，即秦惠文王，車裂商鞅
337	中山成公十三年 魏惠王前元三十三年 趙肅侯十三年 韓昭侯二十六年 秦惠文王前元元年	韓相申不害卒，張開地相韓
336	中山成公十四年 魏惠王前元三十四年 趙肅侯十四年 韓昭侯二十七年 齊威王二十二年	魏惠王、韓昭侯至臨淄，一朝齊威王 秦惠文王興師臨東周求九鼎
335	中山成公十五年 魏惠王前元三十五年 趙肅侯十五年 韓昭侯二十八年 齊威王二十三年	魏惠王、韓昭侯至臨淄，二朝齊威王 楊朱約於此年死於魏

西元前	魏屬中山紀年	魏屬中山史事
334	中山成公十六年 魏惠王前元三十六年 魏惠王後元元年 趙肅侯十六年 韓昭侯二十九年 齊威王二十四年	魏惠王、韓昭侯至徐州，三朝齊威王，齊、魏「徐州相王」 魏惠王前元三十六年在齊地徐州稱王 當年改元，後元起計元年
333	中山成公十七年 魏惠王後元二年 趙肅侯十七年 韓昭侯三十年（卒） 齊威王二十五年 楚威王七年 秦惠文王前元五年	楚威王伐齊徐州，懲其去年「徐州相王」 魏人公孫衍相秦，伐魏趙肅侯伐魏 韓昭侯韓武卒，太子繼位，即韓宣惠王
332	中山成公十八年 魏惠王後元三年 趙肅侯十八年 韓宣惠王元年	
331	中山成公十九年 魏惠王後元四年 趙肅侯十九年 韓宣惠王二年	

西元前	魏屬中山紀年	魏屬中山史事
330	中山成公二十年 魏惠王後元五年 趙肅侯二十年 韓宣惠王三年 秦惠文王前元八年	魏人張儀至秦，魏人公孫衍離秦返魏
329	中山成公二十一年 魏惠王後元六年 趙肅侯二十一年 韓宣惠王四年	
328	中山成公二十二年 （卒） 魏惠王後元七年 趙肅侯二十二年 韓宣惠王五年 秦惠文王前元十年 宋康王十年（王）	中山成公卒，太子繼位，即中山先王 中山先王之陰姬、江姬爭為王后，司馬 憙助陰姬為后，初相中山 樂池罷相，與弟樂毅離開中山，往仕趙 國魏人張儀相秦 宋康王叛周稱「王」
327	中山先王元年 魏惠王後元八年 趙肅侯二十三年 韓宣惠王六年 燕易王六年	趙肅侯採納樂池之策，與燕共伐中山 中山相司馬憙南敗趙，北敗燕

西元前	魏屬中山紀年	魏屬中山史事
326	中山先王二年 魏惠王後元九年 趙肅侯二十四年（卒） 韓宣惠王七年	中山相司馬熹伐趙，引水圍鄗（河北柏鄉） 趙肅侯趙語卒，太子趙雍繼位，即趙武靈王
325	中山先王三年 魏惠王後元十年 齊威王三十三年 趙武靈王元年 韓宣惠王八年 秦惠文王前元十三年	齊、魏聯合伐趙，殺趙將韓舉秦惠文王、韓宣惠王叛周稱「王」 公孫龍約於此年生於趙
324	中山先王四年 魏惠王後元十一年 趙武靈王二年 韓宣惠王九年 秦惠文王更元元年	秦惠文王去年稱「王」，今年更元
323	中山先王五年 魏惠王後元十二年 趙武靈王三年 韓宣惠王十年 燕易王十年	魏都大梁舉行「五國相王」（公孫衍發起） 魏惠王、韓宣惠王、燕易王、趙武靈王、中山先王與會

西元前	魏屬中山紀年	魏屬中山史事
322	中山先王六年 魏惠王後元十三年 趙武靈王四年 韓宣惠王十一年 秦惠王更元三年	秦相張儀至魏，兼任魏相，惠施罷相至楚
321	中山先王七年 魏惠王後元十四年 趙武靈王五年 韓宣惠王十二年	趙武靈王取韓女，即韓后
320	中山先王八年 魏惠王後元十五年 趙武靈王六年	中山先王庶子（王妃江姬所生）魏牟約於此年生於中山
319	中山先王九年 魏惠王後元十六年（卒） 趙武靈王七年 齊威王三十九年（卒） 齊宣王元年	魏惠王魏罃卒，太子魏嗣繼位，即魏襄王，翌年改元 齊威王田因齊卒，太子田辟疆繼位，即齊宣王，當年改元
318	中山先王十年 魏襄王元年 趙武靈王八年 韓宣惠王十五年 楚懷王十一年	魏將公孫衍策動楚、魏、韓、趙、中山五國合縱伐秦，楚懷王任縱長，先勝後敗 趙武靈王放棄「王」號，自貶為「君」

西元前	魏屬中山紀年	魏屬中山史事
317	中山先王十一年 魏襄王二年 趙武靈王九年 齊宣王二年 燕王噲四年（禪）	齊使蘇代使燕，唆使燕王噲禪位燕相子之
316	中山先王十二年 魏襄王三年 趙武靈王十年 燕王子之元年	燕王噲太子姬平攻打子之，燕國大亂
315	中山先王十三年 魏襄王四年 趙武靈王十一年 燕王子之二年 齊宣王五年	孟冬，齊將匡章伐燕，五十五日占領燕國大部
314	中山先王十四年 魏襄王五年 趙武靈王十二年 燕王子之三年（卒）	中山相司馬熹助齊伐燕，拔燕邊邑列城數十，中山先王鑄鼎紀功，封司馬熹為「藍諸君」 樂毅獻策趙武靈王伐齊存燕，召燕公子職於韓
313	中山先王十五年 魏襄王六年 趙武靈王十三年	秦相張儀使楚 荀況生於趙

西元前	魏屬中山紀年	魏屬中山史事
312	中山先王十六年 魏襄王七年 趙武靈王十四年	
311	中山先王十七年 魏襄王八年 趙武靈王十五年 燕昭王元年	樂池護送燕公子職返燕繼位，即燕昭王
310	中山先王十八年 （卒） 魏襄王九年 趙武靈王十六年	中山先王卒，太子繼位，即中山嗣王 趙武靈王娶吳娃，立為惠后，廢黜韓后 前秦相、前魏相張儀，五月死於魏
309	中山嗣王元年 魏襄王十年 趙武靈王十七年	中山嗣王即位，司馬憙連任中山相，二相中山 趙武靈王之惠后生長子趙何（趙惠文王）
308	中山嗣王二年 魏襄王十一年 趙武靈王十八年	趙武靈王之惠后生長女（魏信陵君妻）
307	中山嗣王三年 魏襄王十二年 趙武靈王十九年	趙武靈王一伐中山，至於房子（河北高邑西南），不利，歸而變法，胡服騎射 趙武靈王之惠后生次子趙勝（平原君）
306	中山嗣王四年 魏襄王十三年 趙武靈王二十年	趙武靈王二伐中山，至於寧葭（河北獲鹿） 趙武靈王之惠后生幼子趙豹（平陽君）

西元前	魏屬中山紀年	魏屬中山史事
305	中山嗣王五年 魏襄王十四年 趙武靈王二十一年	趙武靈王三伐中山，大勝 中山獻四邑求和，魏襄王發兵救中山，趙武靈王罷兵
304	中山嗣王六年 魏襄王十五年 趙武靈王二十二年	趙武靈王增練騎兵
303	中山嗣王七年 魏襄王十六年 趙武靈王二十三年 韓襄王九年 齊宣王十七年 楚懷王二十六年	趙武靈王四伐中山 齊相孟嘗君策動齊、韓、魏合縱伐楚第一年
302	中山嗣王八年 魏襄王十七年 趙武靈王二十四年 韓襄王十年 齊宣王十八年 楚懷王二十七年	齊相孟嘗君策動齊、韓、魏合縱伐楚第二年 蘇秦離齊仕燕
301	中山嗣王九年（奔齊卒） 魏襄王十八年 趙武靈王二十五年 韓襄王十一年 齊宣王十九年（卒） 楚懷王二十八年	趙武靈王五伐中山，大破之，中山嗣王出奔齊國而死 惠后卒，趙武靈王罷兵，廢黜韓后所生前太子趙章，改立惠后所生長子趙何為太子 齊相孟嘗君策動齊、韓、魏合縱伐楚第三年

西元前	魏屬中山紀年	魏屬中山史事
300	中山後王元年 魏襄王十九年 趙武靈王二十六年 韓襄王十二年 齊湣王元年 秦昭王七年 楚懷王二十九年	中山後王繼位，司馬熹三相中山 趙武靈王六伐中山，攘地北至燕、代，西至雲中、九原 齊相孟嘗君策動齊、韓、魏合縱伐楚第四年 秦加入伐楚 惠施約於此年死於宋，遺著《惠子》
299	中山後王二年 魏襄王二十年 趙武靈王二十七年（禪） 韓襄王十三年 齊湣王二年 秦昭王八年 楚懷王三十年（留秦）	趙武靈王自號「主父」，禪位太子趙何，即趙惠文王 齊相孟嘗君策動齊、韓、魏合縱伐楚第五年 秦昭王、楚懷王會於武關，被劫至秦
298	中山後王三年 魏襄王二十一年 趙惠文王元年 韓襄王十四年 齊湣王三年 秦昭王九年 楚頃襄王元年	趙武靈王七伐中山，取扶柳（河北冀縣西南） 齊相孟嘗君策動齊、韓、魏合縱伐秦第一年 楚懷王拘秦

西元前	魏屬中山紀年	魏屬中山史事
297	中山後王四年 魏襄王二十二年 趙惠文王二年 韓襄王十五年 齊湣王四年 秦昭王十年 楚頃襄王二年	趙武靈王行新地，遂出代，西遇樓煩王於西河而致其兵 齊相孟嘗君策動齊、韓、魏合縱伐秦第二年 楚懷王拘秦
296	中山後王五年（滅） 魏襄王二十三年 趙惠文王三年 韓襄王十六年 齊湣王五年 秦昭王十一年 楚頃襄王三年	趙武靈王八伐中山，攻破靈壽（河北平山），滅之，把中山後王魏尚貶為庶民，遷至膚施（陝西榆林東南） 齊相孟嘗君策動齊、韓、魏合縱伐秦第三年 楚懷王死秦，趙、宋聯軍伐滅中山之後加入伐秦，攻破函谷關

附錄三：
魏屬中山之君與魏國之君關係表

	魏屬中山七君	中山君與魏君關係
開國之祖	中山文公魏斯 中山銅器銘文：皇祖文（公）	即伐滅白狄中山之魏文侯魏斯 因其計入魏國君系，不計入中山君系
初封之君	中山武公魏擊 中山銅器銘文：皇祖武（公）	即魏武侯魏擊，魏文侯長子，曾經駐守中山三年。因其計入魏國君系，不計入中山君系
定封第1君	中山桓公魏摯 中山銅器銘文：桓祖、吾先祖桓王	魏屬中山宗祖 魏文侯次子、魏武侯弟
繼位第2君	中山成公魏某 中山銅器銘文：成考、吾先考成王	魏摯之子，魏文侯孫、魏武侯侄、魏惠王堂弟
繼位第3君	中山先王魏䜌史記：魏惠王聘為魏相之「中山君」	魏摯之孫，魏文侯重孫、魏武侯侄孫、魏惠王族侄、魏襄王同輩、魏牟之父

	魏屬中山七君	中山君與魏君關係
繼位第 4 君	中山嗣王魏舒蚤	魏摯重孫，魏文侯四世孫、魏武侯重侄孫、魏惠王族孫、魏襄王族侄、魏牟異母兄
亡國第 5 君	中山後王魏尚	魏摯玄孫，魏文侯五世孫、魏牟之侄

附錄四：
東周王、西周君、東周君世次在位對照表
（1為周文王）

周王世次、在位年 （西元前）	西周君世次、在位年	東周君世次、在位年
28 周考王（440 － 426）	28 西周桓公 （439 － 415）	
29 周威烈王 （425 － 402）	29 西周威公 （414 － 367）	
30 周安王（401 － 376）	30 西周惠公 （366 － 312）	30 東周惠公 （366 － 360）
31 周烈王（375 － 369） 31 周顯王（368 － 321）	31 西周武公 （311 － 256）	31 東周昭文君 （359 － 308）
32 周慎靚王 （320 － 315）	32 共太子、 姬咎、周最	32 東周嗣君 （307 － 249）
33 周赧王（314 － 256）		

附錄四：東周王、西周君、東周君世次在位對照表（1為周文王）

附錄五：

東周朝、西周國、東周國對比年表

西元前	東周王	西周國君	東周國君
440	周考王 1（居王城）	西周桓工得封開國	
439	2	1	
438	3	2	
437	4	3	
436	5	4	
435	6	5	
434	7	6	
433	8	7	
432	9	8	
431	10	9	
430	11	10	
429	12	11	
428	13	12	
427	14	13	
426	15	14	
425	周威烈王 1	15	
424	2	16	

西元前	東周王	西周國君	東周國君
423	3 魏斯（魏文侯）僭號稱「侯」	17	
422	4	18	
421	5	19	
420	6	20	
419	7	21	
418	8	22	
417	9	23	
416	10	24	
415	11	25	
414	12	西周威公 1 晉太史屠黍來奔，預言晉將亡	
413	13	2	
412	14	3	
411	15	4 屠黍預言白狄中山將亡	
410	16	5	
409	17	6	
408	18	7 屠黍預言西周國將亡，威公禮賢	
407	19	8	
406	20	9	

西元前	東周王	西周國君	東周國君
405	21	10	
404	22	11	
403	23 冊封三晉為諸侯	12	
402	24	13	
401	周安王 1	14	
400	2	15	
399	3	16	
398	4	17	
397	5	18	
396	6	19	
395	7	20	
394	8	21	
393	9	22	
392	10	23	
391	11	24	
390	12	25	
389	13	26	
388	14	27	
387	15	28	
386	16	29	
385	17	30	
384	18	31	
383	19	32	

西元前	東周王	西周國君	東周國君
382	20 冊封田齊太公田和為諸侯	33	
381	21	34	
380	22	35	
379	23	36	
378	24	37	
377	25	38	
376	26	39	
375	周烈王 1	40	
374	2	41	
373	3	42	
372	4	43	
371	5	44	
370	6 田齊桓公遣使來朝	45	
369	7	46	
368	周顯王 1 趙成侯、韓懿侯攻周	47	
367	2 周分為二，此後寄居東周國	48 死後二子爭立，九月不得葬	東周惠公得封開國
366	3	西周惠公 1	東周惠公 1
365	4	2	2
364	5	3	3

西元前	東周王	西周國君	東周國君
363	6	4	4
362	7	5	5
361	8	6	6
360	9	7	7
359	10	8	昭文君 1 相呂倉
358	11	9	2
357	12 齊威王弑姜齊幽公，姜齊絕祀	10	3
356	13	11	4
355	14	12	5
354	15	13	6
353	16 齊威王敗魏桂陵，叛周稱「王」	14	7
352	17	15	8
351	18	16	9
350	19	17	10
349	20	18	11
348	21	19	12
347	22	20	13
346	23 趙肅侯來朝	21	14
345	24	22	15
344	25 魏惠王率泗上十二諸侯來朝	23	16

西元前	東周王	西周國君	東周國君
343	26 致伯秦孝公	24	17
342	27 秦孝公太子率九十二戎狄來朝	25	18
341	28	26	19
340	29	27	20
339	30	28	21
338	31	29	22
337	32	30	23
336	33 秦惠文王興師臨東周求九鼎周鼎運齊過宋，沒於彭城泗水	31	24
335	34	32	25 相杜赫
334	35 齊、魏「徐州相王」	33	26
333	36	34	27 禮景翠
332	37	35	28
331	38	36	29
330	39	37	30 禮張儀
329	40	38	31
328	41 宋康王叛周稱「王」	39	32
327	42	40	33

西元前	東周王	西周國君	東周國君
326	43	41	34
325	44 秦惠文王、韓宣惠王叛周稱「王」	42	35 阻秦稱王
324	45	43	36
323	46 魏、韓、燕、趙、中山「五國相王」	44	37 趙侵祭地
322	47	45 韓魏易地，西周弗利	38
321	48	46	39
320	周慎靚王 1 繼續寄居東周國	47	40
319	2	48	41
318	3 魏將公孫衍策動五國合縱伐秦	49	42 杜赫使楚
317	4	50	43
316	5	51	44
315	6	52	45
314	周赧王 1 繼續寄居東周國	53	46
313	2	54 周最說楚懷王	47
312	3	55	48 楚請道發韓
311	4	西周武公 1	49 西周截流，蘇秦來說

西元前	東周王	西周國君	東周國君
310	5	2 周最善齊	50
309	6	3	51
308	7	4	52 老病憂急而死
307	8 被秦武王從東周國遷至西周國	5 伐東周敗，共太子死	東周嗣君 1
306	9	6	2
305	10	7	3
304	11	8	4
303	12	9	5
302	13	10	6
301	14	11 周最為齊使	7
300	15	12 蘇厲來說	8 蘇代為東周使韓
299	16	13	9
298	17 齊相孟嘗君策動三國合縱伐秦	14 韓慶為西周謂薛公	10
297	18	15 韓慶為孟嘗君使秦	11
296	19 趙武靈王伐滅魏屬中山	16 三國攻秦反，西周恐魏之藉道	12
295	20	17	13
294	21	18 宮他謂西周武君	14 秦假道伐韓
293	22	19 秦攻西周，向魏求救	15 西周宮他來奔

西元前	東周王	西周國君	東周國君
292	23	20	16
291	24	21	17
290	25	22 武公朝秦，周最至魏	18
289	26	23 周最入秦，秦昭王怒	19
288	27 秦昭王僭稱「西帝」	24 周最為齊使韓	20
287	28	25	21
286	29	26	22
285	30	27	23
284	31	28	24
283	32	29	25
282	33	30	26
281	34	31 周王赧命武公使楚	27 蘇厲謂東周嗣君
280	35	32	28
279	36	33	29
278	37	34 武公應召朝秦	30
277	38	35	31
276	39	36	32
275	40	37	33
274	41	38	34

西元前	東周王	西周國君	東周國君
273	42	39 馬犯說魏城西周	35
272	43	40	36
271	44	41	37
270	45	42	38
269	46	43	39
268	47	44	40
267	48	45	41
266	49	46	42
265	50	47	43
264	51	48	44
263	52	49	45
262	53	50	46
261	54	51	47
260	55	52	48
259	56	53	49
258	57	54	50
257	58	55	51
256	59 滅於秦昭王，周祚終	56 滅於秦昭王	52
255			53
254			54
253			55
252			56

西元前	東周王	西周國君	東周國君
251			57
250			58
249			59 滅於秦莊襄王

附錄六：
華夏首領尊號「後 —— 王 —— 帝」
八千年大事年表

年代	君王生前尊號	君王死後尊號
上古四千年	酋長生前稱「后」（大酋長為「元后」，眾多小酋長為「群后」	死稱另擬，不能稱帝
夏代	君主生前稱「后」，即「夏后氏」	死稱另擬，不能稱帝
商代早期（盤庚遷殷以前）	君主生前稱「后」	死稱用天干（諸侯用地支）
商代晚期（盤庚遷殷以後）	君主生前稱「王」追稱商代早期君主為「王」	死稱用「帝」
周代	君主生前稱「王」追稱夏后為「王」，遂有「三王」	死稱用諡不用「帝」，諸侯同樣用諡
前288	秦昭王僭稱「西帝」，齊湣王僭稱「東帝」，月餘被迫撤銷	死稱用諡不用「帝」
前286	蘇秦策動秦昭王僭稱「西帝」，趙惠文王僭稱「中帝」，燕昭王僭稱「北帝」，流產	

年代	君王生前尊號	君王死後尊號
前 257	魯仲連「義不帝秦」（帝為動詞）	
戰國晚期	荀況創立「帝王術」（帝為動詞，使王稱帝之術）	
戰國晚期	荀況弟子李斯攜「帝王術」仕秦	
前 221	李斯相秦，秦始皇嬴政稱「帝」	死稱用「帝」兼用諡
前 202	漢高祖劉邦稱「帝」	死稱用「帝」兼用諡
秦漢以後兩千年	歷代君主繼續僭用「帝」號	死稱用「帝」兼用諡
1853	太平天國洪秀全拜「帝」稱「王」	
1911	辛亥革命終結「帝」制	
民國初年	王闓運、楊度攜「帝王術」仕袁	
1915	袁世凱稱「帝」百日，旋即失敗	

你所不知的戰國真史：

《史記》謬誤考證、老莊權威思想解讀、戰國紀年釐正……以重建殘缺破碎的戰國史，爬梳千年來根植於此的中國文化思想！

作　　　者：張遠山
發 行 人：黃振庭
出 版 者：崧燁文化事業有限公司
發 行 者：崧燁文化事業有限公司
E - m a i l：sonbookservice@gmail.
　　　　　　com
粉 絲 頁：https://www.facebook.
　　　　　　com/sonbookss/
網　　　址：https://sonbook.net/
地　　　址：台北市中正區重慶南路一段
　　　　　　61 號 8 樓
8F., No.61, Sec. 1, Chongqing S. Rd.,
Zhongzheng Dist., Taipei City 100, Taiwan

電　　　話：(02)2370-3310
傳　　　真：(02)2388-1990
印　　　刷：京峯數位服務有限公司
律 師 顧 問：廣華律師事務所 張珮琦律師

定　　　價：450 元
發 行 日 期：2024 年 07 月第一版
◎本書以 POD 印製

國家圖書館出版品預行編目資料

你所不知的戰國真史：《史記》謬誤
考證、老莊權威思想解讀、戰國紀
年釐正……以重建殘缺破碎的戰國
史，爬梳千年來根植於此的中國文
化思想！/ 張遠山 著 . -- 第一版 .
-- 臺北市：崧燁文化事業有限公司，
2024.07
面；公分
POD 版
ISBN 978-626-394-565-4(平裝)
1.CST: 戰國史
621.8　　113010569

電子書購買

爽讀 APP

臉書